内江师范学院数学教师职前职后培训教材

资助项目：

四川省"国培计划（2015—2017）"——教师培训团队置换脱产研修项目（内江师范学院初中数学班）

四川省"国培计划（2015—2017）"——教师培训团队置换脱产研修项目（内江师范学院小学数学班）

教育部"本科教学工程"四川省地方属高校第一批本科专业综合改革试点项目——内江师范学院数学与应用数学"专业综合改革试点"项目（ZG0464）

四川省"西部卓越中学数学教师协同培养计划"项目（ZY16001）

数学教学
探索与研究

策划　胡　玲　林　琳　彭家寅
　　　曾　意　罗承松

主编　赵思林　潘　超　刘成龙

SHUXUE JIAOXUE
TANSUO YU YANJIU

四川大学出版社

责任编辑:唐　飞
责任校对:蒋　玙
封面设计:墨创文化
责任印制:王　炜

图书在版编目(CIP)数据

数学教学探索与研究 / 赵思林,潘超,刘成龙主编.
—成都:四川大学出版社,2017.3
ISBN 978-7-5690-0453-3

Ⅰ.①数…　Ⅱ.①赵…　②潘…　③刘…　Ⅲ.①数学课－教学研究－中小学－文集　Ⅳ.①G633.602-53

中国版本图书馆CIP数据核字(2017)第068478号

书名	数学教学探索与研究
主　编	赵思林　潘　超　刘成龙
出　版	四川大学出版社
地　址	成都市一环路南一段24号(610065)
发　行	四川大学出版社
书　号	ISBN 978-7-5690-0453-3
印　刷	郫县犀浦印刷厂
成品尺寸	170 mm×240 mm
印　张	17.75
字　数	325千字
版　次	2017年4月第1版
印　次	2017年4月第1次印刷
定　价	45.00元

◆读者邮购本书,请与本社发行科联系。
　电话:(028)85408408/(028)85401670/
　(028)85408023　邮政编码:610065
◆本社图书如有印装质量问题,请
　寄回出版社调换。
◆网址:http://www.scupress.net

■版权所有◆侵权必究

前　言

数学教学探索与研究是教师提高教学水平和专业化发展能力的基本途径. 教学案例分析是教师从实践层面反思教学、改良教学的有效方式. 本书汇集了众多的国培专家、国培学员（部分）、本科学生和数学教育硕士研究生的研究成果，并通过内江师范学院数学教师培训团队（校内导师：吴开腾、彭家寅、曾意、牟廉明、赵思林、王新民、潘超、李红霞、王亚雄、吕晓亚、刘成龙、余小芬、徐家斌；校外导师：朱德全、王光明、吴立宝、赵绪昌、刘之兵、龙林、何时贤、雷珍、林中柱、蓝斌、黄志华、罗晓斌、杨正义、郭宗芳、杨国兵、唐芬等）老师们的艰苦努力、认真指导和无私奉献才得以完成.

全书分 4 篇：第 1 篇培训团队数学教育研究成果（部分），第 2 篇初中数学教师研究论文选，第 3 篇小学数学教师研究论文选，第 4 篇本科生与国培学员合写论文选. 其中，第 2 篇和第 3 篇的论文由国培学员撰写初稿，由内江师范学院数学教师培训团队导师（含外聘导师）指导修改；第 4 篇由本科生撰写论文初稿，由国培学员（含外聘导师）指导修改，有的论文由本科生与国培学员合作完成. 通过本书的编写，形成了内江师范学院数学教师培训团队导师指导国培学员、国培学员指导本科生的良好局面；实现了内江师范学院数学教师职前、职后教育教学研究一体化，以及数学教师职前、职后培养培训一体化.

在编写本书的过程中，力求体现如下特点：

（1）案例性.

本书遴选了一些数学教育教学研究、教学方法、教学问题的典型案例，力求让读者对书中的理论和案例进行学习、比较和深入研究，引发读者对数学中有价值的问题进行思考与研究.

（2）启发性.

本书在理论论述和问题探讨上不追求尽善尽美，而在于提供一些视角、展示一些方法、阐明一些观点，让读者想一线教师所想，思教育专家所思. 在案例展示上，尽可能详尽再现，为启发读者而抛砖引玉.

(3) 实用性.

本书研究的问题主要来源于当前一线数学课堂,针对焦点、热点问题以及课改中的一些困惑进行讨论,研究的结果往往是一线教师的经验总结和教育专家的多年研究成果,因此,能较好地用于指导中小学数学课堂教学.

本书吸收了《中国教育学刊》《高中数学教与学(人大复印)》《初中数学教与学(人大复印)》《小学数学教与学(人大复印)》《数学通报》《中学数学教学参考》《中学数学》等期刊的一些最新研究成果.

本书适合高等师范院校数学教育专业研究生、本科生作为"教育研习"或"数学教育科研"等课程的教材或教学参考书,也可以作为中小学数学教师的培训用书. 希望本书能对关心和研究中小学数学教学的专家、教师、高师数学专业本科生的教育研习等有一定帮助.

本书的出版得到了四川省内江师范学院数学与信息科学学院、内江师范学院数学教育教研室全体教师的大力支持;得到了四川省"国培计划(2015—2017)"——教师培训团队置换脱产研修项目(内江师范学院初中数学班)、四川省"国培计划(2015—2017)"——教师培训团队置换脱产研修项目(内江师范学院小学数学班)、教育部"本科教学工程"四川省地方属高校第一批本科专业综合改革试点项目——内江师范学院数学与应用数学"专业综合改革试点"项目(ZG0464)、四川省"西部卓越中学数学教师协同培养计划"项目的支持. 对为本书的出版提供了许多帮助的四川大学出版社,以及被引用的一些数学教学研究成果的作者,致以衷心的谢意,同时更要深深感谢工作在一线的数十位参加"国培计划"培训学员的倾力合作和鼎力支持. 本书的编写得到了内江师范学院数学与信息科学学院彭家寅院长、唐再峰书记、曾意副院长,内江师范学院数学教育教研室赵思林、潘超、刘成龙、王新民、吕晓亚、王亚雄、余小芬、李红霞等老师,内江师范学院数学与信息科学学院部分外聘"国培计划"专家朱德全、王光明、吴立宝、赵绪昌、刘之兵、龙林、何时贤、雷珍、林中柱、蓝斌、黄志华、罗晓斌、杨正义、郭宗芳、唐芬、杨国兵等老师的大力支持,六位助理班主任(研究生)徐小琴、李秀萍、王佩、李雪梅、周春艳、崔静静完成了校稿工作,在此深表感谢.

限于水平有限和时间仓促,疏漏之处在所难免,希望读者与同仁对书中的问题不吝指导,使之趋于完善.

编 者
2016 年 10 月

目 录

第1篇 培训团队数学教育研究成果

钻研数学教材的几个视角……………………………………………（3）
试论数学问题改编的方式和要求……………………………………（10）
做研教合一的行动者
　　——学校骨干教师怎样开展课题研究………………………（18）
无疑处生疑，有疑处释疑
　　——以"二次函数的概念"教学为例…………………………（25）
小学数学教学中培养学生创新意识的原则与策略…………………（36）
探讨数学概念教学设计，提高学生思维能力………………………（44）
磨课——生成精彩课堂………………………………………………（52）
让小学数学复习课精彩
　　——以比和分数解决问题为例………………………………（54）
小学数学开放题与思维能力培养……………………………………（59）
高效实施"国培计划"的实践与反思
　　——以内江师范学院数学与信息科学学院"国培计划"的实施为例
　　………………………………………………………………（63）

第2篇 初中数学教师研究论文选

把握几何体系设计，领会编者意图，提高教学效益………………（69）
让数学重树"学困生"学习信心………………………………………（76）
在初中数学课堂中如何实施合作学习………………………………（78）
怎样开展数学阅读初探………………………………………………（81）
初中数学总复习中的心理辅导………………………………………（84）

影响初中数学课堂提问效果的因素 ……………………………… （88）
例谈蚂蚁在柱体上爬行的最短路程问题 …………………………… （92）
例谈中学数学中的最值问题 ………………………………………… （96）
一道几何题的"变脸" ……………………………………………… （104）
注重一题多解、多题一解、一题多变，激活数学课堂 …………… （107）
反思数学课堂教学 …………………………………………………… （111）
谈数学在生活中应用能力的培养 …………………………………… （114）
"半角"模型的构建与推广 ………………………………………… （119）
"平行四边形的性质"教学设计与反思 …………………………… （124）
"整式的加减：探索与表达规律"教学设计 ……………………… （132）
"分式的化简求值"教学设计 ……………………………………… （139）
一道平几竞赛试题的多种解法 ……………………………………… （144）
"一次函数的应用"（第2课时）教学设计 ……………………… （147）

第3篇 小学数学教师研究论文选

小学数学的复习策略 ………………………………………………… （155）
问题驱动——让学生做课堂的主人 ………………………………… （159）
培养小学生数学学习兴趣的策略研究 ……………………………… （163）
教师遵从学生真实想法理解教材 …………………………………… （165）
浅析小学数学教学中数学思想方法的渗透 ………………………… （168）
谈学具在小数低段教学中的作用 …………………………………… （171）
尝试数学探究，培养创新意识 ……………………………………… （174）
在小学数学教学中创编顺口溜 ……………………………………… （177）
"三角形的分类"教学及反思 ……………………………………… （181）
预学后教"平均数"的教学设计 …………………………………… （184）
"平行四边形"教学设计 …………………………………………… （189）
"画图学数学"教学设计 …………………………………………… （192）
农村教师如何关爱留守儿童 ………………………………………… （199）
数学教学因学生而精彩 ……………………………………………… （203）
"分数的初步认识"教学设计 ……………………………………… （207）

第4篇　本科生与国培学员合写论文选

由"三个数之和与其乘积相等"引出的问题 …………………………… (215)
函数思想与应用 ………………………………………………………… (219)
巧用基本不等式的变形解题 …………………………………………… (223)
关于函数单调性的判定方法 …………………………………………… (227)
高考最值问题的求解方法 ……………………………………………… (230)
斜三角形的四种类型 …………………………………………………… (233)
圆锥曲线中最值问题的研究 …………………………………………… (237)
圆锥曲线中与斜率有关的优美定值 …………………………………… (247)
2016年高考函数型不等式恒成立问题的求解策略 …………………… (252)
例谈提高学生解题能力的"四要" ……………………………………… (256)
对一道中考错题的分析 ………………………………………………… (261)
例谈解析法在平面几何解题中的应用 ………………………………… (265)
关于初中和小学数学教学中衔接问题的探讨 ………………………… (270)

第 1 篇

培训团队数学教育研究成果

钻研数学教材的几个视角[①]

内江师范学院数学与信息科学学院　吴立宝
北京师范大学数学科学学院　曹一鸣　秦　华

教材是连接课程方案与教学实践的枢纽，是教师教和学生学的载体. 研究者普遍认为，教师在他们的日常教学中相当依赖教材，在很大程度上依据所使用的教材而决定教什么、怎么教以及给学生布置哪些习题等.[1]正因如此，在过去20年里，教材在教师教和学生学的教学过程中所扮演的角色越来越引起研究者的关注.[2]但是在实际使用过程中，教师未真正认识领悟教材价值，流于表面，甚至出现脱离教材的现象，过度重视知识和技能，忽视隐藏的数学思想方法；过度重视事实性知识和概念性知识，忽视方法性知识和价值性知识；过度重视结果，忽视过程；过度重视对考试有用的例题、习题，忽视阅读材料等.《尚书·学记》记载："君子既知教之所由兴，又知教之所由废，然后可以为人师也."为此需要教师进行多角度解读，钻研教科书的隐性价值，切实提高自身的教育教学水平，促进学生的发展.

1　数学的视角

教育是传递知识，这好像是天经地义的，毋庸在这个问题上吹毛求疵.[3]数学专业知识是数学教材的骨架，数学思想方法是数学教材的灵魂，从数学学科视角挖掘教材是首要的，也是必需的. 美国著名学者布鲁纳说："不论我们选教什么学科，务必使学生理解学科的基本结构."[4]对数学而言，就是务必使学生理解数学学科的基本结构. 教师教好数学、学生学好数学的前提是教师要理解数学，弄清楚教材中数学知识的基本结构、基本思想方法. 教师虽不是数学家，但是教授的是数学知识，需要从数学的角度，从纯数学的视角来看教

[①] 吴立宝，曹一鸣，秦华. 钻研数学教材的几个视角 [J]. 中学数学教学参考（高中版），2013(4)：2-4，8. 被《高中数学教与学》全文转载.

编者注：本文为研究数学教材提供了范式. 曹一鸣被内江师范学院聘为兼职教授.

材，弄清楚数学概念、命题的来龙去脉，弄清楚教材中哪些是数学事实性知识、原理性知识、策略性知识，尤其是原理性知识与策略性知识. 作为一个数学教师，"要想给学生一杯水，自己先要有一桶水"，正如苏联教育家马卡连柯所认为的，"学生可以原谅教师严厉、刻板甚至吹毛求疵，但不能原谅他们不学无术".[5]教师必须深入钻研数学教材，把其承载的数学知识提取出来，还原为学术形态，掌握其精髓，把握其本质，理解其内涵. 试想一下，如果没有教师对于教科书数学知识的本质把握，哪有可能站得高、看得远，游刃有余地处理教材内容？合作学习也好，探究学习也罢，如果没有扎实的数学知识作为铺垫，如何有效开展？现在，一些教师的公开课、示范课总会引起评课者（或专家）的质疑："你们上的是数学课？"这在一定程度上说明现在教师对数学知识的忽视或者重视程度不够，重点不够突出.

从数学学科的视角来分析教材，弄清楚知识的来龙去脉，并非要求教师一定要学大量的纯数学知识，教师可纵向了解中小学数学中每个主要概念和定理的来龙去脉和直观意义，力争做到中小学数学与高等数学的对接，以切实把握蕴含在其中的数学思想方法和数学精神. 唯有如此，才能知道数学概念从何处来、到哪里去，才能把知识连成线、串成网、构成体. 例如，用函数的思想处理方程、不等式的相关问题，方程、不等式本质上都是函数的特定状态，这样使得方程、不等式与函数紧密联系在一起；再如，高中阶段用初等代数的语言定义函数单调性，微积分中则用导数刻画单调性，两者之间有什么关系？目前，数学教学中的一味去形式化是不可取的，毕竟形式化是数学的基本特征之一，容易出现"捡了芝麻，丢了西瓜"的后果. 近两年的"国培计划"明确要求加大教师对于数学专业知识、数学思想方法的理解与领悟，作为教师，必须掌握讲清概念的本领，只有讲清概念，才能讲清数学.

2 教的视角

教师对教材的理解要体现教者本色，对教材内容要按照教的视角进行重构. 在《数学教与学研究手册》中，Elizabeth Fennema 和 Megan Loef Franke 说道："另一类与内容并不完全分离的知识是应该如何在教学中表达数学. 这牵涉到取出复杂的教材内容，并将它转化成学生能理解的表达形式，这种从数学到可理解的表达形式的转变正是区分数学教师与数学家的地方.""数学是由一大群高度有关联的抽象概念所组成的，如果教师不知道如何把这些抽象概念转换成能使学习者把数学与他已经知道的联系起来的方式，那么他们就不可能理解地学会这一切".[6]需注意，教师是"用教材教"而不是"教教材".

首先，教师整体把握教材．浏览整套教材、整册教材，宏观了解其编写体例与说明、要求及教材的基本特点，形成对教材的宏观认识．清楚各个知识单元组块之间的安排次序，明确单元之间的前后联系，进一步明确单元内每一个概念与命题的地位与作用．反过来，再把每一个概念与命题放到整节课、整个单元、整章、整册书、整个学段进行通篇考虑：教材呈现的静态的知识隐藏什么数学思想方法？蕴含什么情感因素？是直线式还是螺旋式编排？知识衔接如何？关联度有多大？后续知识是前面的加深还是应用？

其次，教师从细微之处入手．教师需要仔细推敲教材中的每一个字、每一句话、每一幅图、每一个例题、每一个练习、每一个备注．只有反复推敲打磨，才能有效确定重难点，毕竟有的新知识可能在练习中出现．然后对教材中的主题图、概念、命题、例题、习题进行教学法的加工，使之符合自己的风格，按照教学逻辑来设计教学，根据自己班级具体情境进行更改，形成自己的特色．从内容呈现方式来看，教材是由自然语言、符号语言、图表语言等混合编排的，这三种语言是如何转换的？三种语言承载的教材内容在培养学生中担负何种职能？这些都需要教师从教的角度思考，如例题中的插图是为了告诉学生一个情节、一些生活原型，是培养学生想象力的地方，切不可将插图变成文字，而应让学生自由地发挥、理解、想象．

3　学的视角

学生的学习是建立在已有的知识技能、活动经验、生活背景等基础上的．奥苏贝尔认为，"影响学习最主要的因素是学生已知的内容，弄清了这一点之后，进行相应的教学"[7]．只有当学习的新内容与学生头脑中原有的认知结构相联系，才会产生有意义的学习，从而产生新的认知结构．从学生学的视角来看待教材，务必考虑到学生的现有认知水平以及潜在认知水平，教师需要换位思考，"把自己放在学生的位置上，他应当看到学生的情况，应当努力去理解学生心里正在想什么，然后提出一个问题或是指出一个步骤，而这正是学生自己原本应想到的"[8]．虽然教材的编写考虑了学生的身心发展，但更重要的是教师能考虑学生的需要、学生的基础，从学生的认知逻辑来挖掘教材，使其服务于学生的学习．"模拟"学生学习的过程，回顾以前自己学习时的困惑．站在学生的角度，思考概念的呈现是否从学生的需要出发，出发点是否合适，是否符合自己班级学生实际，学生如何理解教材呈现的主题图（包括插图）、备注、例题、习题，有没有困难，困难在什么地方，这些困难因何产生，如何引导学生解决，解决路径是否唯一，等等．1994 年，Sfard 在第 18 届数学教育心理学大会上提出，如果要洞察学生的学习过程以及学习困难，历史无疑是一个极佳的视角. 不仅如此，他还说："这种相似性在同化或创造或学习新概念的特别关头是非常显著的，已经建构的知识要经受彻底的再组织，整个认识论基础也要重新建构."[9]此外，还要依靠自己过去的教学经验，自然、有效但不露痕迹地帮助学生，为此，教师需要一遍一遍地问同样的问题.

基于学生、为了学生、有效促进学生发展始终是教师钻研教材的落脚点. 钻研教材还需要具有发展性，具有一定的超前性，使教材成为真正促进学生个体自由和谐发展的载体、工具. 教材内容是学生学会的，而不是教师教会的. 教师唯有站在学生的角度思考教材、挖掘教材，才能更好地理解教材，提高教师与学生课堂对话的深度与有效性，才能真正提高自己的教学效率. 教材承载的数学科学知识体系同中小学生认知能力发展水平是矛盾的，年龄越小，知识越少，矛盾越尖锐. 因此，钻研教材务必思考学生的心理发展水平，需要教师充分考虑学生的认知发展起点，使得学生能"跳一跳，摘到桃子". 同时，教师面对的学生不同，其学习路径不同，遇到的困难也不同，需要教师根据学生群体的不同，采取灵活多样的处理方式. 此外，还需要思考学生在学习相关知识过程中对态度、理想、情感和兴趣的习得，使其产生愉快的心理体验，这就是伴随学习或者附带学习. 如对于学有余力的学生，增加方程的例题、习题等难度；对于学习困难的学生，方程的例题、习题等更侧重于基础性练习，多结合方程在学生日常生活中的应用，以激发学生对方程的兴趣等.

4 考的视角（评价的视角）

教材是中、高考各类考试试题的来源，"问渠那得清如许？为有源头活水来". 对教材的例题或习题进行改编，获得较为新颖的高考数学试题. 试题并不是完全出自于教材，而是基于教材，高于教材. 教师为了更好地提高学生的成绩与能力，也应该具备命题者的视角，从考的角度来挖掘教材，"为考而教"未必都是坏事. 2010 年高考数学四川卷文理科第 19 题，直接考察教材中最基本的两角和的余弦公式的推导；2012 年高校自主招生考试试题：证明内角相等的圆内接五边形必为正五边形，就源自于人教版《数学（九年级上册）》第 24 章"圆"第 3 节"正多边形和圆"的练习第 2 题"各边相等的圆内接多边形是正多边形吗？各角相等的圆内接多边形呢？如果是，说明为什么；如果不是，举出反例". 这些来自于教材的试题得分都比较低，从一个角度说明了教师对教材的忽视. 教师钻研教材不能脱离中、高考，这是目前我国教育必须面对的现实问题，还能在一定程度上避免师生共同陷在学生解题和教师讲题的

"题海"中. 曾有大学教授建议:"中学数学教学应该重视教材的利用与开发,重视数学本质的揭示与思维过程的暴露,重视知识的形成过程与知识间的逻辑关系,重视数学概念的理解与内化,重视数学思想方法的总结与提炼."[10]譬如在复习概率知识时,不是简单的对学过知识的重复,而是要帮助学生建构关于概率的知识网络,从而更好地促进学生认知结构的完善,这样记忆才能牢靠,提取才能快速,应用才能灵活. 在梳理知识网络的过程中,一定要注意注重数学思想方法的提炼,强化随机思想. 随机思想是高中数学课程的核心思想之一,贯穿于高中数学课程始终,也是高中数学的一条主要脉络.[11]

5 生活的视角

英国教育家怀特海曾说:"教育只有一种教材,那就是生活的一切方面."[12]强调数学与现实生活的联系是我国第八次基础教育课程改革的一个重要特征. 中国的数学教师对数学的应用意识普遍重视不够.[13]从学生的生活经验出发,能更好地理解与掌握抽象的数学概念与知识,并把抽象出来的数学概念与知识应用于新的情境中. 数学的应用越来越广泛,正在不断地渗透到社会生活的方方面面,有力地推动着社会生产力的发展. 教材里的主题图、例题、习题的背景,都是来自于社会生活的各个方面,既有个体的生活背景,又有社会群体的公共生活背景、科学背景等,如中学数学教材方程中的引入、应用等都密切联系了学生生活的实际. 要培养学生的数学应用意识,必须密切与现实生活的联系,在应用过程中培养. 现实生活是数学知识的原型,可以有效锻炼学生"举三反一"的数学归纳能力,掌握知识之后,训练学生"举一反三"的数学应用能力,把学到的新知识应用于新的情境之中.《普通高中数学课程标准(实验)》要求"通过典型例子的分析和学生自主探索活动,使学生理解数学概念、结论逐步形成的过程,体会蕴含在其中的思想方法"."学校应该关心学生毕业离校时世界将要发生的情况,要据此来培养青少年,使他们善于适应做成人时将要遇到的情况".[14]当然,凡事都应有个度,这里需要处理好"生活化"的度[15],不是"去数学化",不是以"生活化"取代"数学味".

6 研究的视角

教师应从研究者的视角进行全方位研究,在这里特指课后反思. 如教师对方程的课后反思,通过自己的教学实践,从多个层面、多个角度反思,以研究者的角色查找自己钻研教材是否存在有待进一步改进的问题,教学存在的问题是什么,学生学习的困难在哪里,为什么会有这样的问题,解决的办法是否合适，哪些方法取得了好的教学效果，有没有更好的教学方法，有没有更好的解题策略，等等．通过这样一系列的思考，找到自己在教学中存在的优点、缺点，通过不断地摸索，扬长避短，多次反复，逐渐形成个人独特的教学风格．通过回归自我，凝神拷问，梳理归纳出一个较为完整的钻研数学教材的方案，通过再实施，再反思，再修改．教育没有最好，只有更好，尽量超越自己，把"追求卓越"作为自己的奋斗目标和追求．正如摩根·尼斯（Mogens Niss）所说："理想的数学教师是一个美好的事物．这样的教师，应是一位纯粹数学家、应用数学家，一位历史学家、社会学家、教育社会学家，一位教育家、数学教育家、数学哲学家，一位心理学家、政治家、有魅力的演讲家和领导者，甚至是一位医生、神父、作家."[16]这是每一位数学教师的最高境界．教师应多角度、多层次地研读教材，切实把握教材，更好地组织教材，更有效地提高教学质量，走出一条具有个人特色的钻研教材的道路．

"用教材教"而不是"教教材"，教师只有吃透教科书的精神与实质，才能更加灵活地、更富有创造性地使用教科书资源，不断提高教科书的"附加值"，"钻入教材"是基础，"跳出教材"是拓展和深化，前者重在理解，后者重在反思应用．无论设计怎样科学，怎样完美，怎样有利于学生，最终一定要落实到课堂教学中，以课堂教学实践来检验效果．

参考文献

[1] 姜美玲．教师实践性知识研究［M］．上海：华东师范大学出版社，2008：132.

[2] 陈元辉．中国教育学七十年［J］．北京师范大学学报（社会科学版），1991（5）：52－94.

[3] 布鲁纳．教育过程［M］．邵瑞珍，译．北京：文化教育出版社，1982：47.

[4] 吴式颖．马卡连柯教育文集［M］．北京：人民教育出版社，2005.

[5] D. A. 格劳斯．数学教与学研究手册［M］．陈昌平，王继延，陈美廉，等，译．上海：上海教育出版社，1999：235－236.

[6] 施良方．学习论［M］．北京：人民教育出版社，2000：221.

[7] 乔治·波利亚．怎样解题：数学思维的新方法［M］．涂泓，冯承天，译．上海：上海科技教育出版社，2007：1.

[8] 赵思林．一道公式推导试题引发的争论与思考［J］．数学通报，2011，50（9）：16－18.

[9] 吴立宝，邵珍红．一道2012年大学自主招生考试概率问题分析［J］．数学通报，2012（7）：44－46，48.

[10] 华东师范大学，杭州大学教育系．现代西方资产阶级教育思想流派论著选［M］．北

京：人民教育出版社，1981：116.

[11] 郑毓信. 数学教育：动态与省思 [M]. 上海：上海教育出版社，2005：97.

[12] Broody H S. What knowledge is of most worth? [J]. Educational Leadership, 1982, 39 (8)：574-578.

[13] 曹一鸣，许莉花. 数学与现实生活联系的度是什么——基于中国4位数学教师与 TIMSS 1999 录像研究的比较 [J]. 中国教育学刊，2007 (6)：60-62，68.

[14] 张奠宙，唐瑞芬. 数学教育国际透视 [M]. 杭州：浙江教育出版社，1995：7.

试论数学问题改编的方式和要求[①]

内江师范学院数学与信息科学学院　潘　超

1　数学问题的改编

数学问题是指数学上要求回答或解释的疑问．广义的数学问题是指在数量关系和空间形式中出现的困难和矛盾；狭义的数学问题则是已经明显地表示出来的题目，用命题的形式加以表述，包括求解类、证明类、设计类、评价类等问题．[1]教学中的数学问题一般是指狭义的数学问题，有时简称数学题，是结论已知的题目，具有接受性、封闭性和确定性等特征．教学中，数学问题改编即数学题改编，是将已有数学问题的条件和结论部分的内容、结构、情境等进行改造，得出新题的一种命题设计方法．对于数学问题，改编后的问题称为改编问题（即改编题），相应地，改编前的问题称为原本问题（即原题）．改编问题与原本问题相比，不仅承载了知识内容，蕴含了数学思想方法，还被赋予了新的问题情境，传导了改编者的设计意图，并以此通过巩固和变式训练来实现教学目标．

2　数学问题的改编方式

从问题的内容和结构视角来看，一个完整的求解类或证明类数学问题是一个系统，它包含了问题条件系统和问题结论系统两个子系统．因此，数学问题改编主要包含改变条件和改变结论两种基本方式（见图1）．[2]问题条件系统包含元素限定、构件模型、结构关联三大基本要素．其中，元素限定是指问题条件系统中组成构件元素的量化限定，如长度、面积、大小等数据限定；构件模型是指问题条件系统中包含的组成构件，如线段、直线、三角形、正方形、方程、函数等；结构关联是指问题条件系统中各组成构件间的结构关系或逻辑关

---

① 潘超．试论数学问题改编的方式和要求［J］．数学通报，2014，53（6）：21-24．2014年被人大复印《初中数学教与学》全文转载．

系，如两直线相互垂直、直线与圆相切、两个数的和为常数等. 而问题结论系统包含考察对象、设问层次、呈现方式三个要素. 其中，考察对象是指问题结论系统的特指对象，如考察线段长度、考察三角形面积、考察函数的最大值等；设问层次是指问题结论系统中对同一个考察对象的多向设问结构或对多个考察对象的多级设问结构；呈现方式是指问题结论系统中对结论的要求和表述方式，如对考察对象的计算求解、证明、判断或设计等要求，从结论的开放性来看，分为开放型（含半开放型）和非开放型两类.

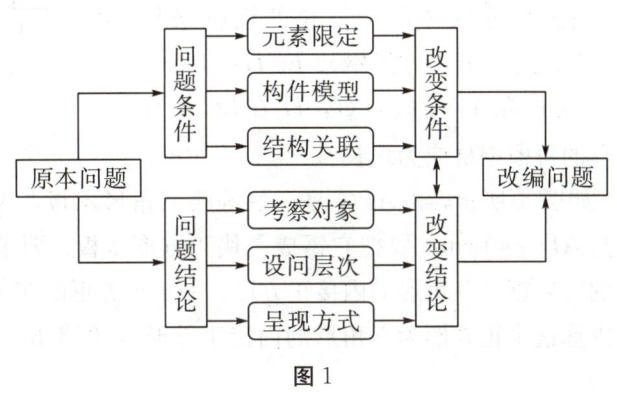

图 1

由上述问题系统结构可知，数学问题的改编方式包含六种单一方式，两个或两个以上的单一改编方式组合的综合方式则包含多种. 而对于问题系统中所蕴含的情境的改编也属于问题改编方式，但这种方式是非本质的改编方式，因此不打算讨论. 下面以一道初中课本习题为原本问题来探讨数学问题的具体改编方式. 改编的数学问题略去求解或论证过程.

课本问题（人教版九年级（下）第 72 页）：如图 2 所示，△ABC 是一块锐角三角形材料，边 $BC = 120$ mm，高 $AD = 80$ mm，要把它加工成正方形零件，使正方形的一边在 BC 上，其余两个顶点分别在 AB，AC 上，这个正方形零件的边长是多少？

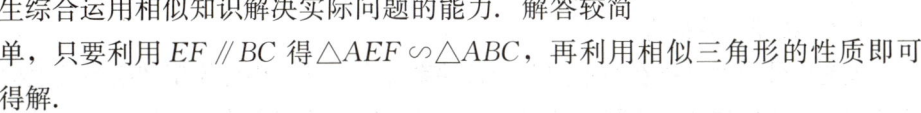

图 2

设计意图："课本问题"设计的目的在于检验学生综合运用相似知识解决实际问题的能力. 解答较简单，只要利用 $EF \parallel BC$ 得 $\triangle AEF \backsim \triangle ABC$，再利用相似三角形的性质即可得解.

2.1 改变元素限定

改变元素限定是指在原本问题的条件系统中改变某些构件元素的长度、大小等量度限定或添加、减少限定元素的条件得到改编问题的方式. 若将上述"课本问题"作为改编的原本问题,改变条件中△ABC的边的限定情况,就可以得到改编题1和改编题2.

改编题1:如图3所示,一阁楼有一扇透光面积为 0.48 m² 的三角形小窗户(△ABC). 为了安装防护钢架,一位焊工已截取了 2.00 m 长的条形钢材制作成"倒T型"架作为支架(AD 段与 BC 段焊接,且AD⊥BC),现欲再截取3段一样长的钢材来与"倒T型"架底边焊成一个正方形钢架 EGHF(其中点 E 在 AB 上,点 F 在 AC 上,点 G,H 在 BC 上),问这位焊工截取的每段钢材应为多长?

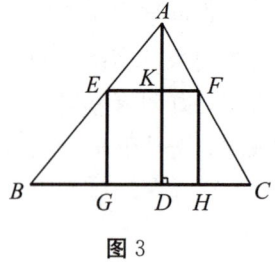

图 3

改编题2:如图4所示,△ABC 是一块等腰三角形木板,AB=AC,边 BC=60 cm,高 AD=40 cm,要把它锯成一块正方形木板,要求沿着三角形的内接正方形的边来锯(三角形的内接正方形:一个正方形的四个顶点都在三角形的边上,则称这个正方形为三角形的内接正方形),问锯出的正方形木板的边长是多少?

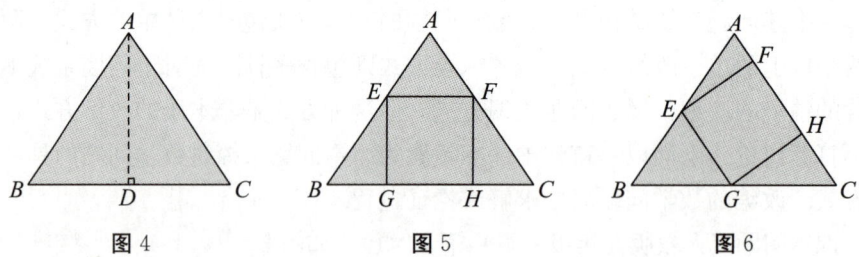

图 4　　　　　图 5　　　　　图 6

评析:改编题1的设计意图同前文"课本问题",本质上改变了构件元素的数据,求解思路与原本问题一致,只是计算上需要解一元二次方程或利用根与系数的关系;改编题2与"课本问题"的不同之处在于要考虑图5、图6两种情况,如果再将三角形的三边限定改为一般化情况,则类似于1997年安徽省部分地区的初中数学竞赛试题.

2.2　改变构件模型

改变构件模型是指在原本问题的条件系统中将某个构件模型替换为其他构件模型,并相应调整元素限定情况,得到新问题的改编方式. 如将三角形模型替换为正方形模型、将正方形模型替换为矩形模型. 在以上"课本问题"中,如将正方形模型替换为矩形模型,并添加矩形的限定条件,就可得到改编题 3.

改编题 3：如图 7 所示，△ABC 是一块锐角三角形材料，边 BC=120 mm，高 AD=80 mm，要把它加工成矩形零件，使矩形的一边在 BC 上，其余两个顶点分别在 AB，AC 上，则使得面积最大的矩形零件的长边和短边分别是多少？

评析：本题求解思路与"课本问题"相似，此外还考察了二次函数最值问题. 本题与福州市 2010 年中考第 21 题第 2 小问和湖北鄂州市 2009 年中考第 24 题第 2 小问略同.

2.3 改变结构关联

改变结构关联是指按照某种要求改变原本问题的条件系统中某些构件间的结构关系或逻辑关联得到改编问题的方式. 再以"课本问题"为原本问题，若将条件中的正方形构件按照某种规律进行连续添加，使得问题条件系统中的构件间的结构关系发生改变，则可得到改编题 4.

改编题 4：如图 8 所示，△ABC 是一个锐角三角形，边 BC=120 mm，高 AD=80 mm，在△ABC 内作第 1 个内接正方形 $B_1E_1F_1C_1$（E_1，F_1 在 BC 上，B_1，C_1 分别在 AB，AC 上），再在△AB_1C_1 内用同样的方法作第 2 个内接正方形 $B_2E_2F_2C_2$，如此下去，操作 n 次，则第 n 个小正方形 $B_nE_nF_nC_n$ 的边长是 _____ .

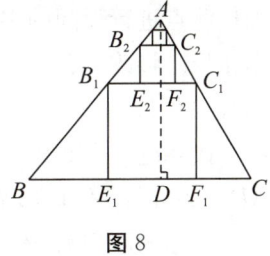

图 8

评析：本题是通过改变三角形、正方形间的结构关系来实现改变结构关联的. 求解思路仍与"课本问题"基本相同，先求解前 2~3 个正方形的边长后，归纳出第 n 个小正方形的边长的表达式即可. 若改变本题构件元素的数据，就可变成荆州市 2013 年中考第 14 题和日照市 2012 年中考第 12 题.

2.4 改变考察对象

改变考察对象是指在条件系统中的主要条件不变的情况下，将其结论系统中的考察对象进行添加、删减或替换得到改编问题的方式. 如将考察线段问题换为考察面积问题，将考察角度问题换为考察函数问题就属于改编考察对象. 以改编题 3 为原本问题，改变考察对象可得到改编题 5.

改编题 5：如图 7 所示，△ABC 是一个锐角三角形，边 BC=120 mm，高 AD=80 mm. 矩形 EGHF 的一边在 BC 上，其余两个顶点分别在 AB，AC 上，矩形的面积为 S，EF=x（0 mm <x<120 mm），求 S 与 x 的函数关

系式.

限定改编题 5 中 $\angle C$ 的大小，再改变考察对象又可得到改编题 6.

改编题 6：如图 7 所示，$\triangle ABC$ 是一个锐角三角形，边 $BC=120$ mm，高 $AD=80$ mm，假设 $\angle C=60°$. 矩形 $EGHF$ 的一边在 BC 上，其余两个顶点分别在 AB，AC 上. 当矩形 $EGHF$ 的面积最大时，该矩形 $EGHF$ 以每秒 1 mm 的速度沿射线 DC 匀速运动（当点 D 与点 C 重合时停止运动），设运动时间为 t 秒，矩形 $EGHF$ 与 $\triangle ABC$ 重叠部分的面积为 S，求 S 与 t 的函数关系式.

评析：相对于原本问题，改变考察对象后得到的改编题更加综合化，可以探寻到蕴含的其他规律和结论. 改编题 6 类似于福州市 2010 年第 21 题第 3 小问.

2.5 改变设问层次

改变设问层次是指在条件系统中的主要条件不变的情况下，将其结论部分的设问层次进行添加或减少得到改编问题的方式. 添加设问层次主要是为了增加检测点进行设问的多向化或为了降低难度进行设问的梯度化，减少设问层次则相反. 将改编题 5 作为原本问题，整合改编题 3 的结论，增加设问层次可得到改编题 7.

改编题 7：如图 7 所示，$\triangle ABC$ 是一个锐角三角形，边 $BC=120$ mm，高 $AD=80$ mm，使矩形 $EGHF$ 的一边在 BC 上，其余两个顶点分别在 AB，AC 上，矩形的面积为 S，$EF=x$（0 mm$<x<$120 mm）.

(1) 证明：$\dfrac{AK}{AD}=\dfrac{EF}{BC}$.

(2) 当 x 为何值时，矩形 $EGHF$ 的面积最大？并求其最大值.

(3) 求 S 与 x 的函数关系式.

评析：本题的改编采用了三级设问层次，三级间考察对象各异，但逐级关联，难度逐级提升.

2.6 改变呈现方式

改变呈现方式是指在条件系统中的主要条件不变的情况下，在结论系统中改变结论的要求和设问的表述方式而得到改编问题的方式. 以改编题 2 为原本问题，先改变条件中构件 $\triangle ABC$ 的某些元素，再改变问题情境和设问方式就得到改编题 8.

改编题 8：某居民小区准备在一块等腰三角形的草坪上修建一座正方形游泳池，该三角形草坪的测绘尺寸如图 9 所示，请你为施工队设计游泳池位置规划方案,使得正方形游泳池面积最大,并加以证明.

评析:本题主要是通过改变设问的表述方式和结论的开放性来实现问题改编的,设计意图同改编题 2. 改编后的问题对思维能力和数学表达能力要求更高,探究味更浓,设问更为开放.

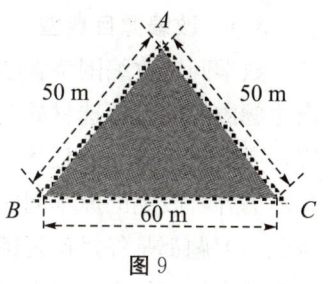

图 9

以上六种改编方式是基于原本问题条件、结论的几个要素而言的基本改编方式,从问题的情境性角度来说,还有"改变问题情境"的改编方式. 此外,如果以上六种改编方式交叉使用,还可以得到"综合改编"方式,比如改编题 9 就是使用多种改编方式的结果.

改编题 9(潍坊市 2013 年中考第 23 题):为了改善市民的生活环境,我市在某河滨空地处修建一个如图 10 所示的休闲文化广场. 在 Rt△ABC 内修建矩形水池 EGHF,使顶点 G,H 在斜边 BC 上,E,F 分别在直角边 AB,AC 上;又分别以 BC,AB,AC 为直径作半圆,它们交出两弯新月(图中阴影部分),两弯新月部

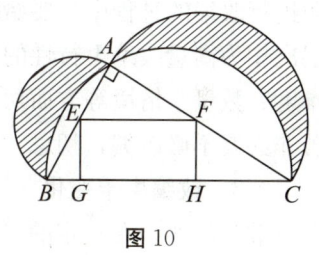

图 10

分栽植花草;其余空地铺设地砖. 其中 $BC=24\sqrt{3}$ 米,$\angle ABC=60°$. 设 $EG=x$ 米,$GH=y$ 米.(1)求 y 与 x 之间的函数解析式.(2)当 x 为何值时,矩形 EFHG 的面积最大?最大面积是多少?(3)求两弯新月(图中阴影部分)的面积,并求当 x 为何值时,矩形 FGHF 的面积等于两弯新月面积的 $\frac{1}{3}$?

由"课本问题"直接或间接改编得到的中考数学试题还有:菏泽市 2013 年中考第 7 题、绍兴市 2013 年中考第 22 题、东营市 2010 年中考第 24 题、衡阳市 2010 年中考第 23 题等. 改编为竞赛题的有:1985 年广州市、武汉市、福州市初中数学联赛,1997 年安徽省初中数学竞赛,第 19 届江苏省初中数学竞赛等.

3　数学问题的改编要求

要对数学问题进行改编很容易,但要改编好一个数学问题却较难,需要注意改编问题的典型性、适切性、变化性、科学性和创新性,从而需要考虑多方面的因素和要求.

3.1　改编源自典型

数学问题改编围绕教学目标承载了改编者的教学意图，因此，改编时要突出主题内容而注意选材的典型性．数学问题改编要围绕教学重点或教学难点内容，突出教学的中心任务，以此确定改编的必要性，保障改编问题的价值需求．另外，改编的原本问题一般要从数学课本中的例题、习题取材，因为课本例题、习题都是经过反复锤炼的典型问题，采用课本例题、习题为原本问题也比较符合知识体系，如本文改编的原本问题属于"经久耐用"的课本习题，在中考、竞赛中等多处都能见到其身影，堪称经典问题．

3.2　改编切合学情

数学改编问题的最终使用者是教学的主体——学生，因此，改编者在对问题进行改编的过程中，要始终做到"心中有人"，要以学生的学习情况和水平层次作为衡量改编可行性的标尺．所以，改编后的数学问题要在内容、方法、难度、数量、情境等方面切合学情，具有适切性．根据教学的需求进行改编，若非必要不必改编，切忌"为改编而改编"．

3.3　改编生于变化

数学问题存在一定的"数量关系"或"空间形式"，不管是"数量关系"，还是"空间形式"都存在一定的可变性．前文给出的六种改编方式就是基于原本问题的条件系统和结论系统中某些因素的可变性．我们只要抓住了原本问题中的那些可变因素进行变换，就可以创造出各种改编题．问题系统中的"元素限定""构件模型""结构关联""考察对象""设问层次""呈现方式"只是从问题的内容和结构的视角来看的最基本的可变因素．

3.4　改编当以推敲

数学问题改编是一个需考虑周全而又细致的思维过程．改编过程中要对各种情况进行反复推敲，保障思维的严谨性和内容的科学性．改编的整个过程注意推敲六点：第一，内容是否依纲靠本（改编题不能偏离课标和课本要求，产生偏题、怪题或过难的题）；第二，数据是否准确适当（改编题中的所有数据要准确无误，不出现常识性、科学性错误）；第三，逻辑是否严密周全（改编题中所含的逻辑关系正确，若涉及分类时要不重不漏）；第四，表达是否简洁易懂（改编题的描述要尽可能使用切合学生当前学段的数学术语和熟悉的语言体系，并且要简明扼要）；第五，情境是否合情合理（改编题中所包含的情境信息要与现实情况接轨，符合情理）；第六，解答是否利于学生（与学生学习内容吻合，学生解答改编题后要有利于增长知识和提高能力）．

3.5 改编贵在创新

改编问题与原本问题相比,要求蕴含某些新意,具有一定的创新性,并且创新性也正是改编题的魅力所在. 改编问题的创新之处就在于改编处,其要求不仅仅是形式新,还有内容新,尤其是在解题方法上要有不同程度的丰富与创新. 因此,改编问题与原本问题相比,往往具有形式新、内容新、解法新等特点. 形式新包括问题的情境新、结构新、表述新等;内容新主要体现在改编后问题的条件系统和结论系统的更新变化,包括元素限定、构件模型、结构关联、考察对象、设问层次、呈现方式等的变化;解法新是因为内容的变化可能导致问题解决的方法发生变化.

参考文献

[1] 张奠宙,宋乃庆. 数学教育概论 [M]. 北京:高等教育出版社,2009.
[2] 潘超. 变有限 意无穷——谈基于"几何画板"的变式探究 [J]. 中学数学教学参考(初中版),2012(11):47-49.

做研教合一的行动者[①]

——学校骨干教师怎样开展课题研究

广元市剑阁县教育科学研究室　杨　旭

1　当前中小学开展课题研究的现状

1.1　当前中小学开展课题研究的主要特点

研究指向：①以校为本．立足学校现实，大处着眼，小处着手，研究学校管理、教育、教学等方面的现实问题，如"小学生安全教育如何落实到日常的教育教学中的实践研究"．②以学科教学为本．如"农村初中教师课堂应变能力培养的策略研究与实践"．

研究类型：以专题研究、课堂研究、行动研究、应用研究、现场研究、微观研究为主．

研究方法：行动法、发现法、文献法、问卷法、分析法、抽样法、观察法、调查法、访谈法、总结法、个案法、统计法、归纳法、分类法、比较法（现在已不用实验法）．

研究主体：教师即研究者，这是近年来西方教育界颇为流行的看法．以本校骨干教师为主体．

研究内容：立足于课程改革，着眼于课堂教学，侧重于课程建设、实施的研究．当前的热点研究方向是学前教育、新课程标准、文化建设和课程改革．

研究价值取向：过程与结果并重，倡导成果即成长．

1.2　当前中小学开展课题研究存在的问题

（1）注重形式，忽视过程．

现有很多课题都是匆匆开题、迅速结题，没有过程．结题报告中的结论也

[①] 本文由杨旭在"国培计划"中西部项目——四川省农村中小学学科带头人短期集中培训项目内江师院初中数学班的专题讲座的稿子改写而成．编者对原文略有删减．本文对开展课题研究颇富启发性，值得学员老师和同学们认真学习、体会与实践．

都是事先就有的,部分课题研究的通常做法是:做几节课,写几篇文章,把一些尚未消化的理论东拼西凑,甚至把过去做的事情拿来"炒冷饭",套上新的理念,贴上新标签,升华一下,就宣称解决了重大难题,意义深远.

(2) 急功近利,热衷炒作.

(3) 跟风而上,创新不足.

课题研究要有创新,创新不是跟风. 著作要读,专家的理论要学,研究的方法要学,但不能总停留在"复述"的层面上. 要想办法使专家的理念和方法落地、生根、开花、结果,就必须使课题研究的内容贴近教师在教育教学实践过程中遇到的真实问题,范围不宜太宽,目标不宜太高. 其实,越是本土的,越富有个性. 研究类型最好是以解决具体问题为主的微观研究,研究过程应该与改进和提升教师个人教学能力密切相关,策略、方法应该便于教师与个人教学实践建立关联,使之后生成的东西可以成为校本研究的对象和过程.

1.3 当前中小学开展课题研究的主要障碍与有利条件

目前,中小学教师进行课题研究的主要障碍:一是骨干教师的工作量太大,年年教毕业班,无暇参与研究;二是学校领导认识不到位,"急功近利"思想严重,不让骨干教师外出培训,禁锢骨干教师思维;三是个别骨干教师不思进取,不学习思考,沉浸在"应试教育取得过一定成绩的光环"下自得其乐;四是各级教育行政主管部门对课题研究的认识和重视程度不同,许多骨干教师不知道怎样做研究,并且把课题研究看得很神秘,不知从何下手.

当然,骨干教师做课题研究也有有利条件,如有免费的研究对象、丰富的实践经验,还有一批志同道合的同行.

2 对骨干教师开展课题研究的认识

2.1 骨干教师

1962年12月,我国教育部在《关于有重点地办好一批全日制中、小学校的通知》中提出了"骨干教师". 骨干教师是指在一定范围的中学教师群体中,师德修养、职业素质相对优异,有一定知名度,被大家公认,具有较为丰富的教育经验,在学校的实际教育教学活动中承担了较大的工作量,对教育研究方面有一定兴趣和较为突出的能力,取得过一定的教育教学研究成果,并对一般教师具有一定的示范作用和带动作用,能够支撑所在地区或学校的学段或学科教学和教学研究工作的优秀教师代表.

2.2 课题研究

真正的教育教学课题研究只有植根于教学实践,才能焕发其生命力与价值. 当前，倡导骨干教师开展课题研究就是用先进的教育理论指导具体的教育、教学工作. 通过做课题—发现问题—思考问题—解决问题—检验成果—推广成果这种比较科学、规范的形式，来解决学校发展、课堂教学、教师成长、家庭教育等各方面的问题和困惑. 课题研究的基本要求是有理论支撑，有具体的操作思路. 课题研究应该使教师的日常工作科研化.

有研究价值的"问题"即"课题"，骨干教师的问题一定是在教育教学中发现的. 专业研究是教师专业活动的重要组成部分. 教师的专业活动包括专业服务、专业研究和专业学习，是提升个人专业能力的重要途径. 教师的专业能力包括教学设计能力、教学设施能力和教学反思能力. 骨干教师所做的专业研究一定是简单、可操作、绿色环保，且具有草根性的，而不是大抄大搬高深的理论，应总是研究自己所涉及学科、学生、所处教育教学环境和条件下的问题.

2.3 骨干教师开展课题研究的原因

（1）教师专业成长的需要. 为了适应素质教育，教师的教育教学工作模式必须由"经验型"向"科研型"转变. 实践表明，骨干教师自觉学习理论，更新教育观念，以科研带教研，以教研促教改，以教改促教学，对提高教师自身素质大有裨益. 许多名师成了开展教育科研的最大受益者，"教师参加教育科学研究，是提高自身素质的重要途径"（林崇德）.

（2）解决实际问题的需要. 开展课题研究主要是为了解决在教育教学中发现的问题、遇到的困惑. 这些问题包括教师自己教学实践的问题，学生行为习惯、道德表现的问题，学校教育的问题，学校管理模式的问题等.

（3）有助于养成严谨的工作作风. 课题研究的严密性促使教师的教育教学工作更加科学化、系统化.

（4）有助于形成科研教学意识. 开展课题研究时少不了要查阅大量的资料. 阅读大量有关教育教学的书籍，有利于形成个人教学理念，并用新的教育理念审视自己的日常工作，自觉地改进自己的教育手段和教学方法，进行反思教学.

3 骨干教师开展课题研究的步骤

按四川省教育科学研究所周林教授的经典理论，我们现在开展课题研究的做法通常要遵循"老三点"和"新两点"，即"为什么""是什么""怎么做"，以及注重"价值观"和"活动观". 一般一个课题的研究过程包括四个阶段，七个步骤，如表1所示.

表1 课题研究过程

阶段	内容	
一、研究准备阶段	1. 选题	（1）初选课题
		（2）文献检索
		（3）确定课题
	2. 课题论证	（1）选择研究范围、对象
		（2）形成假设
		（3）选择研究方法
		（4）制定研究方案
	3. 申报立项	（1）填写立项申请表
		（2）向上级主管部门申报
二、研究实施阶段	4. 实施	（1）取样
		（2）前测
		（3）处理
		（4）后测
	5. 管理	组织管理、计划管理、活动管理、经费管理、成果管理、档案管理
三、形成成果阶段	6. 数据分析、汇总相关成果、撰写结题报告	
四、成果评价推广阶段	7. 申请结题→申请评奖→成果发布→组织推广	

3.1 我能解决什么问题——选题

选题是整个课题研究活动的开端．选题决定研究的目标、对象和方法，以及科研工作能否得到外部支持．正确的选题能提高科研效率．选题恰当与否对于科研能否成功起着决定性的作用．大多数情况下，中小学校的课题研究是运用或借用科学的教育理论与方法去解决日常工作中的实际问题．选题有以下几个途径：

（1）自下而上——从教学叙事到课题研究．教师将教学过程中发现的新问题、激发出的新思考和新创意记录下来，通过讲自己的课程故事和案例来阐述新的思想理念．实时反思是经验总结，升华之后就是课题研究．观察中小学相关研究，真正引起共鸣的是那些既有实践经验又有理论高度的专家型教师的案例．

（2）自上而下——从子课题到大课题．要使研究具有生命力，就要获得各个方面的支持．如果能获得专家的支持（积累经验，习得方法，思维方式），那么就可以少走弯路．做专家的子课题，就不失为一个好办法．

（3）小题大做——从小课题到大课题．做小课题，聚焦工作中的小问题，针对某一具体内容或者具体问题进行研究．

选题的基本要求：①选题必须有价值；②选题必须有扎实的基础；③选题必须具体明确；④选题要新颖，有独创性；⑤选题要有可行性．

3.2 我需要什么知识储备——围绕课题科学地读书

（1）带着问题寻找文献．

（2）结合课题有选择地阅读、思考文献．

（3）用批判的眼光阅读文献．

（4）不仅读观点，更要研究思路．

（5）一边读一边加强两项积累：注意观点材料、经典案例的积累；注意自身思想的积累．

3.3 我怎样解决问题——反思

在通过大量阅读获得一定知识储备后，结合教育教学中发现的问题，积极反思，寻找课题源，构思课题的标题及框架，按课题报告的基本范式撰写研究报告，按程序申报、立项、开题、研究和结题．

反思是人对自身的思想观念和行为意义的自觉的再认识活动．课题研究中的反思即是研究的过程，在课题研究中要做大量的文案工作，包括撰写研究方案、调研（查）报告、开题报告、研究报告、工作报告、效果检测报告和成果报告等．这些方案和报告基本上都是围绕着"老三点"的结构和"新两点"的主题展开的，以下重点阐述研究报告的写法．研究报告是课题研究的学术性说明，属于应用型教育科研论文．包括以下部分：

（1）题目．必须反映报告、论文的主要内容、要旨，使人一看完题目，就能大体了解报告、论文的内容并产生阅读的兴趣．题目必须做到确切、中肯、具体、鲜明、简练、醒目．题目不要太笼统，切忌题目与内容不符，题目不要太长，一般不超过 20 个字，不要用夸张、比喻、拟人的字眼命题，不要文学化．研究报告一般不使用副标题，但有时为了更充分地表现主要内容，必要时也可采用加上副标题的办法．

（2）署名．在题目的下面，必须签署作者姓名及其工作单位．署名的目的是表示对研究报告负责，给予研究者应得的荣誉．若需联合署名，则应遵循对研究的贡献大小排先后次序的标准．论文的署名还要有邮政编码、作者简介．

（3）摘要和关键词．摘要应提供研究报告、论文的主要内容和基本观点，字数为 200 个左右为宜．应选 3~6 个能反映文章内容核心的词、术语作为关键词．

（4）前言．前言是研究报告的序言．研究报告的前言部分一般都应说清楚别人的工作：前人或同时代的人对于这项研究的进展程度，哪些问题已经解决，哪些问题尚未解决；自己是在什么样的基础上开展研究的，已经进行到了哪一步．前言部分要力求简明扼要、直截了当，并实事求是．学术论文的前言部分必须说明进行这项研究工作的缘由和重要性；前人对这一方面的研究进展，存在什么问题；本研究的目的，采用什么方法，计划解决什么问题，在学术上有什么意义．

研究报告的前言可采用开门见山的方法直入主题；也可先提出问题，再引入主题；或交代研究的目的和要求，再逐步展开．必须注意防止面面俱到、不着边际、文不对题，或一步登天、言尽意止、不留余地等．

（5）正文．

①研究背景．教育中存在的实际问题背景；国内外相关研究及国家、社会形势发展的背景．

②主导思想．或叫理论基础，即研究的基本思路．

③主要成果．这是报告的主体部分，包括认识性成果、操作性成果、技术性成果．

④主要效果．第一，以学生为研究对象的，首先应写学生方面的效果，即学生受益何在；其次是科研方面的效果，包括教师、干部在课题研究过程中教育观念的转变情况及能力和素质的提高情况．如果课题研究对学校产生了较大的影响，也应单独阐述．第二，如果在教育理论上有新探索，在实践操作上有创新的模式，也应该写在效果当中，要突出特色．第三，效果要用案例和数据来说明．

（6）认识与探讨．把研究中的问题扼要地如实进行分析和反思，最好能形成教育、教学原则或建议．这一部分主要是将自己没有解决的问题或者疑惑，以及后期计划呈现出来．

（7）引文注释和参考文献．

①引文注释的意义．撰写研究报告引用他人的材料、数据、论点、文章时要注明出处．注明出处反映作者严肃的科学态度，体现研究报告的科学依据，同时也是着重他人劳动的表现．

②引文注释的种类．分为页末注（脚注，在本页文章的下端）、文末注（段落后或篇后注）、文内注（行内夹注）和书后注四种．

③引文注释的要求、方法．应按引文出现先后顺序标明数码或符号，然后依次加以注释．注释内容包括作者姓名、文献标题、书刊名称、卷数、册数或期数、出版社名称、出版年份、出版地点、页码．从其他书上转引的材料，则

应注明来源.

④参考文献. 参考文献是指与论文有关的重要文献. 重要论文的篇末往往附有参考文献,每一项参考文献应写明著者姓名、书刊名、出版地点、出版社、出版时间.

(8) 研究报告还附有"摘要". 有的研究报告字数多、篇幅大,为了使读者在看全文之前对文章有个概括的了解,常常在文章前加上"摘要". 篇幅较小的研究报告则不必写摘要. 研究报告的摘要必须概括全文的主要内容,起到对文章简要介绍的作用. 摘要要求准确精练、简短扼要,应是能够单独存在的完整的短文.

(9) 研究报告的"致谢". 对于曾经指导、参加过研究工作,或对研究工作提供建议或便利条件,而没有在文中署名的同志,可在文章的后面用简短的文字对其表示感谢.

4 骨干教师开展课题研究要注意的问题

(1) 及时积累研究的过程性材料.

课题研究的过程性材料应包括研究过程中的所有材料:立项材料、中期的研究材料、最后的成果材料. 围绕课题研究的问卷调查、学习材料、体会、反思、教案、说课稿、评课稿、课题小结、随笔、案例评析、课堂实录、课堂评价表、获奖论文,课题组成员发表的与课题有关的文章、相关报道,以及相关光盘、图片等都值得保存.

(2) 善于合作交流.

①要得到学生、家长的支持.

②要得到领导、老师的支持.

③要得到专家、家人的支持.

(3) 适合自己的就是最好的.

(4) 要有呈现研究成果的意识.

课题研究的成果可以是多种多样的. ①文本成果. 包括论文、研究报告、调查报告、课例等,也可以是编著类资料、活动资料集锦等. ②印象成果. 学校发展、教师成长的案例材料,以及相关影像制品. ③内隐成果. 小课题的研究成果特别体现在人本成果方面,如教师的业务素质提高,涌现教科研先进学校、骨干教师、名教师等.

一个课题结题后,不能束之高阁,应进行推广和运用,更要在不断反思中创新和内化,衍生出更有价值的成果,以解决教育教学中的实际问题.

无疑处生疑，有疑处释疑[①]

——以"二次函数的概念"教学为例

重庆市永川中学　唐　芬

西南大学教育学部　朱德全

问题是数学的心脏．因此，为问题而教，是数学教学的出发点和着眼点．数学是由问题构成的，教学目标需要问题来展现，教学过程需要问题来活化，教学对象需要问题来触动．离开问题，数学教学仅定位于单向的、静态的传输系统．可见，问题应是数学教学的逻辑起点，问题和问题解决是数学教学的生长点．[1]古人说："学起于思，思源于疑."有疑才有问，有问才有思，有思才有得．疑问是思维的火种，思维以疑问为起点．南宋理学家朱熹说："读书无疑者，须教有疑；有疑者，却要无疑，到这里方是长进."[2]这说明"有疑"和"无疑"是一对矛盾：无疑者，需"教"而有疑，即无疑处生疑；有疑者，又应"教"而无疑，即有疑处释疑．

目前，数学课程改革已进入"后课改时代"，但数学教学中仍普遍存在"缺乏问题意识，重结果轻过程，掐头去尾取中段，在数学对象的背景、引入、形成上着墨不够，导致数学对象的学习过程被浓缩"等"去问题化"现象[3]，不利于学生创新精神的培养和数学素养的提高．数学课堂如何为"疑"而教，回归数学本质，做到"教有疑"与"教无疑"呢？不论是过去还是当下，甚至未来，这都是数学课堂的永恒主题．这里以"国优课"（第八届全国初中青年数学教师优质课评比一等奖课例）参赛选手王文俊老师的"二次函数的概念"为例，对"教有疑"与"教无疑"做些诠释．研究者认为，整堂课以问题为驱动，理性自然，把"疑"贯穿教学全过程，让学生体验"数学"的建构概念、

---

① 作者简介：唐芬（1973—），女，重庆永川人，重庆市永川中学高级教师，主要从事中学数学教育教学研究，于2013年起被评为内江师范学院数学与信息科学学院"国培计划"专家，参与了送教、专题讲座、评课和指导学员论文等工作；朱德全，西南大学教育学部．唐芬、朱德全系内江师范学院数学与信息科学学院外聘的"国培计划"项目专家．本文原载《数学教育学报》（津）2014 年第 6 期第 68～72 页，被人大复印《初中数学教与学》2015 年第 3 期全文转载．编者对论文题目做了改动．

形成概念、应用概念、延伸概念，逐步学会"数学"地认识和解决问题．

1 概念链接，学似无疑

1.1 教学片断呈现

师：八年级我们学习过函数概念，你能说说什么是函数吗？

先后有 3 名学生回答并相互补充后得出较完整的函数概念，教师屏幕显示．

追问 1：你认为函数概念中有哪些关键词？

生：两个变量；允许范围内；x 与 y 有对应关系．

追问 2：x 与 y 是如何对应的？

生：对于 x 的每一个值，y 都有唯一确定的值与之对应．

追问 3：我们已经学过了哪些函数？

追问 4：以一次函数为例，说说主要研究了函数的哪些内容？

师总结：我们学习一次函数经历了这样的过程：从实际问题中，找到两个变量，如果它们存在一定的依赖关系，就得到一个函数，画出函数图象后，通过直观观察，总结出函数的性质，最终又回到实际问题．所以数学来源于生活，也必将应用于生活．今天我们还要学习一种新的函数，请看实际问题．

情境一：一粒石子投入水中，激起的波纹不断向外扩展，扩大后的圆面积 y 与半径 x 有何关系？

情境二：用 16 米长的篱笆围成长方形的生物园饲养小兔．

(1) 如果长方形的长为 y 米、宽为 x 米，那么它们之间有何关系？

(2) 如果长方形的面积为 y 平方米、宽为 x 米，那么它们之间有何关系？

情境三：车辆行驶中，司机观察前方物体时是动态的，车速增加，视野变窄．当车速为 50 km/h 时，视野为 80°．若视野 f（°）与车速 v（km/h）的乘积为定值，则 f 与 v 有何关系？

情境四：Rt△ABC 中，$\angle B = 90°$，$AB = x$，$BC = 4$，$AC = y$，y 与 x 有何关系？

情境五：边长为 x 米的正方形房间要铺设地板，已知某种地板的价格为每平方米 240 元，踢脚线的价格为每米 30 元，如果其他费用为 1000 元，门宽 0.8 米，那么总费用 y 为多少？

（本片段主要采用问答式，问题解决顺利，其中情境五有适当点拨，教师板书 6 个解析式．）

1.2 评析与思考

李邦河院士认为"数学根本上是玩概念的，不是玩技巧的．技巧不足道也！"苏联教育家克鲁普斯卡娅曾说："数学是许多概念组成的锁链."由此可见，数学是思维的体操，数学概念是数学思维的细胞，问题是数学概念的活性酵母[4]，它源自教学目标，成于情境的潜在预设．通过复习，聚焦函数概念中始终不变的属性——"对应"[5]，帮助学生厘清了变量、函数、常量等概念系统，再现一次函数的学习过程；然后基于学生的生活现实，着眼于学生的最近发展区，逐级而上地提出5个情境问题，为学生创设直觉思维场情境[6]，学生顺利完成，没有疑点和错点．尽管学生看似无疑，但教者实属有意：前面的复习既是本章的导学，也为"通过类比探究二次函数"提供了认知基础；后面5个情境问题是执教者对教材的整合，教材的情境问题只有二次函数模型，执教者增加了一次函数、反比例函数、无理函数模型，然后引导学生从众多的模型中抽象出二次函数的特征．如何抽象？其特征是什么？问题亦蕴藏于预设的逻辑情境中．

2 概念建构，贵在生疑

2.1 教学片断呈现

(1) $y = \pi x^2$.

(2) $y = 8 - x$.

(3) $y = -x^2 + 8x$.

(4) $f = \dfrac{400}{v}$.

(5) $y = \sqrt{x^2 + 16}$.

(6) $y = 240x^2 + 120x + 976$.

师：同学们，请观察刚才列出的6个关系式，它们都是函数吗？

生齐答：是.

师：哪些是我们已经学过的函数呢？

生1：第(2)个是一次函数，第(4)个是反比例函数.

师：那我们来看看余下的4个函数，它们有什么特点？

学生思考、交流、讨论．

生2：它们的自变量 x 次数都是2，我认为它们就是今天我们要学习的二次函数（教师微笑，似乎有点意外，又略带期待地）.

生3：我不同意，(5)与其他3个函数不一样，右边的式子不是二次整式，而是二次根式．

师：生 2 看出 4 个函数的 x（最高）次数都是 2，还知道了本课的学习主题"二次函数"，这一点不错．可是函数 $f=\dfrac{400}{v}$ 中自变量 v 的次数也是 1，我们为什么不说它是一次函数呢？

生 2（有点不好意思）：一次函数的一般式是 $y=kx+b$，它的右边是一次整式，$f=\dfrac{400}{v}$ 的右边是分式，因此它不是一次函数．

生 3（紧接着）：同样的，我们不能把 $y=\sqrt{x^2+16}$ 叫二次函数，应该叫根式函数．

师：生 3 抓住了函数 $y=\sqrt{x^2+16}$ 与其他函数的本质区别，但它不叫根式函数，而是高中要学习的无理函数．而（1）（3）（6）为什么可以叫作二次函数呢？它们有什么共同的特点吗？

生 4：它们都是二次整式．

师：是的，它们的右边都是关于自变量 x 的二次整式，二次整式的一般式是怎样的？

生 5：ax^2+bx+c．

生 6：还要加上条件二次项系数 $a\neq 0$．

师：非常好！你能类比一次函数的概念，尝试给二次函数下定义吗？

生 7：形如 $y=ax^2+bx+c$ 的函数叫作二次函数．（板书）

生 8：应该补上常数的说明，形如 $y=ax^2+bx+c$（$a\neq 0$，a，b，c 为常数）的函数叫作二次函数．

师：你补充得很好！这就是今天学习的二次函数（板书）．"形如"，即由"形"来定义二次函数，其"形"即 y 是关于 x 的二次整式．强调二次项系数 $a\neq 0$．其中自变量 x 的取值范围是什么？函数值的取值呢？

师：上述二次函数（1）（3）（6）的常数 a，b，c 分别是多少？

2.2 评析与思考

北宋哲学家张载说："在可疑而不疑者，不曾学；学则须疑．"可见，学习要善于提出问题，教学也是如此．尽管学生在复习和列解析式环节顺利完成，没有困惑，但面对丰富的函数模型，教师抓住知识的生长点[7]，对情境问题进行数学加工，巧妙设问，促使学生生疑、质疑、析疑，带着疑问建构概念，感受矛盾（概念）的形成过程．尤其是学生 2 生成的问题："$y=\sqrt{x^2+16}$ 中的自变量 x 次数是 2，它是二次函数"，这似乎在执教者的预设之外，可是生 3

的质疑和教师睿智的反问却让生 2 豁然开朗,还有生 3 命名的"根式函数"也颇让课堂"增色". 通过师生间的相互质疑和类比分析,经过综合筛选和甄别,抽象出(1)(3)(6)共同的本质特征:等式的右边都是关于 x 的二次整式,其本质特征恰与学生已有的数学模型(二次整式 ax^2+bx+c $(a\neq 0)$)产生链接. 可是,如何给二次函数下定义呢? 新的疑问又摆在学生面前.

数学的严谨呈现为"冰冷的美丽",但是数学的发现却是"火热的思考".[8]二次函数概念不是凭空产生的,是源于函数知识本身发展的需要和必然,是基于情境问题解决之需要,这是概念形成的逻辑起点. 通过问题驱动,蕴含于问题情境的新旧概念矛盾已经凸显,引发了学生原有的认知冲突,从而诱使新概念的推出,为学生搭建了主动建构的问题支架,学生的思维自然而然地卷入其中,探求新函数的愿望油然而生,二次函数概念的形成亦水到渠成.

3 概念辨析,妙在释疑

3.1 教学片断呈现

例 1 下列函数中哪些是关于 x 的二次函数? 为什么?

(1) $y=\sqrt{2}x^2$.

(2) $y=2x+a^2$.

(3) $y=\sqrt{x^2+2x+3}$.

(4) $y=2x^2-\dfrac{1}{x}$.

(5) $y=(x-1)^2-3$.

(6) $y=x^3-2x^2$.

(7) $y=(x-2)^2-x^2$.

(8) $y=ax^2-x$.

本片段采用问答式,课堂气氛活跃,学生发言踊跃,当学生做出判断后,教师及时追问判断理由. 完成本例后,师生继续对话.

师:通过对这 8 个函数的辨析,你认为判断二次函数的标准是什么?

生 1:满足两个条件,首先,代数式部分应该是整式;其次,自变量最高次是二次.

师:这 8 个函数中,(1)和(5)确定是二次函数,定义域是一切实数. 把它放在实际问题中,如情境一、二中的二次函数,自变量的取值还是一切实数吗?

生 2:不是. 情境一是 $x>0$;情境二应满足 $0<x<8$.

师：为什么呢？

生3：长 $x>0$，且宽 $8-x>0$，解得 $0<x<8$（师简要板书）.

师：遇到实际问题时，自变量的取值范围还要考虑实际问题是否有意义……

3.2 评析与思考

对于二次函数概念的理解，除了要清楚概念的内涵外，还必须明晰概念的外延．为此，教师根据学生的易错、易漏、易混点，精选了 8 个函数，设置了两个有价值的问题：为什么是二次函数？为什么不是？以二次函数的正例和反例为载体，把新的基本概念从正、反两方面讲[9]，在每一步"是"或"非"的问题上，小心质疑，把学生"卷入"对概念的辨析、质疑、释疑之中，使学生豁然开朗，逐步掌握判断二次函数的标准，形成用概念做判断的"基本规范"，推动学生对二次函数概念的内涵和外延的理解；然后进一步设问，丰富学生对自变量取值范围的认知，为后续学习二次函数的相关知识提供有效保证．正如哲学家陆九渊所说："学贵有疑，小疑则小进，大疑则大进．疑者，觉悟之机也．一番觉悟，一番长进．"[2]

4 概念应用，却要无疑

4.1 教学片断呈现

例2 如图 1 所示，在边长为 10 的正方形 $ABCD$ 中，E 是 BC 边上一动点，以 EC 为边长在正方形内作正方形 $CEFG$，点 G 在 CD 边上，连接 AF，BF. 当 E 在 BC 边上运动时，探究图中变量之间的函数关系．

师：（启动几何画板，反复拖动点 E）请同学们观察图形，在点 E 的运动过程中，图形中哪些量发生变化？

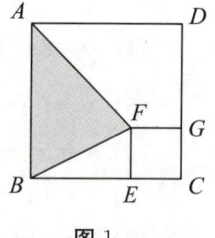

图 1

生1：线段的长度，如线段 BF，AF，EF，DG 等．

师：还有其他量发生变化吗？

生2：周长．

师：哪些周长？还有吗？

生2：$\triangle ABF$，$\triangle FEB$，还有正方形 $ECGF$，它们的周长都在变．

生3：还有梯形 $AFGD$ 的周长也在变，它们的面积也在随着变化呢．

生4：角的大小也有发生变化．

师：随着点 E 的移动，同学们观察出很多量都随之发生变化．现在，如果我们约定变量 $EC=x$，则哪些变量与 x 是一次函数关系？你能列出这些函

数关系式吗？（用 y 表示函数）

全班练习，学生先后主动板演.

生 5：线段 BE：$y=10-x$.

生 6：线段 GD：$y=10-x$.

生 7：正方形 $ECGF$ 的周长：$y=4x$.

生 8：线段 AF：$y=10\sqrt{2}-\sqrt{2}x$.

师：生 8，你能解释一下为什么吗？

生 9：因为 $\angle ECF=\angle ECA=45°$，所以点 A，F，C 在同一直线上，$AF=AC-FC$.

生 10（急不可待地）：也可延长 EF 交 AD 于 H，$\triangle AFH$ 是等腰直角三角形，则 $FH=10-x$，$AF=\sqrt{2}(10-x)$.

师：这些变化的量与 x 是一次函数关系，还有二次函数关系的吗？

全班练习，适时交流讨论. 学生思维活跃，有答案后主动板演并讲解理由.

生 11：梯形 $ADGF$ 的面积：$y=\dfrac{(10+x)(10-x)}{2}=\dfrac{100-x^2}{2}$.

生 12：正方形 $ECGF$ 的面积：$y=x^2$.

生 13：$\triangle ABF$ 的面积：$y=\dfrac{1}{2}\times 10\times(10-x)$.（话音刚落，有人发表不同意见.）

生 14：这是一次函数，$\triangle EBF$ 的面积才是二次函数，$y=\dfrac{1}{2}x(10-x)=5x-\dfrac{1}{2}x^2$.

师：这些都是一次函数和二次函数，有没有其他的函数关系呢？

生 15：有. 把 BF 放在 $Rt\triangle BEF$ 中，根据勾股定理，BF 的长度 $y=\sqrt{(10-x)^2+x^2}$.

……

巩固练习：某人向上抛物，由物理实验可得：该物体运动时离地面的距离 h（米）关于时间 t（秒）的函数解析式为 $h=-5t^2+20t+25$.

(1) 分别求刚开始抛物与抛出 4 秒时，物体离地面的高度.

(2) 抛出的物体经过几秒钟落到地面上？

教师活动：请生念题. 电脑模拟上抛运动. (1) 中刚开始抛物是什么时候？

生 16：$t=0$.

师：（2）中什么叫落到地面上？

生 17：$h=0$.

师：对，当 $h=0$ 时，这个问题就转化为解一元二次方程 $-5t^2+20t+25=0$ 了．

师总结：数学是学习物理和化学的工具．

4.2 评析与思考

例 2 的设置充分展现了执教者的创新精神和数学素养，也是本课的最大创新点和特色所在．该例问题开放，先任意找两个变量，再建立函数关系，其结果可能是一次函数、二次函数，或其他函数．借助几何画板的动画功能，启动学生的几何直觉思维，教师适时提出系列问题："在点 E 的运动过程中，图形中哪些量发生变化？""哪些变量与 x 是一次函数关系？""……还有二次函数关系吗？"这一系列问题以"理解性提问"和"评价性提问"为主[10]，都富有挑战性，提问的受众覆盖面广，为全体学生营建了平等和谐的思维场景，疑问不断被提出，又不断被解决，学生的探究欲望被不断激发，在激疑、生疑、释疑的良性循环中，学生的思维自然发展，对二次函数的概念和与其他函数异同的理解有了质的飞跃．然而，问题的解决又是获得真知灼见的开始．当学生沉浸在"无疑"的喜悦中时，教师适切提出："这些都是一次函数和二次函数，有没有其他的函数关系呢？"引发学生新的思考，激起新的思维波澜，学生始终处于上下求索的愤悱状态，有助于学生形成不断质疑、释疑的学习习惯，凸显了数学的理性精神．正如张诗亚先生所说："一惑刚去，一惑又来，如此循环往复、层层深入，促使学习者思维的发展与知识的增进．"[11]《学记》有说："善问者如攻坚木，先其易者，后其节目．"讲的也是这个道理．

在巩固练习环节，教师基于数学知识内部蕴含的逻辑关系设置问题：当 $t=0$ 时，即知自变量的值求函数值．当 $h=0$ 时，即知函数值求自变量的值．于物理问题中理解二次函数和一元二次方程的联系，凸显数学的工具性和应用性，也为跨学科发展学生问题意识提供例证．

5 概念延伸，须教有疑

5.1 教学片断呈现

学生小结后，教师小结：我们学习函数一般要经历概念—图象—性质—应用的学习过程，二次函数的学习也将经历类似的过程．今天学习其概念，后续将继续学习其图象、性质和应用．如果从数学知识结构的内部关系来看，形如

$y=ax^2+bx+c$（$a\neq 0$）的二次函数，假如只看函数的右边，就是以前学习的二次整式；但是假如 $y=0$，则 a^2+bx+c（$a\neq 0$）就是我们熟悉的一元二次方程；假设把"="变成"≥""≤"或不等号，则是将在高中学习的一元二次不等式. 相信同学们能关注数学知识内在的联系，融会贯通，学得轻松、有效.

5.2 评析与思考

数学是充满着联系的，不要教孤立的片段，应该教连贯的材料.[12] 因此，数学概念教学应帮助学生建立与相关概念的联结，使当前概念与上位概念、下位概念结构化、网络化、立体化，实现新旧概念的无缝对接. 二次函数与已学函数、二次整式、一元二次方程、一元二次不等式之间存在着统一的数学关联，通过课堂导学和小结，既能让学生链接旧知，展望未来学习的相关内容，为学生建构与二次函数相关的数学知识系统提供了"机会和可能"，又给予了学生必要的数学学习方法指导，恰到好处地发挥数学的教育性，让学生适时沐浴数学精神、思想与方法，获得理性的数学思维的教育.[13] 让其带着对"已知"的收获与喜悦、对"未知"的好奇与疑问离开课堂，使学生产生"心求通而未得，口欲言而未能"的愤悱之感，进而达到课内向课外延伸之目的，这正可谓"言有尽而意无穷". 这就是数学的内在力量之所在！

总之，学生学习数学的过程是一个持续的"无疑—有疑—无疑"的动态循环和提高超越的过程. 在这个过程中，教师遵循"在无疑中发现问题—在生疑中提出问题—在质疑中分析问题—在释疑中解决问题—在无疑中发现新的问题"的程式展开教学，其作用是"教有疑"与"教无疑"：当学生"无疑"时，教师要"教有疑"，制造"山重水复"的窘境；当学生"有疑"时，教师则要"教无疑"，不断开创"柳暗花明"的胜景. 这便是关于"有疑"与"无疑"的处理要诀，也是"教有疑"和"教无疑"的理想境界.

在具体的教学实践中，教师一方面要在学生的"思维生惑点"[14] 设问，注重设问的有效性，从能力与方法设问，从易错易混角度设问，从成长点和提高点设问，从开发潜能点设问.[13] 另一方面，教师要从整体规划提问；有效运用元认知提示语；及时分析统整学生的回答；恰当创设疑境，引导学生提出有意义的问题等方面优化课堂设计，培养学生提出问题的能力.[15-19] 当然，"疑"有深浅，"问"有大小，教师能否有效地提问和引发学生有效的疑问，源于教师的教学观和学生观，源于教师对课标和教材的理解，源于教师自身的问题意识，源于教师对数学教育的情怀. 这也是未来数学教师着力之所在.

【编辑手记】新课改以来，各学科的课程基本都以模块化的形式呈现. 然而，就数学学科而言，其内部有着明晰而严谨的结构，人为割裂这种学科内部的体系结构，必然会对教学带来一定的影响．在教学中，教师如果只是简单地照本宣科，容易导致知识的碎片化，因此，教师应该关注数学知识体系的整体，揭示知识间的内部联系，归纳、总结研究各类数学知识的一般方法．

参考文献[①]

[1] 胡小松，朱德全．论数学教学设计的逻辑起点[J]．数学教育学报，2000，9（3）：33-36．

[2] 孙培青．教育名言录[M]．上海：上海教育出版社，1984．

[3] 黄晓学，李艳利．论数学教学设计的创意生成点[J]．数学教育学报，2010，19（6）：9-12．

[4] 赵齐猛．数学课堂教学的逻辑结构[J]．中学数学教学参考，2013（1/2中）：34-38．

[5] 李祎，曹益华．概念的本质与定义方式探究[J]．数学教育学报，2013，22（6）：5-8．

[6] 赵思林，朱德全．试论数学直觉思维的培养策略[J]．数学教育学报，2010，19（2）：23-26．

[7] 赵生初，许正川，卢秀敏．图形变换与中国初中几何课程的自然融合[J]．数学教育学报，2012，21（4）：95-99．

[8] 张奠宙，张荫南．新概念：用问题驱动的数学教学[J]．高等数学研究，2004（5）：10．

[9] 匡继昌．如何理解和掌握数学概念的教学实践与研究[J]．数学教育学报，2013，22（6）：74-78．

[10] 叶立军，胡琴竹，斯海霞．录像分析背景下的代数课堂教学提问研究[J]．数学教育学报，2010，19（3）：32-34．

[11] 张诗亚．教学中的以"惑"为诱[M]//张诗亚．惑论——教学过程中认知发展实变论．重庆：西南师范大学出版社，2003．

[12] 弗赖登塔尔．作为教育任务的数学[M]．陈昌平，译．上海：上海教育出版社，1999．

[13] 王光明．高效数学教学行为的特征[J]．数学教育学报，2011，20（1）：35-38．

[14] 黄晓学．论思维生惑点与数学教学[J]．数学教育学报，2007，16（2）：16-19．

[15] 温建红．论数学课堂预设提问的策略[J]．数学教育学报，2011，20（3）：4-6．

[16] 王光明，宋金锦，余文娟，等．建立中学数学英才教育的数学课程系统——2014年中学英才教育数学课程研讨会议综述[J]．课程•教材•教法，2014（5）：122-125．

---

① 撰写学术论文一般应有参考文献，参考文献的标注有一定要求，本文格式值得借鉴．

[17] 李鹏,傅赢芳. 论数学课堂提问的误区与对策 [J]. 数学教育学报,2013,22(4):97-100.

[18] 曹一鸣. 数学教学中的"生活化"与"数学化" [J]. 中国教育学刊,2006(2):46-48.

[19] 温建红. 数学课堂有效提问的内涵及特征 [J]. 数学教育学报,2011,20(6):11-15.

小学数学教学中培养学生创新意识的原则与策略[①]

宜宾市高县实验二小　王晓琴
宜宾市高县何苏女士希望小学　王永松
内江师范学院数学与信息科学学院　王新民

荷兰数学教育家弗赖登塔尔认为："学习数学的唯一正确的方法是让学生进行再创造，也就是由学生本人把要学的数学知识自己去发现或创造出来．老师的任务是引导和帮助学生进行这种再创造工作，而不是把现成的知识灌输给学生．"[1]纵观当前小学数学教学，急需解决的问题是如何在不否定、不回避考试的情况下培养小学生的创新意识．随着新一轮课程改革的深入，《义务教育数学课程标准（2011年版）》（以下简称《标准》）把"双基"改成了"四基"，把"创新意识"确定为数学教学的十大核心概念之一，强调"创新意识的培养应该从义务教育阶段做起，贯穿数学教育的始终"．这需要教师正确理解和把握创新意识的基本含义，努力改进教育观念和教学行为，树立与强化自己的创新意识．只有自己首先成为具有创新意识的教师，才能有目的、有计划、有意识地在教学活动中培养学生的创新意识．

1　创新意识的基本概念

创新是指新的或重新组合的或再次发现的知识被引入社会、经济、人的发展过程中，具有一定的价值性．[2]创新分两个层面：一是"前所未有"的；二是"再发现"的．小学生的创新属于后一层面，即学生利用自己所学的知识和经验，通过自己的质疑问难、独立思考、主动探讨、归纳概括、猜测验证等学习活动，自主地发现并获取新知识、新方法……这种创新不是前所未有的，可

---

① 作者简介：王晓琴（1980—），女，汉族，四川宜宾人，四川省宜宾市高县实验二小教师，主要从事小学数学教学研究．本文被人大复印全文转载．对原文有删减．
通讯作者：王新民．

能是已经有的,甚至是教科书中的定律、法则、概念等,但相对于小学生个体而言是崭新的、具有突破性的.[3]这种创新的价值重在促进学生自己的发展.

意识是人的头脑对客观世界的反映,是感觉、思维等心理过程的总和,是人类行为的一种精神支柱. 创新意识是指人们根据社会、个体生活发展等的需要,引起创造前所未有的事物、观念等的动机,并在创造活动中表现出积极主动的意向、愿望和设想.[4]它是人们潜在地发现问题、积极探求问题的一种心理因素,是人们进行创新活动的出发点和内在动力,其核心是渴求创新.[1]创新始于问题,但还需要强烈的创新意识,人们带着问题在强烈的创新意识的推动下,产生强烈的创新动机,树立创新目标,才能充分激发创新潜力,释放出创新的激情. 研究表明,内部动机比外部动机能导致更高水平的创新性.[2]创新意识包括创新的意图、动机、欲望,它主要体现在学生对创新的积极性和主动性上,对知识的好奇性、批判性和质疑性上,以及思维的开放性、求异性和独特性上. 因此,只有当学生具有高度的创新欲望,有强烈的创新意图,才会产生创新的动机,才易产生新思想、新方法、新观念,才会有新发现、再创造. 可见,创新意识是培养创造精神和创造能力的前提,小学数学教学中应特别重视学生创新意识的培养.

2 培养创新意识的原则

小学数学创新意识的培养,必须体现在教和学的活动过程中,这种活动过程包括课堂教学、课外学习活动和生活实践活动,而课堂教学是培养创新意识的主渠道. 在课堂教学中,培养学生的创新意识,应坚持以下几项原则:知识性原则、质疑性原则、主体性原则、民主性原则、求异性原则.

3 培养创新意识的策略

《标准》指出:创新意识的培养应体现在数学教与学的过程中. 在数学教学中培养学生的创新意识,应以学生的基础知识和生活经验为创新的生长点;以学生质疑问难、提出与发现问题为创新的基础;以独立思考、求异思维为创新的核心;以归纳概括、猜想验证为创新的重要方法. 让创新意识的培养贯穿数学教育的始终.[5]

3.1 培植知识生长点,孕育创新意识

知识生长点就是指"对学生学习新知识起支撑作用的知识,或者能使所获得新知识被固定在认知结构中某一部分的知识"[6],可以简单地理解为"学生的已有认知发展水平和生活经验". 在数学教学中,如果能够将教材中的知识

转化为学生易于探究的学习形态的知识[7]，培植好知识的生长点，便可以促进学生独立自主地获取知识，让学生成为知识生成的参与者与贡献者.

例如，在"除数是小数的除法"的教学中，首先进行两组准备性练习，第一组为"$12÷3=$，$120÷30=$，$1200÷300=$"；第二组为"$43.5÷5=$，$28.6÷11=$". 第一组练习的目的是复习商不变的性质，第二组练习的目的是复习除数是整数的除法的计算方法. 然后出示算式：$7.65÷0.85=$，师问："你们会做吗？"这时教室里顿时鸦雀无声. 教师又问："这道题和以前学习的除法有什么不同？"学生回答："以前学的除数是整数的除法，这里的除数是小数.""那你们能用我们学过的知识来解决这个问题吗？"这时，一个、两个、三个……越来越多的同学举起了手，也有的孩子等不及了，已经和同桌说了起来："运用商不变的性质就可以把除数是小数的除法变成除数是整数的除法……"

正因为有了前面的复习，学生才能自己发现并抓住"商不变的性质"这一生长点，在尝试、观察、比较、思考、评价等活动中，自己去"发现"、去"创造"出除数是小数的除法的计算方法. 良好的基础知识与基本技能是生成创新意识的"先行组织者"，是孕育学生创新意识的"营养基".

3.2 鼓励质疑问难，萌发创新意识

学源于思，思源于疑. 教育家布鲁巴克指出："最精湛的教学水平，要遵循最高的准则就是学生自己提问".[1]《标准》也指出：学生自己发现问题、提出问题是创新的基础.[5]学生善于质疑问难是一种可贵的品质，是积极思考的一种表现，更是培养创新意识的基础. 而在我国的教学中，倡导"堂堂清""把问题解决在课堂上"，如果长此以往，将会扼杀学生的思维能力和创新意识. 因此，在教学中我们要利用学生的好奇心、求知欲，在创设情境、建立新旧知识练习、应用知识、突出重点与突破难点等教学环节中，激发诱导学生发现问题并提出问题，把学生的知识和思维引向最近发展区，以此培养学生质疑问难的习惯与能力，孕育他们的创新意识.

"认识倒数"教学片段：

师："乘积是1的两个数互为倒数"这句话中你有不明白的地方吗？

生1：我不明白"互为"是什么意思.

师：谁能帮助他？

生2："互为"的意思是相互，就是你是我的倒数，我是你的倒数，如 $\frac{2}{5}$ 的倒数是 $\frac{5}{2}$，$\frac{5}{2}$ 的倒数是 $\frac{2}{5}$.

……

师：对于倒数你还想知道什么？

生1：小数有倒数吗？

生2：所有的数都有倒数吗？

生3：怎样求一个数的倒数？

师：那我们就一起来探究这些问题.

……

师：对于倒数你还想知道什么？

生1：我想知道倒数有什么作用？

生2：我们怎样运用倒数帮我们解决分数除法问题？

师：你怎么就想到倒数可以帮我们解决分数除法问题的呢？

生2：因为这一单元学习分数除法，倒数可能会帮我们解决与分数有关的除法问题.

师：你真是一个会思考的孩子，还有吗？

生3：倒数可以帮我们解决哪些数学问题？

……

教学中，在知识重难点处诱导学生提出问题，让学生带着问题进行有目的、有目标的探究学习，可以引导学生主动地探索生成知识的意义，如由学生亲历"认识倒数"的过程，自己去理解倒数的意义，去寻求求倒数的方法. 在课尾引导学生提出问题，让学生带着问题离开教室，把思考从课堂上延伸到课后，可以引导学生进行更深入的探索发现活动. 以"提问"为主线的教学，既可提高学生的问题意识，又可激发他们的创新意识.

3.3 大胆猜想验证，激发创新思维

"没有大胆的猜想，就没有伟大的发现". 归纳、猜想是科学发现最常见的方法之一，它具有很大的创造性. 数学猜想是人们建立在已有的数学知识经验和数学思考基础上的一种合情推理的，也是对数学知识进行创新活动的过程.[8]因此在小学数学教学中，要重视培养学生"勤于思考，勇于提出新猜想，并对猜想进行验证"[1]的学习态度. 教学中，教师要善于根据猜想的形成过程，结合学生所学的数学知识，引导学生进行合理猜想，找到正确、科学的验证方法. 学生进行数学猜想时，允许学生出错，但要学会修正或放弃不合理的猜想，坚持合理的、有价值的猜想. 通过猜想、验证，可以增强学生的推理能力，培养学生的探索精神，激发学生的创新思维.

"认识平行四边形特征"教学片断：出示一个长方形木框，拉动其对角使

之成为平行四边形,让学生观察其变化,说说自己的发现.

师:你能根据你的发现,大胆地猜测一下平行四边形有哪些特征吗?

生1:平行四边形的两组对边相等.

师:两组对边一定相等吗?

生1:可能相等.

师:那该怎么说?

生1:平行四边形的两组对边可能相等.

师:你猜测的理由是什么?

生1:因为长方形变成了平行四边形,它的形状变了,但是它几条边的长短没变,长方形两组对边相等,所以我猜测平行四边形的两组对边可能相等.

师:你的猜测有理有据,真好!还有吗?

生2:平行四边形的两组对边可能平行.

生3:平行四边形的两组对角可能相等.

……

师:你们有什么好的方法来验证我们的猜想?

生1:我们可以用直尺和量角器来量平行四边形的边和角,看它们的两组对边或对角是否相等.

生2:我们也可以用折叠的方法来验证.

……

师:哪个组上台来汇报你们的验证结果?

生1:我们组用直尺量的方法验证了平行四边形的对边是相等的.

生2:我有补充,我们也可以用绳子来比出平行四边形的对边相等.

生3:我们组用量角器量,∠1和∠3是对角,都等于70°;∠2和∠4是对角,都等于110°,验证了平行四边形的两组对角相等. 同时我们组把平行四边形的4个角加起来,发现平行四边形的内角和是360°.

师:你们组的孩子真能干,不但验证了我们的猜测,又在操作中有了新的发现.

生4:老师,我们组把角撕下来拼,发现平行四边形的内角和是360°.

……

教学中,教师充分利用原有的知识,从学生实际思维出发,鼓励学生大胆猜测,当学生的猜测不够准确时,教师采用追问的方式——你猜测的依据是什么?引发学生思考,让学生在思维的碰撞中修正自己的猜测. 同时,让学生明白数学猜想不是胡乱的猜想,要有理有据,合理推测. 进一步引导学生运用正确科学的验证方法,多角度、多方法地验证猜想,在验证猜想中"创造"新知,在交流中引发思维的火花,激发学生的创新思维.

3.4 坚持独立思考,培养创新意识

爱因斯坦说过:"学习知识要善于思考、思考、再思考,我就是靠这个学习方法成为科学家的".[1]《标准》指出:独立思考、学会思考是创新的核心.[5]在小学数学教学中,要尽量避免那种为了快速回答老师所提出的"短问题",让学生进行一些片段式的"短思考"[9],要善于营造学生独立思考的氛围,教会学生思考的方法,留给学生独立思考的充裕时间,让学生在独立思考中发展数学思维,培养创新意识.

"同分母分数加法"教学片断:同一个月饼,小明吃了这个月饼的 $\frac{1}{5}$,弟弟吃了这个月饼的 $\frac{2}{5}$,共吃了月饼的几分之几?

生 1:我认为 $\frac{1}{5}+\frac{2}{5}=\frac{3}{10}$(有的同学表示同意,有的同学表示反对).

生 2:我认为是对的,因为分母 5+5=10,分子 1+2=3,所以 $\frac{1}{5}+\frac{2}{5}=\frac{3}{10}$.

师:好像他说得有道理,但有很多同学表示反对,谁来说说你为什么反对?

生 3:$\frac{1}{5}$ 表示把一个月饼平均分成 5 份,小明吃了其中的 1 份,$\frac{2}{5}$ 表示表示把一个月饼平均分成 5 份,弟弟吃了其中 2 份,所以他们一共这个月饼的 $\frac{3}{5}$.

师:我还是不太明白!

生 4:小明和弟弟吃的是同一个月饼,他们把这个月饼平均分成了 5 份,小明吃了这 1 份(涂上红色),弟弟吃了这 2 份(涂上黄色),他们一共吃了这个月饼的 3 份,所以 $\frac{1}{5}+\frac{2}{5}=\frac{3}{5}$.

师:同意吗?(教室里响起了热烈的掌声,那些等于 $\frac{3}{10}$ 的孩子恍然大悟)请认真观察 $\frac{1}{5}+\frac{2}{5}=\frac{3}{5}$,你发现了什么?

生 1:分母相同的两个分数相加,分母不变,分子相加.

生2：同分母分数相加，分母不变，分子相加.

课始，教师精心设计"分同一个月饼"的情景为学生独立思考提供了一定的思维意向. 课中，放手让学生在独立思考的基础上，鼓励学生尽情地表达自己的思维过程，当学生出现错误时，教师并不急于纠正其错误，而是让其错误思维与他人的正确思维产生碰撞，在碰撞中发现自己的错误，由学生本人去"发现或创造"出解决问题的正确方法，以此提高学生独立思考的能力，培养学生的创新意识.

3.5 发展求异思维，强化创新意识

求异思维又称发散思维，是指从多方面、多角度、多层次去思考问题，并在比较中选择富有创造性的异乎寻常的新构思，具有流畅性、变通性和创造性特征，它是创造思维的核心.[10]它要求学生凭借自己的认知水平，对某一个问题从不同的角度、不同的方位去想别人没有想到，去找别人没有找到的方法和窍门，创造性地解决问题. 因此，发展学生的求异思维是开发创新潜能的重要途径. 教学中我们可以通过"一题多说"来培养学生的求异思维.

说即语言表达. 思维是语言的内容，而语言是思维的外在表现形式，也是思维的工具.[11]通过开展"说题"活动，可使学生对知识达到一种"讲解性理解"[12]的水平. "一题多说"是指同一道题用多种不同的说法来表达自己不同的思维过程或独特的见解. 数学教学中可引导学生开展顺逆说、转换说与辩论说等"说题"活动.

(1) 顺逆说，即在解题的过程中，不必急于让学生说答案，而是让学生分别用顺向思考与逆向思考这两种不同的思维方式去分析、理解题意，把自己解题的思路和方法说出来，并在比较中感受异同. 比如，对于问题："小明今年11岁，爷爷的年龄是小明的6倍还多5岁，爷爷比小明大多少岁？"先让学生用综合法从条件到问题依次说出思路：先算小明年龄的6倍；再算比小明年龄的6倍多5岁；最后算爷爷比小明大几岁. 再让学生用分析法从问题到条件说出思路：要求爷爷比小明大多少岁，必须知道爷爷和小明的年龄，现在小明的年龄我们已经知道，爷爷的年龄我们不知道就要先求爷爷的年龄……

(2) 转换说，即针对题中一个条件或问题，引导学生运用转换思想，将其变为意思相同的另一种表达形式，使学生加深理解，从而丰富解题方法，培养学生的求异思维. 例如，甲数与乙数的比是4∶7；可引导学生思考说出：乙数与甲数的比是7∶4，甲数是乙数的$\frac{4}{7}$，乙数是甲数的$\frac{7}{4}$，等等.

(3) 辩论说，即在教学的过程中，当学生的见解产生了分歧时，鼓励学生

有理有据地与他人争辩,在争辩中获得"真理". 数学教学中,鼓励学生争辩,有利于培养学生独立思考和勇于发表自己独特见解的思维品质. 例如,在教学了正方形面积的公式后,教师出示了一个正方形图问学生:"对于正方形的面积要知道什么条件才能计算?"多数学生回答:"必须知道边长才能求出正方形的面积."同时也有不同的声音:"知道正方形的周长同样也可以计算它的面积."教师首先表示肯定,然后问:"他们不同意啊,你能说服他们吗?"这样就让他和持不同意见的同学进行辩论. 经过双方几个回合的争辩,让大部分同学都达成了共识:不是只有知道边长才能求正方形的面积;知道正方形的周长,我们可以先求出正方形的边长,再求面积.

在数学课堂教学中,应该找准知识生长点,鼓励学生大胆质疑,引领学生在归纳、概括、猜想、验证等活动中坚持独立思考,在潜移默化中学会思考,在思维碰撞中发展求异思维,通过多种形式的学习活动,培养学生的创新意识.

参考文献

[1] 林凡红. 如何培养孩子的数学创新思维 [M]. 北京:北京经济科学出版社,2012:11−17.

[2] 周鸿主. 创新教育学 [M]. 成都:四川大学出版社,2001:155−178.

[3] 陈文东. 小学数学教学中培养学生发现问题和提出问题的能力 [J]. 启迪与智慧(教育版),2013 (1):1−2.

[4] 刁悟. 小学数学教学培养创新意识的研究与实践 [M]. 沈阳:辽宁大学出版社,2009:12−13.

[5] 中华人民共和国教育部. 义务教育数学课程标准(2011年版)[M]. 北京:北京师范大学出版社,2012:7.

[6] 黄晓学. 论知识生长点与数学说课 [EB/OL]. http://www.doc88.com/p−110691993954.html.

[7] 王新民,王富英. 高效教学中的知识、方式与评价 [J]. 内江师范学院学报,2011,26 (6):76−83.

[8] 赵光礼. 数学素养新思维 [M]. 北京:光明日报出版社,2012:53−54.

[9] 王新民,曹一鸣. "认真听讲"的功能特点分析 [J]. 中学数学教学参考,2013 (10):11−13,20.

[10] 梁倚萍. 浅谈数学中的求异思维的培养 [J]. 新课程学习(上),2012 (3):290−291.

[11] 张涛. 浅析思维与语言的关系 [J]. 考试周刊,2012 (69):21−22.

[12] 王新民,王富英. "讲解性理解"的基本含义与教学价值 [J]. 内江师范学院学报,2010,25 (4):89−94.

探讨数学概念教学设计，提高学生思维能力[①]

内江市资中县铁佛初级中学　刘之兵

数学概念教学设计是根据数学概念含义、特征和教学目标，确定合适的教学起点与终点，将教学诸要素有序、优化地进行安排，形成教学方案的过程. 而数学概念是事物在数量关系和空间形式方面的本质属性，它是进行数学推理、判断的依据，是建立数学定理、法则、公式的基础，也是形成数学思想方法的出发点. 可见，做好数学概念教学设计对于有效开展数学概念教学活动、提高数学教学质量具有重要的意义. 邵光华、章建跃提出：概念教学前需要对概念进行学术解构和教学解构. 学术解构是指从数学学科理论角度对概念的内涵及其所反映的思想方法进行解析. 教学解构是在学术解构的基础上，对概念的教育形态和教学表达进行分析，重点放在概念的发生发展过程的解析上.

《义务教育数学课程标准》指出：数学课程"不仅要考虑数学自身的特点，更应遵循学生学习数学的心理规律，强调从学生已有的生活经验出发，让学生亲身经历将实际问题抽象成数学模型并进行解释与应用的过程，进而使学生在获得对数学理解的同时，在思维能力、情感态度与价值观等多方面得到进步和发展".[2]

因此，我们在进行概念教学前，需要从概念及其逻辑关系、概念教学、概念学习心理三个维度进行思考，以便设计出尽可能科学合理的概念教学设计. 下面从这三个维度进行综合分析，提出五条数学概念教学设计的基本原则，介绍四种数学概念教学设计的常用方法.

[①] 作者简介：刘之兵，四川省中小学省级骨干教师，四川省省级名师培养对象，发表数学教学论文或文章10余篇. 于2014年起被评为内江师范学院数学与信息科学学院"国培计划"专家，参与了送教、专题讲座、评课和指导学员论文等工作. 本文根据2016年到渠县送教下乡讲授教学观摩课的授课内容而写成.

1 概念学习分析

学生对新概念的感知和理解是由学生原先的认知结构决定的，当碰到新概念时，已有的知识不能解决，这就产生了认知冲突．当学生的头脑中产生认识冲突后，原有的认知结构就失去了"平衡"，从而产生一个动态的过程，然后逐渐转化为静态的对象，最终是在认知结构中形成过程与对象的对立统一体，这就是"概念的二重性"．以色列数学教育家 Sfard 还进一步研究表明，从过程到对象的转化是由以下心理机制发挥重要作用的：内化、压缩、客体化．

认知结构由动态转化为静态的过程是缓慢的，教师应根据新概念与学生原有认知结构之间的差异去创造出一种恰当的矛盾情境（教学情境），促进学生产生学习新概念的迫切愿望．[3]正是这种迫切的愿望成为学生学习的动力，认知的需要．

教师在营造良好的学习氛围的情况下，要引导学生经历观察、比较、分类、抽象、概括等形成概念的过程，使学生的思维处于兴奋、活跃的状态，不断闪现思维的火花．英国数学教育家 Skemp 认为，分类、抽象是形成概念过程中至关重要的两个步骤．

心理学的研究表明，这个过程就是学生对数学概念的一个心理表征建构过程．郑毓信先生认为，概念获得就是要帮助学生建立起关于各个概念的"恰当的"心理表征．这里的心理表征指的是所谓的"概念意象"。"概念意象"包括一些相应的心智图象等，主要是指与当前概念直接相连的认识结构，并且这种认知结构是"整体"的．他还指出，好的认识结构是丰富的、个性的、可变的．

获得一个概念的含义和"恰当的"心理表征还不是真正理解一个概念，希伯特和卡特指出，真正理解一个概念是指该概念与已有的知识网络建立了新的联系，形成了崭新的知识网络．

现代认知心理学的网络模型理论也认为，概念网络是通过概念联系将概念联结起来而形成的．概念是概念网络的重要组成部分，但是没有"联系"，概念就像一盘散沙，也就不会构成概念网络．概念网络中的联系具有丰富性与稳定性．联系的这两种性质直接影响对概念的理解．概念的联系越丰富、越稳定，就可以构建起更完善的概念网络，概念网络就容易被激活，实现更高层次的概念理解．

因此，我们要深度挖掘一些重要概念的内涵和外延、概念间的逻辑关系、概念所反映的思想和方法、概念的联系等．以学生的认知发展水平和已有的知识经验为基础,以丰富的数学活动为载体,并结合现代信息技术组织起有效的概念教学,使学生对数学概念的理解能够由低层次的工具性理解,逐步提升到关系性的理解,以及更高级的形式性理解. 经历在自由争论、坦诚相见、不背包袱、情感共鸣、热烈讨论的情境中,勇于探索、质疑问难、大胆求异. 师生之间、生生之间平等对话,思维交锋,思想碰撞,形成流光溢彩、自然的生命课堂.

基于上面的分析,结合教学实践,我们可以用图 1 来反映概念的学习过程.

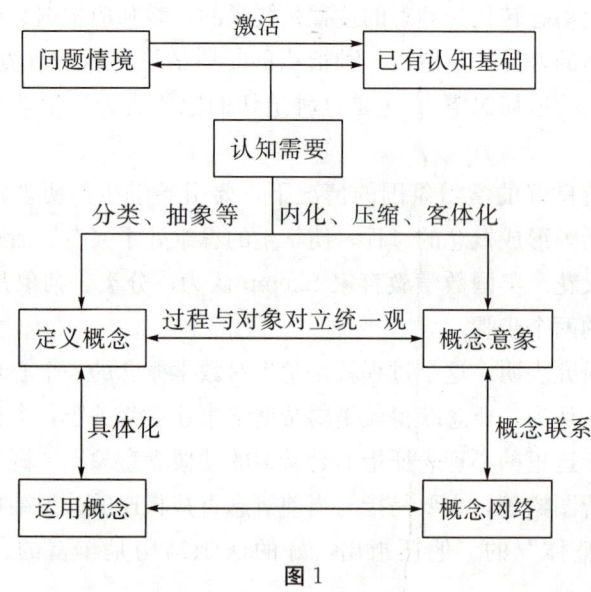

图 1

2 概念教学设计的基本原则

根据概念学习的分析,我们在进行概念教学设计时,应遵循下面几条原则.

2.1 动机性原则

数学概念的学习必须具备心理动机,包括学习前的心理准备、学习心向,学习中的临控、调节,学习后的反思等内容. 此原则要求在进行数学概念教学设计时,必须充分考虑学生已有知识基础和认识水平,精心设计问题情境,引发学生学习心向,不断激起学生好奇心,促进学生自主地进行探究活动,自觉地观察、发现概念的本质属性,并能归纳、概括、抽象出概念的定义,自觉地建构数学概念、运用数学概念.

2.2 适应性原则

初中阶段的数学概念近 400 个,概念教学设计要采用与概念类型、特征及其获得方式相适应的方法,以有效促进对概念的理解,同时还要考虑学生的身心特点、本班学情等.

2.3 生成性原则

长期以来,教学的实际情况是预设过剩而生成不足,概念教学也不例外,教学生成论认为,一切知识都是"生成的""未完成的",都需要在过程中"发生并成为"自己的知识,所以就不再存在任何固定不变的规则. 知识不是作为客观的目标或学习内容摆在学习者的面前,只是由学生去"内化"的,它需要已有经验与新信息的不断作用逐渐生成.[4] 因此在概念教学设计时,就要设计出给学生充分表达、对话交流的空间与平台,使学生能利用自己已有的知识和经验,通过与文本、同伴和老师不断地交流对话逐渐生成对数学概念的理解.

2.4 生长性原则

生长性原则有两层含义:一是以当前概念为中心,多向发散,与相关知识建立联系,实现知识"组块";二是设计适当的问题,这样的问题必须能够激发学生的好奇心,能够使学生参与多种认知水平的互动,能够给予学生广阔的思维空间.

2.5 循序渐进原则

在学生学习以后,有的数学概念是水平方向上的反复使用;有的数学概念在一定时间内是水平方向上的反复使用,但随之迎来这一概念新的意义的发展,是概念逻辑水平向纵深方向上的一个跃升,也是学生思维水平转轨与突变的时候,实践证明学生的这种转变是非常缓慢的. 因此,有的概念在教学上采用直线式的教学安排,有的概念要采用螺旋式的教学安排,即使是水平方向上的反复使用概念,也要反复中有变化,纵深方向上的发展则要多次反复,多次实践,循序渐进地完成概念的获得.

3 概念教学设计的常用方法

教师对数学概念教学的认识直接决定了概念教学设计的质量,直接影响概念教学效果. 因此,我们一定要以概念学习理论为指导,用科学认识的方法,结合教学实践,总结行之有效的概念教学设计方法.

3.1 遵循从具体到抽象,再从抽象到具体是概念教学设计的基本模式

思维的过程,是从具体到抽象,再从抽象到具体的过程. 这个过程是通过分析、综合、比较、抽象、概括等思维操作活动来实现的.[5] 它是人们科学认

识事物的基本方法，概念教学设计也要遵循这一方法来反映科学认识事物的过程，让学生经历、感受、感悟、尝试、反思，直至习得．但数学概念的学习毕竟有其特殊性，因此要特别注意：①对于具体实例或经验，对学生来说，其熟悉程度，以及在认知上与新概念的"距离"；②具体化是学生对概念从内涵和外延两个方面的理解，要用好变式和反例对概念本质特征的强化，明晰概念的外延；③概念具体化是概念本质特征的不变和概念外延的丰富展现，是学生思维训练的大舞台，一定要设计出学生思维飞翔的空间，体现课堂的生成性，这是学生形成清晰的"概念意象"的重要阶段，清晰的"概念意象"也是具体化的一部分，是更高级的具体化．

3.2 深入分析概念的生长点，寻求"原型"支撑

数学概念具有系统性和联系性，在进行新概念教学设计时，要注重分析新概念与旧知识、方法、生活典型例子之间的联系，这些与新概念紧密联系的旧知识、方法、生活典型例子构成了新概念学习的生长点，也是获得新概念后的固着点，成为概念联系中的节点．

如合并同类项的教学设计，合并同类项的知识基础是同类项和乘法分配律的逆用，其本身是具有"算法"性质的一个概念，体现了数学对简洁美的追求，但乘法分配律的逆用对学生来说是一个难点，可作如下设计：先给出一个简单的有理数的加减混合运算的式子请学生计算，然后提出多项式是单项式的和，这与有理数加减运算具有相似性，能不能把多项式化成简单的结果呢？情境：早上，爸爸吃2个馒头、1根油条，妈妈吃1个馒头、1根油条，小明吃1个馒头、1根油条，爸爸叫小明出去买，如果你是小明，你准备怎样买？容易得出：先分类再同类的相加，再把这一操作程序移植到合并同类项的教学中．这样做既激发了学生的学习心向，又容易使学生唤醒记忆中的乘法分配律，如果学生仍有困难，则可再设计一个支架：请根据乘法分配律 $a(b+c)=ab+ac$ 填空，$x^2y(-3+2)=$ _____ + _____，再一次帮助学生唤醒旧知识，并进行创造性的运用，从而顺利突破难点．

3.3 运用合情推理的方法设计概念教学

众所周知，合情推理的基本模式有不完全归纳法和类比推理．不完全归纳法是从一个或几个（但不是全部）特殊情况做出一般性结论的归纳推理．类比推理是根据两个或两类对象有部分属性相同，从而推出它们的其他属性也相同的推理．将这两种方法运用于概念教学设计中能够激发学生的学习兴趣，培养学生的创新精神．这也有利于学生建立富有生长性的概念联系，形成丰富的、个性的、可变的"概念意象"．

如因式分解的概念教学设计,因式分解的直接知识基础是整式乘法的逆用,但是为什么把整式乘法倒过来呢?通过分析可以将其与因数、质因数分解作类比,再设计找规律的问题引出因式分解,既解决学习动机问题,又有利于对因式分解形成本质性的认识. 设计如下:

(1) 小学我们为了学习分数的运算,先学习了整数的质因数分解. 请大家把 63 进行质因数分解,结果是多少?为了以后学习整式有关运算,我们也要先对多项式进行类似于整数质因数分解的变形,那就是因式分解,什么是因式分解呢?

(2) 计算,观察规律填空. $2^2-1=3=3\times1=(2+1)\times(2-1)$,$3^2-1=8=4\times2=(3+1)\times(3-1)$,$4^2-1=15=5\times3=(\quad)\times(\quad)$,$\cdots$,$n^2-1=(\quad)(\quad)$.

(3) 比较 $15=5\times3$ 与 $n^2-1=(n+1)(n-1)$,分组讨论它们的异同点. 从而顺利概括出:把一个多项式变成几个整式相乘的形式叫因式分解.

3.4 运用联系的观点进行概念教学设计

联系与概念学习的重要性,前文已述及,在这里介绍几种具体的操作方法.

(1) 变量法.

字母表示数是数学发展史上的一次重要突破,也是数学思想方法上的一次重大突破. 在进行概念教学设计时,重视把常量变为变量;把变量再变化;把几何对象数量化,引入变量. 通过这些方法不仅可以有效建立代数知识之间的联系,还可以实现代数问题和几何问题之间的互化. 因此,变量法既能加深学生对概念本身的认识,又能与其他数学知识发生联系,建立起概念网络.

如多项式的概念教学,在学生明确了多项式的含义后,组织如下练习:

①$3x^2-2x+1$ 是几次几项式?

②mx^n-2x+1 是关于 x 的二次三项式,求 n 的值,m 有什么限制?

③$(n-2)x^{|n|}-2x+1$ 是关于 x 的二次三项式,求 n 的值.

④$3x^{n^2-2}+(n+2)x+1$ 是关于 x 的二次二项式,求 n 的值.

(2) 图形运动法.

所谓"图形运动法",就是将基本图形中的部分(点或线等)或者全部动起来,或变位或变形或删减或增添,在图形变化中观察图形的"不变"性质,既突出图形概念的本质特征,又丰富图形概念的外延表现,同时与其他图形知识建立联系. 这既有利于学生建立起概念网络,也有利于学生形成清晰、灵活的"概念意象",逐步实现"过程与对象的对立统一".

比如对顶角的概念教学，在学生明确了对顶角的含义后，设计如下练习：
①下列四个图形中，∠1 与∠2 是对顶角的是（　　）.

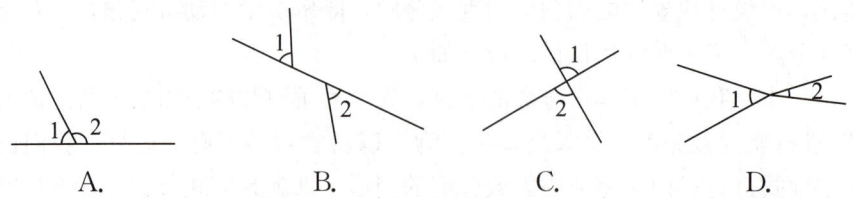

②下列两个图形中各有几对对顶角？并写出来.

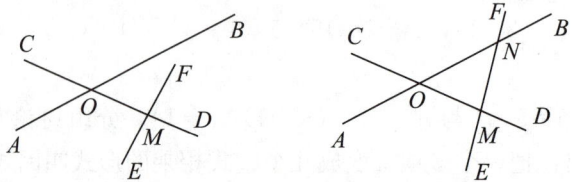

(3) 视角变换法.

视角变换就是从不同的角度看同一个问题. 从不同的角度看问题就是与相关知识进行联系. 一般来说，我们可以从学科知识内部、现实生活、其他学科等角度去观察与新概念的联系.

比如我们在讲分式的概念时，在学生理解了分式的含义后，给出一个式子 $\dfrac{4}{a+2}$，向学生提问："看到这个式子你能从哪些方面去理解？"（这个问题很开放，根据学生回答情况，再进行引导）至少可以从以下几方面理解：①这是一个分式. ②可表示为 $4\div(a+2)$. ③既然可看作除法，那么商能否为 0，何时无意义？如果值为整数，整数 a 取何值？a 取何值时，商大于 0（或小于 0，大于 2 等）？a 取何值时，商等于 -3？④看作两个量的比，即 $4:(a+2)$. ⑤设 $y=\dfrac{4}{a+2}$，则得到 y 关于 x 的函数. ⑥看作一杯盐水 a 千克，里面含有 2 千克盐，求再向盐水里加 2 千克盐的浓度. 当然还可以看作其他实际问题. 有些理解学生可能想不到，但其也为学生留下了知识生长的"触角"，为概念的联系、概念网络的构建打下良好的基础.

概念教学设计需要从思想上重视、认识上提高、方法上创新、操作上灵动，为学生创设化抽象为具体、化静态为动态、化有限为无限、化部分为整体的多元数学教育情境. 这样就能够凸显数学概念的本质属性，渗透数学思想方法，促进学生主动细致地探究，完善学生的认知结构，优化学生的思维过程，提高学生的思维能力.

参考文献

［1］邵光华，章建跃. 数学概念的分类、特征及其教学探讨［J］. 课程·教材·教法，2009（7）：47—51.

［2］中华人民共和国教育部. 全日制数学课程标准（实验稿）［M］. 北京：北京师范大学出版社，2001：1.

［3］孙志远. 初中数学课堂教学［M］. 长沙：湖南教育出版社，2000：117.

［4］李祎. 数学教学生成论［M］. 北京：高等教育出版社，2008：86—87.

［5］韩永昌. 心理学（修订版）［M］. 上海：华东师范大学出版社，1993：142.

磨课——生成精彩课堂

乐山市实验中学　胡同祥

磨课，是指平时积累的教学经验并集中组员智慧的课以及上公开课前的反复推敲试讲过程.

磨课，成为当今教育教学的高频词，已经被相当多的教师、教科人员所认可，几乎固化为打造各种所谓"精品课""优质课"的必经之路.

最近，笔者所在学校承办了四川省初中教育教学改革发展研究共同体第二届学术年会，会议采取了同课异构的形式进行教学展示，笔者参与了教研组的一位数学老师承担的一节展示课的磨课活动，亲身体验了磨课这种校本教研模式. 通过活动，笔者加深了对磨课活动的认识，并认为：磨课应做到八"磨"，体现课堂设计中的"八度".

一是磨准教育理念：教育理念是指导教育行为的思想观念和精神追求，教育理念是打造精彩课堂的第一要务. 因此，在磨课的时候，作为磨课的参与者，在教育理念上要定准，要与活动主旨相吻合，并结合教学内容加以内化. 这次共同体活动的主题是中学数学教学中如何通过数学语言教学突破数学阅读教学，实现学生数学语言能力的针对性训练和能力提升，培养学生良好的数学阅读及学习习惯. 选取的内容涉及代数式的值，内容相对简单，因此，以落实教育理念为磨课重点内容进行定位，做到定位准确，保证教学设计不偏差，这样打磨出来的课堂才有高度.

二是磨清教材的编写意图：在磨课期间，教师研读教材时，需要结合教育理念，对教材中的内容进行解读，重点突出教材编写者的编写意图. 同时，结合教师用书进行详细的阅读，特别要注意教师用书上的解读，这实质上是编写者的编写意图，做到充分领悟教材的精髓，这样打造出来的课堂才有宽度.

三是磨活教材的二次开发：在磨课的过程中，对教材中的例题进行有效的"二次开发"因为教材所呈现的很多知识都是死的，对例题的"二次开发"就是为了使知识在教材中活起来. "开发"后的例题是教师心中的教材，不是对原教材的复印，而是根据教学的目标任务、教材内容以及学生的实际情况，运用恰当的教学方法与教学策略进行优化整合的．只有经过优化整合的教材，才能使其有效地内化为学生的知识、能力与观念．例题的"二次开发"往往能促使学生的学习由"重结论轻过程"向"过程与结论并重"的方向发展，从而达到"举一反三"的效果，这样打造出来的课堂才有厚度．

四是磨巧教学方法："教需有法，教无定法；大法必依，小法必活"．因此，在磨课的过程中，必须对教学方法的选取进行磨合，架起预设与生成之间的桥梁，实现教学的有效性，这样的课堂才有效度．

五是磨实学法指导：学法指导是教学设计中不可缺少的环节，因此在磨课的过程中，老师们应该将对学习方法的指导作为重要内容来研究和探讨，需要磨课人员站在学生的角度加以思考和设计，以提高教学的实效性，这样的课堂才彰显梯度．

六是磨精教学细节：磨课的目的是为展示做准备，而教学细节直接影响展示效果．因此，在磨课中要抓住执教者在准备期间的细节进行打磨，做到语言精练、书写规范、设问准确，并分析其使用现代教育技术熟练程度等，充分体现"细节决定成败"的真谛．这样打造出来的课堂才显得有精度．

七是磨紧人际关系：在磨课期间，执教者与磨课参与人员为了学术问题会聚集在一起，在某些问题上可能会存在不同的观点，甚至产生争辩．因此，作为执教者应善于倾听，抱着学习与借鉴的心态接受意见．磨课活动促进了同事之间的了解和理解，使人际关系更加融洽，这样打磨出来的老师之间的关系才真正有温度．

八是磨炼个人的意志：人磨课，课磨人，这是个辛苦的过程，更是个收获的过程．付出心血，经受磨炼的过程是难得的修炼．蓦然回首会发现：没有什么时候比那时更关注课文；没有什么时候比那时更会静心思考，反复琢磨；没有什么时候比那时更关注学生需要什么，该为他们做什么．磨课，是磨炼人的静心、凝气、专注、搜集、反思、判断、尝试等不同的能力，经过反思、调整、实践，再反思、再调整、再实践，需要参与者坚忍的意志，这样打造出来的课才彰显个人风度．

总之，磨课既是对教师个体的打磨，也是对教师团队的锤炼，是集体智慧的交融，是团队素养的并进，是教育均衡的助推器．只要我们坚持下去，定会收获执教者与参与者双赢的效果．

让小学数学复习课精彩

——以比和分数解决问题为例

内江市隆昌大南街小学　雷　珍

怎样上好小学六年级数学复习课,一直是小学一线教师教学研究的重要课题."温故而知新",上好复习课,对于学生牢固掌握数学基础知识、提高数学基本技能、提高分析问题和解决问题的能力起着重要的作用,从而为以后的学习打好基础. 然而复习课堂的现状大多数是"炒冷饭"或"大杂烩",甚至是"题海战术". 怎样让复习课也能精彩纷呈呢?

1　旧知识,新呈现

复习课的教学内容是学生已经学过的知识,在课堂上,学生往往既不像上新课那样有"新鲜感",又不像上练习课那样有"成就感". 因此,复习内容要精心设计,编写一些富有新意的复习内容,"新瓶装旧酒". 教学时可以将已学过的知识编成新颖、有趣的例题或习题,可以是题型或叙述语的变化,也可以是情境或思维方式的变化. 这些变化的复习内容要让学生觉得有新意,以免产生"旧"而无趣的感觉,从而调动学生的积极性,最大限度地提高复习效果.

例如,在复习"用比和分数解决问题"时,为了让枯燥的比转化成分数,并统一单位"1",笔者设计了下列题来让学生掌握它们之间的关系. 先用课件出示一条信息:男生人数与女生人数的比是 4∶5. 让学生从这句话中得到相关的信息. 学生先后说出了 6 条信息:

(1) 男生人数是女生人数的 $\frac{4}{5}$.

(2) 女生人数是男生人数的 $\frac{5}{4}$.

---

① 作者简介:雷珍,四川省省级骨干教师,于 2011—2014 年在内江师范学院参加省骨干教师培训,2014 年评为四川省特级教师,2015 年、2016 年被评为内江师范学院数学与信息科学学院"国培计划"专家,参与了送教、专题讲座、评课和指导学员论文等工作. 本文根据 2016 年到渠县送教下乡讲授教学观摩课的授课内容而写成.

（3）男生人数比女生人数少$\frac{1}{5}$.

（4）女生人数比男生人数多$\frac{1}{4}$.

（5）男生人数是全班人数的$\frac{4}{9}$.

（6）女生人数是全班人数的$\frac{5}{9}$.

然后，在男生人数与女生人数的比是 4∶5 之后，增加 1 条信息，请学生根据两条信息提出不同的数学问题并解答，并与同桌互相交流所提问题．学生提出了如下不同问题并进行解答．

（1）女生有多少人？

列式：$24 \div \frac{4}{5}$　　$24 \times \frac{5}{4}$　　$24 \div 4 \times 5$

（2）全班有多少人？

列式：$24 + 24 \div \frac{4}{5}$　　　　　　$24 + 24 \times \frac{5}{4}$

$24 \div \frac{4}{4+5}$　　　　　　　　$24 \times \frac{4+5}{4}$

$24 \div 4 \times (5+4)$　　　　　　$24 \times \left(1 + \frac{5}{4}\right)$

（3）女生比男生多多少人？

列式：$24 \div \frac{4}{5} - 24$　　$24 \times \frac{5}{4} - 24$　　$24 \times \frac{5-4}{4}$

最后，笔者用课件出示了一道练习题：小明读一本故事书，第一天读了这本书的 40 页，第二天读了 80 页．这时，已读页数与未读页数的比是 3∶7. 这本书一共有多少页？并要求画线段图分析，找准标准量，怎样将比转化成和标准量统一的分数？

上述复习题在语言叙述、问题情境的变化，会使学生感受到新意，不仅调动了学生学习的兴趣，而且有力地促进了学生分析问题、解决问题能力的发展．

2　旧结构，新构建

复习课是以梳理、复习、巩固已学的知识与技能为主要任务的教学活动，目的是使学生加深对知识的理解与掌握，并使之条理化、系统化．小学数学总复习重视的不仅是每册教材知识网络的构建，而且要把小学阶段分散的知识进行系统整理、归纳，重建知识网络．复习时提供一些程序引导学生进行整理，从而将那些有内在联系的知识点在分析、比较的基础上连在一起，做到学一点懂一片，学一片懂一面，形成良好的知识网络结构，给学生可持续发展的空间．

如复习"比的意义和基本性质"时，笔者是这样进行引导的．

（1）深化"比与分数、除法的区别与联系"．

师：在你的印象中，蚂蚁和大象谁的力气大？现在正方认为大象力气大，反方认为蚂蚁力气大，这里有两组数据：3克的蚂蚁能搬动450克的物体，3吨的大象能拉动4.5吨的物体．你能想办法证明谁的观点对吗？（学生的思路有先求比值或化简比进行比较，形式上有除法算式、比的算式、分数算式，计算结果有的用整数表示，也有的用分数表示）

师：根据黑板上的这些互相联系的算式，你能对照表格，说一说比与分数、除法的区别吗？它们之间又有什么联系呢？（出示表格）

	比	分数	除法
意义			
组成部分的对应关系			
联系			

学生在作业纸上填写表格，然后全班交流．在交流中，让学生感受到复习有关比和分数、除法的知识时，可以利用表格有序地进行系统整理，这样更便于掌握知识．

（2）深化"化简比和求比值的区别与联系"．

师：刚才我们在解决问题时用到了化简比和求比值，现在请你自己设计表格，自主整理"化简比和求比值"的区别与联系．

同桌讨论如何设计表格，然后把表格设计在练习本上．

全班交流，完善表格．

（3）沟通板块，找到知识的生长源．

师：我们刚才运用列表的方法对有关"比"的知识进行了有序整理，形成了两大板块知识内容，这些知识内容都离不开除法运算作为支撑．由此可见，它们都是在除法运算的基础上发展起来的．

上述教学环节，学生在整理"比与分数、除法的区别与联系""化简比和求比值的区别与联系"中扮演的学习角色是不一样的，在第一个环节，学生是在教师创建的表格的引导下进行整理的,利用表格进行整理建构;在第二个环节,由学生自主设计表格,从模仿到创新,进入主动参与知识建构的学习状态,从而使这一部分复习内容真正实现了主体建构;在第三个环节,教师没有满足浅层次的课堂小结,而是引导学生找到板块之间的联系,找到这些知识共同的生长源——除法.这样的追根溯源使学生在较高的层面上体验数学思想方法,提升了学生的思维品质,从而达到复习的目的.

3 旧习题,新练法

复习课中的练习题是必不可少的,练习题的设计关系到练习的质量.题型应注意具备典型性、层次性和发展性.既要有一定数量的基本题和专项练习题,又要有一些变式题、综合题和实践题,让学生在解答问题的过程中,逐步加深对数学知识的理解;也可以选择一些学生平时出错较多的习题,让学生在比较中判断失误,在判断中得到发展;还可以放手让学生自己设计练习,让学生在设计习题的过程中自己整理知识.

例如,复习"体积、表面积计算"后,布置丈量长方体、圆柱体形状的家用物品的作业,测算其体积、表面积;复习"千克和克、千米和米"的知识后,可以布置探究型作业,如让学生查阅资料、撰写数学研究小论文等.整理复习完后,让学生利用所学知识以及整理复习过程中得到的数据制作数学小报纸.这样复习,能让学生在多样化的练习中举一反三、触类旁通,既巩固了知识,又提升了能力,更受到了数学文化的熏陶.

4 重层次,新发展

学生与学生之间是有差异的,《义务教育数学课程标准(实验稿)》中指出,人人学有价值的数学,人人都能获得必需的数学,不同的人在数学上得到不同的发展.因此,我们在设计、布置数学作业时,不能完全统一要求,要根据学生的差异,考虑作业的层次性,使学生在不同层次的作业练习中得到不同的发展.

如复习"圆柱的体积"后,作业可以设计如下:

A组:(1)一个圆柱的底面积是15平方厘米,高是8厘米,这个圆柱的体积是多少?

(2)根据图画(画略)和所给出的条件计算圆柱的体积.

(3)一根圆柱形木料,底面半径是10厘米,高是0.8米,这根木料的体积是多少?

B组：（1）一根圆柱形木料的横截面面积是 25.12 平方分米，体积是 200.96 立方分米，这根木料长多少分米？

（2）一个圆柱形粮囤，底面周长是 9.42 米，高是 5 米，如果每立方米稻谷重 840 千克，这个粮囤最多可存稻谷多少千克？

（3）一个圆柱的侧面积是 18.84 平方厘米，高是 6 厘米，这个圆柱的体积是多少？

C组：（1）要锻造一个底面半径为 6 厘米、高为 2 厘米的圆柱形零件，要截取底面半径为 2 厘米的圆钢多长？

（2）一根圆柱形的钢材长 4 米，如果把它锯成两段，那么表面积比原来增加 6.28 平方分米．如果每立方分米的钢重 7.8 千克，那么这根钢材重多少千克？

（3）一个长方形的长是 4 厘米，宽是 3 厘米，绕着其中的一边旋转一周，可以得到一个圆柱体，这个圆柱体的体积是多少？

教学时要求基础较差的学生完成 A 组的三题和选择 B 组中的一题，基础中等的学生完成 B 组的三题和选择 C 组中的一题，学有余力的学生则选择 B 组中一题和 C 组的三题．这样，各层次的学生都能在作业过程中梳理、完善自己的思路，发展、开拓自己的思维．既保证"面向全体"，又兼顾"提优"和"辅差"，有利于全面提高作业质量．

笔者将复习课的基本任务概括为：抓住双基串成线，沟通联系连成片，温故知新补缺漏，融会贯通更熟练．当我们解读了"新课程"、领会了"新标准"、选择了"新教法"、指导了"新学法"、采用了"新评价"之后，数学复习课就同样能够精彩纷呈，更有利于学生可持续发展．

小学数学开放题与思维能力培养

内江市东兴区外国语小学校　蓝　斌

数学开放题是在 20 世纪 70 年代开始出现的一种新题型,相对于传统的封闭题,其特征是题目的条件不充分,或没有确定的结论,也正因为这样,开放题的解题策略往往也是多种多样的;开放题是一种目标不确定的题型,不仅供学生练习,更是教学的一种模式;开放题对数学教学有良好的导向作用,同时对培养学生的数学素养、发现能力、创新精神也是十分有益的,尤其在培养学生的思维能力方面更是能起到事半功倍的作用.

1 条件开放——培养学生思维的创造性和合理性

条件开放类是答题者依据问题选择或自由创设条件以求得问题解决的题型. 有条件过剩和条件不足(或纯问题)等类型. 例如,在学完了"几种平面图形的面积计算"后,出示这样的一个问题"_____,这个平面图形的面积是多少?"这是一个纯问题的题目,需要学生填上合适的条件. 显然不同的学生根据自己掌握知识的情况,能填出不同的条件,如:①一个边长 5 厘米的正方形;②一个长 7 厘米、宽 4 厘米的长方形;③一个底为 14 分米、高为 8 分米的三角形;④一个半径是 10 厘米的圆. 这种题型有较强的主观性,创设条件因人而异,不同的孩子会给出不同的已知条件,以创设条件的简洁、合理角度,可以明显看出学生思维的简洁性和求新性,能培养学生思维的创造性和合理性.

又如,"两个小组有 23 个人去爬山,他们已经走了 15 分钟,女生有 14 人,男生有几人?"很显然这里的"已经走了 15 分钟"是多余条件. 这种题型能引导学生从众多的已知条件中排除表面现象的干扰,抓住问题的本质,高

---

① 作者简介:蓝斌,四川省省级名师、省级骨干教师,于 2011—2014 年在内江师范学院参加省骨干教师培训,2014 年被评为内江师范学院数学与信息科学学院"国培计划"专家,参与了送教、专题讲座、评课、教师工作坊指导和指导学员论文等工作. 本文对作者提供的题目做了改动.

效、简洁地解决问题，促进学生思维能力的发展．

2 思路开放——培养学生思维的广阔性和全面性

思路开放类是由问题引出的从不同角度去解决问题的题型．例如，小强帮老师去商店购买150个作业本，商店零售价都是0.5元一个．由于购买量多，甲商店打九折，乙商店施行"买4送1"．问：小强到哪家商店购买作业本更划算？本题显然可以从总价多少去判断，不难得出：到甲商店购买需要$150 \times 0.5 \times 90\% = 67.5$（元），到乙商店去购买需要$0.5 \times 4 \times [150 \div (4+1)] = 60$（元）．由于购买数量相同，因此还可以从平均单价是多少去比较，甲商店的平均单价是$0.5 \times 90\% = 0.45$（元），乙商店的平均单价是$0.5 \times 4 \div (4+1) = 0.40$（元）．采取不同方法去解决问题，结果均表明小强到乙商店购买作业本更划算．

应用题的解题思路的开放，不仅能充分体现学生在学习中的主体性，有利于培养学生思维的广阔性，还能兼顾不同水平的学生，训练他们思考问题的全面性，培养他们的实践能力和逻辑推理能力．

3 情境开放——培养学生思维的独立性和新颖性

情境开放类是完全由学生创设条件和问题的题型．例如，让学生按照算式$(2+3) \times 6$自编一道应用题．学生可编出不同叙述形式的应用题：①甲有2缸金鱼，每缸6条；乙有3缸金鱼，每缸也是6条．求甲、乙二人共有多少条金鱼．②小红和小明每天都学习6小时，小红已经学习了2天，小明已经学习了3天，两人共学习了几小时？等等．

又如，老师给出两个数字4和5，可以提出什么问题？①和是多少？②差是多少？③积是多少？④商是多少？（5是4的几倍？4是5的几分之几？）⑤5比4多百分之几？⑥4比5少百分之几？等等．这种开放练习，是对应用题数量关系本质的充分展现，在编题的过程中，学生的思维具有明显的独立性、发散性和新颖性，也是创造性思维品质的一种体现．此外，还能从量上分析学生在思维过程中，发现对知识的探究和创新程度的强弱．

4 结论开放——培养学生思维的深刻性和多维性

结论开放的探索性问题，往往结论不确定、不唯一，或结论需通过类比引申推广，或结论需通过特例归纳．解决这一类问题，要注意类比归纳、等价转化、数形结合等思维方法．例如众所周知的"枪打鸟"问题：树上有10只鸟，用枪打中了1只,树上还有几只鸟?这是一个答案无数的结论开放题,只要理由充分,都应视为正确.现在这道题已经演变成教师培养学生思维多维性的经典问题,幼儿园的孩子也能说出几个答案了.

又如,甲、乙二人在一条马路上练习骑自行车,甲的速度是200米/分钟,乙的速度是300米/分钟.开始时,两人相距1500米.两人同时出发,几分钟后相距500米?

剖析:此题题型开放,结果多样,要求学生能发散思维,想象运动的不同形式和产生的各种结果,分析过程中能数形结合.

解法一:同时出发,相向而行.原来相距1500米,出发后距离逐渐减少至500米.

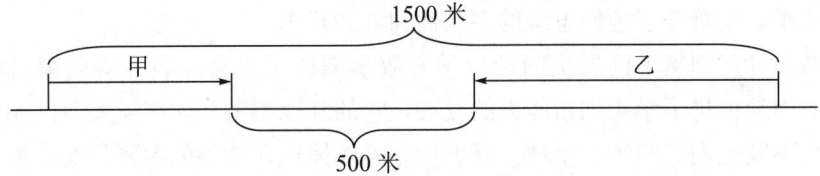

同时行的路程和:1500-500=1000(米),所需时间:1000÷(200+300)=2(分钟).

解法二:相向而行,直到相遇,再离开,相距500米.

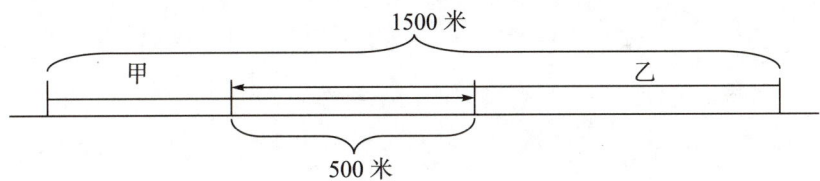

同时行的路程和:1500+500=2000(米),所需时间:2000÷(200+300)=4(分钟).

解法三:同向而行,甲在前,乙在后,由于乙比甲快,所以两人距离在缩小.追上前相距500米.

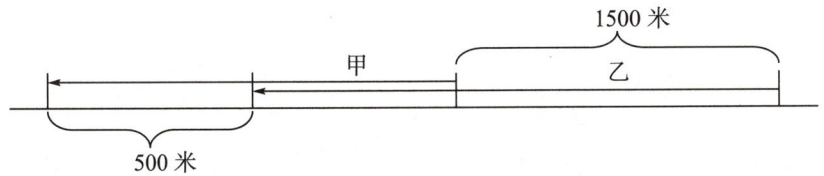

路程差:1500-500=1000(米),所需时间:1000÷(300-200)=

10（分钟）．

解法四：同向而行，甲在前，乙在后，乙追上甲后超过甲 500 米．

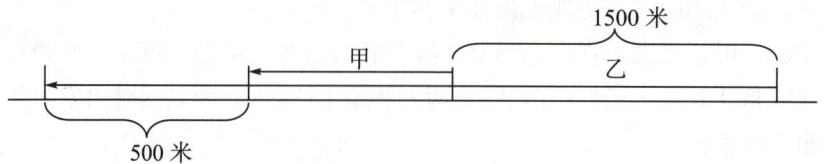

路程差：1500＋500＝2000（米），所需时间：2000÷（300－200）＝20（分钟）．

这种题型使学生思考问题不拘泥于某种思维方式，能从不同种情况入手进行分析，既训练了学生的观察、想象能力，考查了学生是否具有研究性学习的初等水平，又培养了他们思维的多维性和创新意识．

数学开放题给不同层次的学生学好数学创造了机会．多种解题策略的运用，有力地促进了学生创新能力的发展，它的其他类型和功能需要我们在教学实践中不断挖掘、归纳、整理，以更加完美地体现开放题的重要价值，更好地培养学生的思维能力．教育工作者更应重视自己肩上的重任和历史使命，让学生从小就打下成为社会有益人才的坚实基础，为实现中华民族的伟大复兴做出贡献．

高效实施"国培计划"的实践与反思[①]

——以内江师范学院数学与信息科学学院"国培计划"的实施为例

四川师范大学数学与软件科学学院　崔静静

内江师范学院数学与信息科学学院　赵思林

"国培计划"自2010年实施以来,全国各承办单位都开展了形式多样的培训工作,取得了良好的培训效果. 内江师范学院在承办2010年到2016年的"国培计划"任务的过程中,对开展培训的各项工作进行了有意义的实践与探索,根据培训过程中所出现及培训结束后调查问卷直观显示的诸多问题,提出了相应的对策.

1　做好调研分析,为高效开展"国培计划"奠定基础

1.1　明确培训的对象和目标

"国培计划"是国家实施"中小学教师国家级培训计划"的简称,是为了更好地贯彻落实党的十七大"加强教师队伍建设,重点提高农村教师素质"战略部署,以"示范引领,雪中送炭,促进改革"为宗旨,由中央财政支出、教育部组织实施的一项国家级教师培训项目.[1]

从宏观角度来讲,"国培计划"的培训对象是农村中小学教师;目标是提高其素质,促进其专业化及各方面发展,拉进农村与城市教育的距离,实现教育公平. 从微观角度来讲,"国培计划"的受益者是农村地区的中小学生;目的是让其接受更良好的教育,促进其身心的健康发展.

1.2　调研承办方的软硬件设施,用好现有资源

内江师范学院作为"国培计划"四川省的承办方已有7年之久,地处成渝

[①] 作者简介:崔静静,四川师范大学数学与软件科学学院、内江师范学院联合招收培养的研究生,任2016年国培班主任助理.

通讯作者:赵思林.

高速铁路（公路）线接近中点的位置，交通便利，现拥有正副高职工 323 人，硕、博士 456 人，包括曾在中小学任教多年的一线教师，学校还聘请了清华大学、中科院、北京师范大学等著名高校的众多专家、教授来校讲学或担任兼职教授．这些高校教师在个人专业化发展的道路上有丰富的经验，具体表现在学术专著出版，科研论文被 CNKI 知网、维普网收录，不少论文被人大复印等全文转载．同样，国培学员也需要走上提高个人业务水平的道路，不光要讲好课，教好学生，使学生获得高分，个人也需要获得更高的职称和荣誉．要利用好承办方的软硬件设施，使高校教师与参培学员之间形成一种密切的帮扶关系．为了使本次培训取得良好的效果，承办方做了大量的前期工作．考虑到暑期炎热，特为各学员准备了宽敞舒适的空调房、茶叶及矿泉水．为学员选择交通便利、距离上课教室比较近的住所，还给予其生活补贴，配备教学班主任、生活班主任和班主任助理等．这一切只为给学员们提供良好的环境，让其安心学习．

2 精心设计国培方案，合理安排培训课程

2.1 依据教育部下达文件及培训对象的需求制定方案

根据培训对象制定方案是整个"国培计划"的重要举措，制定出合理的方案对整个培训成效起着举足轻重的作用．方案主要分为以下几个阶段：集中研修阶段、返岗实践阶段、送教下乡阶段、反思总结阶段．下面主要针对集中研修阶段进行探讨．

2.2 根据目标制定培训课程，改善教学形式

在以往几年的培训经验的基础之上，作为承办方的内江师范学院通过不断地反思总结过去的培训成效，在课程的制定方面，增加了新颖有趣的通识课，把本科生的教学试讲纳入课程体系，推动师范生教学实践，使国培学员与高校师范生二者双赢．在教学方式方面，增加了活动课程：一改过去陈旧的"你讲我听"的枯燥乏味的讲授形式，"同课异构"的教学形式颇受欢迎．以特级教师的观摩课为载体，以学员的兴趣为中心，让参培学员获得话语权，专家与其同行共同对课堂进行质疑、修改，最终达到共同发展的目的．首席专家、参培学员都积极地参与其中，最后的调查结果显示这种学习方式备受青睐．

3 精心遴选国培师资，体现示范引领作用

"国培计划"不同于一般培训，具有权威性，要求承办者邀请的培训师必须拥有扎实的基本功，包括专业内的理论知识、教学实践经验，甚至要求培训

师在其专业领域内还要有所建树，或是知名度高的专家型教师．培训师资主要由以下三个部分组成：①资深首席培训专家；②国家级和省级教育教学专家、一线特级教师（特此感谢天津师范大学王光明教授和吴立宝博士不顾"舟车劳累"来为国培学员答疑解惑）；③整合协调所属二级学院师资，后勤管理团队全部为硕士研究生．调查结果显示，一线特级教师带来的教学观摩课及其如何成长为特级教师的讲座备受关注．例如，四川省小学数学特级教师雷珍为学员带来了精彩纷呈的"用比和分数解决问题"的观摩课，课堂中，主讲教师雷珍激情洋溢、抑扬顿挫，不断和学员进行平等的教学对话，使用启发式教学，一题多解是该堂观摩课的亮点．观摩课结束后，雷老师给大家分享了"从普通教师到特级教师的成长之路"的讲座，她指出，从普通教师向特级教师迈进的过程中，需要不断地学习、思考，在教学的过程中要不断探索方法、进行专业写作等．

4 做好培训总结，为下次培训工作提供经验

从长远来看，做好培训后的反思总结对实施"国培计划"起着重要作用．总的来说，需要做好培训课程、培训方式、组织管理等方面的总结．为了做好本次培训总结，承办方采用网上全面覆盖调查以及个案调查的形式．个案调查随机选取了参与培训的一线教师若干，使用匿名制收集对本次培训活动的评价．

调查显示，在本次"国培计划"中尚存在一些问题：①不少国培学员参培积极性不高，缺乏内在驱动力，60％的学员属于被动接受性，把参与培训看作所在单位下达的任务，参加培训只是为学校完成指标，而不将其作为提升自己能力的大好机会，这样的想法势必严重影响培训的效果甚至整个团体的积极性；②当下我国西部农村中小学校在人力、物力、财力等方面与城市学校依然存在巨大差异，有些农村教师恪守教育旧观念，以自己的教学经验为大，所在学校很少像城市学校那样每周开展年级研讨会，致使很多参培学员的研究能力较弱；③不能理解高观点下的数学教育，认为专家讲座过于空洞乏味，一线特级教师的数量不足．

纵观调查结果，参与培训的学员对"国培计划"项目的整体满意度达到98％．但是针对学员所提出的问题，承办方经过讨论，认为在下次培训中应该扬长避短，少安排一些通识课的培训，增加一些像"几何画板"这样实用有趣的课程等．

5 以"国培计划"为契机搭建一线教师与本科师范生的交流平台，推动本科师范生教学实践

5.1 高等师范院校教学实践的现状

自 1902 年京师大学堂师范馆的成立以来，中国高等师范院校的发展已有 110 多年之久．在这期间，教育工作者不断对师范生的培养方法进行探索，却仍然存在一些问题．如高等师范院校的师范生极少参与教学实践，与学生面对面对话的机会极少，思维仅停留在理论层面上．现在很多高等师范院校为了使该校师范生了解当代社会教育现状，接受前沿的教育，以提升个人专业水平，将该校师范生送到省级甚至国家级重点中学去参与教育实习．然而，任何事都具有两面性，出于升学压力以及担心实习生经验不足等诸多考虑，众多中小学一线教师不会放心大胆地让初出茅庐的实习生独自掌握课堂．实习生缺乏优秀一线教师的指导，由于实习生参与真正意义上的课堂极少，得到的锻炼和表现甚微，一线教师也不知道实习生还有哪些地方需要改进．

5.2 以"国培计划"为契机，不断深化改革师范生的教育实践

2015 年 3 月，习近平总书记在十二届全国人大第三次会议上强调："创新是引领发展的第一动力．"在不同的领域或学科间找到契合点，使二者结合，达到双赢，实现发展，谓之创新．针对上述高等师范院校教学实践的现状，结合"国培计划"中一线教师的丰富经验，对师范生的教育实践与实习进行深化改革．

师范生的教育实践通常包括教学观摩、试讲、说课、微格教学，然而这些实践活动的参与者常常只有同组的同学，少数为已脱离中学一线教学的指导老师．很多时候师范生的模拟课堂虽然显得流利畅通，但是缺乏相应年级的学生参与互动和有经验的一线教师的指导，很多问题被忽略，导致这些师范生真正走上工作岗位时困难重重．从长远来看，这并不利于我国教育的发展．

各地高等师范院校都建设了一批教育实习基地，加强与其长期合作和交流迫在眉睫．"顶岗置换"不仅给广大农村中小学一线教师提供了大量集中研修的时间，同时也给师范生更多锻炼个人教学技能、与学生对话的机会．另外，很多毕业生的论文涉及中小学教学案的设计，若由高等师范院校的论文指导老师与中小学一线教师共同指导其论文的撰写与修改，论文质量将会更有保障．

参考文献

[1] 廖慧萍．西部地区农村教师继续教育的困境与希望——"国培计划"引发的思考［J］．继续教育研究，2011（2）：77-79．

第 2 篇

初中数学教师研究论文选

把握几何体系设计，领会编者意图，提高教学效益[①]

达州市渠县中小学教学研究室 龙 林

初中几何教学是教师和学生都感到困难的事情，教师往往脱离学生的认知实际，过早地、不适当地拔高证明的难度，使部分学生失去学习的兴趣，丧失学好数学的信心．下面就北师大版义务教育教科书《数学》7~9年级"图形与几何"领域如何把握体系设计，领会编者意图，正确搞好教学，提高教学效益谈谈观点．

1 平面几何内容设计分析

根据北师大版数学教材的体系设计安排，将平面几何内容分为三个阶段．第一阶段：基本平面图形、相交线与平行线、三角形、生活中的轴对称（简单的轴对称图形）、勾股定理．第二阶段：平行线的证明，三角形的证明．第三阶段：平行四边形、特殊平行四边形、图形的相似、直角三角形的边角关系、圆．

2 阶段的定位与侧重分析

2.1 第一阶段

以发展合情推理为主，由浅入深逐步渗透演绎推理（说理）．这一阶段由于尚未引入证明，所以就为用合情推理研究图形提供了比较充分的时间和空间．同时还可以限制证明的使用，防止脱离学生的认知实际，过早地、不适当地拔高证明的难度，使部分学生失去学习的兴趣、丧失学好数学的信心．

设计意图分析：

[①] 作者简介：龙林，中学高级教师，达州市渠县中小学教学研究室教研员．

（1）让学生经历用实验性方法研究图形，并借助观察、比较、类比、归纳等合情推理获得几何命题的过程，初步形成自觉探究、发现的意识，学会探索、发现几何图形性质的基本方法，同时在这一过程中感悟数学的基本思想，积累基本的数学活动经验．

（2）在这一阶段，力图在几何语言，画图、识图，简单演绎推理等方面打好基础，有计划地逐步提出并加强说理的要求，为演绎证明做好准备．

①几何语言：让学生学会并习惯使用常用的几何用语；经常性地进行文字语言、符号语言、图形语言的相互转换训练；经常性地让学生"说"——说说自己是如何想的，说说自己是如何画的……强化"说"的训练，让学生"说"方法，"说"解题过程，给每一位学生"说"的机会，鼓励学生大胆地"说"．

②画图、识图：注重画图、识图技能的训练，特别是一些反映重要概念、结论的典型图形及其变式，使学生能够真正抓住几何概念、结论所反映的几何图形的本质属性，并在头脑中形成相应的图形形象．

③简单演绎推理：从简单的情形开始，循序渐进地训练说理，重在对因果关系的理解．比如，对于有关几何结论，要让学生理解它的条件和结论，弄清适用范围等．

2.2 第二阶段

以演绎推理为主，学习综合法证明．弄清为什么要证明，证明需要确定一些出发点．正式介绍用演绎推理证明几何命题的方法，以及综合法证明的表达方式，发展演绎推理能力．

设计意图分析：

（1）基本掌握综合法证明的表达方式．

（2）初步积累分析证明思路的经验．

2.3 第三阶段

把合情推理与演绎推理合二为一，边探索边证明．在这一阶段，把合情推理与演绎推理融为一体，进一步提高学生推理能力的水平，逐步提升综合能力．

3 推理的表达方式的设计分析

推理的表达方式分阶段、分步骤循序渐进，分"三步走"．

（1）第一步：在第一阶段的说理中，采用类似生活语言的书写方式，把"由因得果的依据"明确地表达出来，使学生理解"因""果""由因得果的依据"这三者之间的逻辑关系．

例1 如图1所示，$AB \mathbin{/\mkern-5mu/} CD$，如果 $\angle 1 = \angle 2$，那么 EF 与 AB 平行吗？说说你的理由.

解：因为 $\angle 1 = \angle 2$，

根据"内错角相等，两直线平行"，

所以 $EF \mathbin{/\mkern-5mu/} CD$.

又因为 $AB \mathbin{/\mkern-5mu/} CD$，

根据"平行于同一条直线的两条直线平行"，

所以 $EF \mathbin{/\mkern-5mu/} AB$.

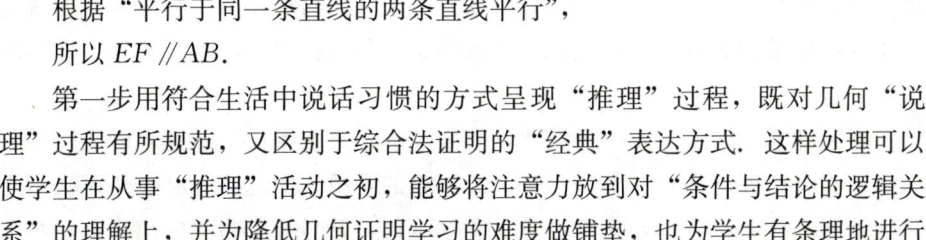

图1

第一步用符合生活中说话习惯的方式呈现"推理"过程，既对几何"说理"过程有所规范，又区别于综合法证明的"经典"表达方式．这样处理可以使学生在从事"推理"活动之初，能够将注意力放到对"条件与结论的逻辑关系"的理解上，并为降低几何证明学习的难度做铺垫，也为学生有条理地进行思考和有根据地进行书写发挥积极的引导作用．

（2）第二步：在第二阶段学习综合法证明的开始阶段（八上第七章），三段论采用"小前提—结论（大前提）"的简化形式，要求学生注明理由，进一步使学生理解"因""果""由因得果的依据"这三者之间的逻辑关系．

例2 如图2所示，$AB \mathbin{/\mkern-5mu/} CD$，如果 $\angle 1 = \angle 2$，那么 EF 与 AB 平行吗？说说你的理由.

解：因为 $\angle 1 = \angle 2$，

所以 $EF \mathbin{/\mkern-5mu/} CD$（内错角相等，两直线平行）.

又因为 $AB \mathbin{/\mkern-5mu/} CD$，

所以 $EF \mathbin{/\mkern-5mu/} AB$（平行于同一条直线的两条直线平行）.

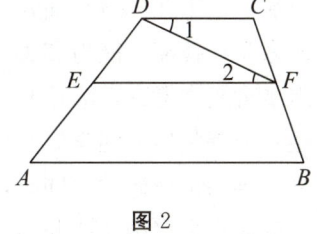

图2

在从第二步到第三步的过渡过程中，随着学生对"条件与结论的逻辑关系"理解的深入，逐步减少对理由的标注．

（3）第三步：在最终的证明表达过程中，三段论进一步简化为"小前提—结论"的形式，基本上不再标注理由．

例3 如图3所示，$AB \mathbin{/\mkern-5mu/} CD$，如果 $\angle 1 = \angle 2$，那么 EF 与 AB 平行吗？说说你的理由.

解：因为 $\angle 1 = \angle 2$，所以 $EF \mathbin{/\mkern-5mu/} CD$.

又因为 $AB \mathbin{/\mkern-5mu/} CD$，

所以 $EF \mathbin{/\mkern-5mu/} AB$.

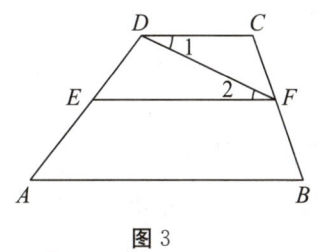

图3

4　几何教学存在的误区分析及应对策略

4.1　存在的问题

过去在教学中普遍存在一种现象：部分学生证明有困难，书写混乱．针对这种现象有两种说法：一是一开始没有学习综合法的证明格式；二是学生没有学会思考，证明时没有思路．就学生书写困难的根本原因分析，是没有清晰地理解"因""果""由因得果的依据"这三者之间的内在逻辑关系．因此，解决学生学习困难的关键是要设法让学生理解条件与结论之间的逻辑关系，而不能简单归结为书写格式问题．

证明的书写格式只是一种技能，只要理解了有关条件与结论之间的因果关系，正确书写证明格式并不是一件十分困难的事情．因此，不必过早正式引入几何证明．在第一阶段，基本概念、名词术语、符号等都将集中出现．这些知识从表面上看似乎不难，加之枯燥乏味，学生往往掉以轻心；教师也常常因为这些内容比较零碎，不太重视，想尽早进入平面几何教学的"华彩乐章"．从技能和能力的要求看，平面几何教学需要学生逐步具备识图、画图、作图，正确地理解和表述几何语言、分析的方法、说理的技能等．对于这些技能和思想方法，学生在学习平面几何以前没有得到过系统的训练和培养．因此，平面几何教学在技能、能力和思想方法的要求上，具有"突变性"的特点．把两个特点结合起来考虑，应该利用第一阶段知识难度不大的时机，有计划、有重点地逐步训练学生掌握学好几何所必须具备的基础性技能和思想方法，而不应急于进入推理论证教学．同时，不宜把这些训练安排在第二阶段后去进行．因为第二阶段已是多种技能和能力的综合运用阶段．到第二阶段之后再开始进行基本训练，就为时太晚了．

思路比格式重要得多，在平面几何教学中提高学生的推理能力，最需要下功夫之处是如何让学生学会思考，如何让学生学会探寻、分析证明思路．实践证明，这需要一个较长的过程，必须有意识、有计划地从简单到复杂循序渐进，操之过急的做法只会适得其反．

4.2　起始阶段应打好基础

（1）几何语言的教学，不只是复述、背诵，必须要求学生学会语言的翻译．互译训练举例：

①"文字语言"翻译成"结合图形的符号语言"．

②"听—画"．

③"看图说话"．

④根据图形及符号语言，概括相应的几何事实（如命题、定理等）．

对几何语言适当进行归类，使之系统化．例如：

① "任意"性的词语．

②表示两个几何元素位置、大小关系的词语：两条直线"互相垂直（平行）"，两个角"互为余角（补角、同位角）"等．同一个三角形中，"相邻的两边（角）"，"（一个）角（边）的对边（角）"等表示图形中元素间关系的词语．

③表示"有"与"只有"的术语．如过一点有且只有一条直线与已知直线垂直；过直线外一点有且只有一条直线与这条直线平行．

④正确使用"分别"等一类词语．比如，过点 P 作直线 m，n 的垂线，垂足为 M，N；过点 P 分别作直线 m，n 的垂线，垂足分别为 M，N；过点 P 分别作直线 m，n 的垂线，垂足为 M，N．

(2) 识图训练．图形的组合和分解：由简到繁（图形的组合）、化繁为简（图形的分解）．图形的变式：标准位置，非标准位置．关键要理解本质，从多方面感知图形．比如，图 4 中的 $\angle ADC$ 可以被看作：

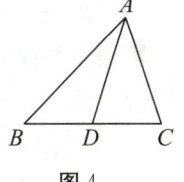

图 4

①$\triangle ADC$ 的一个内角（或 $\triangle ADC$ 中 AC 边的对角）．

②$\triangle ABD$ 的一个外角．

③$\angle ADB$ 的邻补角．

……

总之，识图技能的训练应从平面几何教学一开始就予以充分的重视，并贯穿在教学的始终．

(3) 几何概念的教学（五会）．正确地理解、掌握一个几何概念，应达到以下几方面的要求：

①会表述：概念的定义．

②会画图：表示概念的图形（变式图形）．

③会识图：能在复杂图形中正确识别表示某个几何概念的那部分图形．

④会"翻译"：文字语言翻译成为结合图形的符号语言．

⑤会应用：进行简单的判断、推理、计算．

由此可见，几何概念的教学与代数概念的教学相比较，要求更高．

如果只是重记忆轻理解，自以为"背得出"就算学懂了，而对几何概念的理解常常达不到本质抽象的水平，因此在概念的运用上困难就较为明显．若不克服这种毛病，甚至以此来评价学生学习概念的优劣，那么将给整个几何教学中运用概念进行判断、推理造成极大的障碍．

4.3 教学建议

（1）分清主次，不要平均用力．

①重要概念：如线段的中点、角平分线、互余、互补、垂线、中垂线、平行线、两点间的距离等，应达到"五会"的要求．

②只加描述的概念或名称：直线、点等图形的名称，连接、截取、延长等画图术语，同旁、重合、内部、外部等表示位置关系的词语，以及等边、等角、任意长等表示数量关系的名词．教学中可结合学生熟悉的实际事例，让学生多加意会，一般不宜过多地"言传（描述）"．

③常识性的概念：端点、角的顶点、角的边等．随着学习的深入，将这些概念逐步转化为常识，不必过分强化，太过于强化反而可能使学生形成一些糊涂的观念．如"角的边"是"射线"吗？

（2）用三种语言表示概念．在揭示概念的定义后，要及时地把概念定义的文字语言翻译成结合图形的符号语言，从而帮助学生克服死记硬背的毛病，把概念学活．

（3）适时对概念进行分类．例如，有关"角"的概念有很多，其中"互余的角""余角"与"直角"，"互补的角""补角"与"平角"等这些本质不同又有一定联系的概念常易混淆．为此，可对"角"进行如下分类：

①按一个角的大小定义：直角、锐角、钝角、平角、周角等．

②按两个角的数量关系定义：互余的角、互补的角．

③按两个角的位置关系定义：邻角、对顶角、同位角、内错角、同旁内角等．

4.4 演绎推理

演绎推理应从代数抓起．在解决数与代数问题的过程中，学生容易依靠模仿或记忆把解决问题的过程程序化，而忽视其背后的逻辑依据．教学中，可有意识地要求学生明确每一步的逻辑依据．这样不仅有利于对相关内容的理解，也可以为几何证明做好铺垫．

例 4 计算：$5+(5a-3b)-(a-2b)$．

解：$a+(5a-3b)-(a-2b)$

$=a+5a-3b-a+2b$（去括号法则）

$=(a+5a-a)+(2b-3b)$（交换律、结合律）

$=5a-b$（合并同类项）

结合图形及给出的已知条件，向前推一步或两步，说出能推得的所有结论．如图 5 所示，直线 AB，CD 相

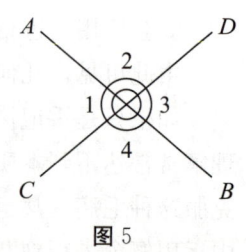

图 5

交，能推出什么？写出推理的过程.

这种发散训练是以后进行证明的一项重要准备，必须要求学生能分清因果关系，学会有根据地正确说理. 教学中应尽可能给每一个学生练习说理的机会，使他们能通过练习不断修正错误，提高说理的能力.

5　重视思路的分析与思考过程

经历解题思路或证明思路的分析与思考过程，厘清已知与未知、结论与条件之间的逻辑链，是学生学会思考的必经之路.

例5　正三角形的一个内角是多少度？证明你的结论.

分析：什么叫正三角形？（正三角形指的是三条边相等、三个内角也相等的三角形）既然三个内角相等，那么由三角形内角和定理便可得出结论. 其中的逻辑链是正三角形的概念—三角形内角和定理—结论.

适时引导学生总结一些常用的分析方法，积累解决问题的经验. 但应当是在教师指导下的学生的自主行为，教师不应包办代替，更不应直接给出"××种解法""××种应用""××大类型"，让学生模仿、记忆. 因为这样做，就把数学学习降低为对类型、套解法的过程，久而久之，学生就真的不会思考了.

让数学重树"学困生"学习信心[①]

内江市威远县越溪镇中心学校 苏佑康

进入初中,由于学习科目的大幅度增加,导致部分在小学时学习基础差、学习习惯不好的学生逐步跟不上学习的节奏,成为"学困生". 对这类学生若不加强正面的教育和引导,他们就会失去对学习的兴趣,得过且过,最后彻底放弃学习,甚至早早地弃学而步入社会. 这类学生对学习毫无信心和激情,少数人对学习感到恐惧. 学生在学习上没有目标,在人生的这一阶段也失去了目标,这样使其在生活上是零乱的,学习上是散漫的,习惯上是随意的,待人接物、文明礼貌上是异常的. 因此,在管理这一层次的学生时问题重重.

其实要让这部分学生有变化,发生质的飞跃,最重要的是树立学生的信心,明确当下的学习目标和未来的人生目标. 如何让这部分学生重拾对学习的信心呢?笔者认为在学习的科目上应各个击破,从喜欢一科的学习逐步向喜欢所有科目过渡. 鉴于"学困生"很大一部分原因是偏科,因此,让数学承担起延续学习的责任是重中之重. 那么,怎样才能通过数学学习重树学生的学习信心呢?笔者认为要从如下四个方面下功夫:

(1) 时刻重视激发学生的学习兴趣,让学生体会到数学的乐趣和成果.

数学是一门侧重逻辑思维的学科,如果能够打开学生的思维通道,那么学习数学就会显得很轻松、很愉悦,并使学生越来越喜欢思考. 但是对于很多逻辑思维不强的学生来说,就显得有些力不从心了,他们经常被混乱的思维吓得不敢再继续想下去,从而害怕学习,甚至自暴自弃,觉得自己很笨,感觉不到学习数学的任何乐趣. 这时老师应帮助学生树立信心,比如给学生讲一些有趣的数学故事,让学生的思维顺着故事情节发展,最后让学生回味故事的过程,并在回味的过程中提出疑问. 老师可以给学生分析解决问题的各种可能情况,从而激发学生继续思考. 当学生想通以后,便会信心倍增,觉得数学是如此具有条理性、逻辑性. 同时,老师应给予肯定和适当的赞扬,让学生感觉到数学

[①] 作者简介:苏佑康,中学一级教师.

的趣味，增强学习数学的信心和乐趣．

（2）数学内容生活化，教会学生在实际生活中找到数学．

数学是一门偏重理论性的学科，如果教学中仅仅是为了完成教学任务，追赶教学进度，学起来肯定索然无味，尤其对于"学困生"来说，这样的教学只会让他们完全失去学习信心．其实完全可以将数学与生活中的很多现象关联起来．如在讲"函数单间性"时，可以引用打篮球，因为投球后，球的运动轨迹是一条抛物线．因此，学生可以描述出将球投出之后，球是先上升、后下降的，这一上升和下降就反映了函数的一个性质．只有从生活中，从学生身边挖掘数学知识，学生才会觉得数学并不那么高深，是与生活密切相关的，才能很自然地从熟悉的事物过渡到更深层次的数学问题，从而带着好奇心继续研究思考所涉及的数学问题．这样去学习数学自然就不会觉得抽象而困难，让数学变成一科看得见、摸得着的课．

（3）设置开放式的数学课堂，鼓励学生各抒己见，大胆怀疑，让学生找到自己在数学课堂中的位置．

数学应该教会学生学会质疑问题的正确与否、答案的完善与否，这就要求数学课堂应该充分地开放．在数学课上鼓励学生各抒己见，大胆发言，当学生表达出自己的独特见解后，得到认可，那种喜悦的心情会让学生更加重视积极思考．其实，对很多问题的深入理解、熟练掌握，主要是依靠对知识的置疑．由开始怀疑知识的正确性，到怀疑彻底解除，知识自然而然就被熟练地掌握了．学生就是在这种置疑的过程中找到了自己在数学课堂中的位置，熟练掌握数学知识，并对数学产生浓厚兴趣．

（4）设置开放式的练习作业，让学生在数学上有所创造．

开放式的课堂教学，可以训练学生的开放性思维．课后给学生适当布置一些开放性的课后作业，是学生进行自我检验的标准，有利于学生继续沉浸在思维的活跃氛围中，使学生确信自己就是学习的主人，感受愉快地学习数学，使其成为生活中的一部分．老师应该鼓励学生去思考，当对同一问题不同学生有不同想法时，老师应该充分认可，因为这是学生对自己独特见解的充分展示，是学生感受收获的伟大时刻．

学生不是天生就厌学的，要让学习困难的学生重新找回学习的信心，老师必须另辟蹊径，寻求适合其学习的方法．以数学牵头，利用数学的优势，充分展示数学的魅力，各个击破，让学生爱上学习．

在初中数学课堂中如何实施合作学习[①]

内江市隆昌县云顶镇光荣九年制学校 李模强

1 创设生活情境，提升学生的学习热情

众所周知，数学知识具有一定的抽象性，教师通过创设合理的生活情境，以实际为载体，能够将抽象的知识具体化，让学生对数学知识有一个更加透彻和深入的了解，并能够将数学知识运用到生活实践中. 教师在进行情境创设时，要求在接近学生生活实际的前提下，提升学生的学习热情，激发学生的主观能动性，提升学习效率.

在进行"东、西、南、北方向"的教学时，教师应为学生创设一些不一样的情境，旨在激发学生学习的积极性，比如以生活中最常见的太阳的东升西落为教学情境，并由具体的生活情境逐步过渡到抽象的数学知识，让学生对知识有扎实的掌握和了解. 在进行"平面图"教学时，教师可以利用校园的平面图作为教学情境，让学生走出教室，通过对校园的理解，逐步过渡到抽象的数学知识，并初步建立平面图的概念. 当学生进入生活情境中学习时，让学生之间互相合作学习，在交流中表达自己的看法. 由于生活经历的不同，自然会产生不同的看法和意见. 此时，教师可以组织学生进行辩论. 许多教育工作者总结，辩论有助于培养学生思考、表达、判断及分析等各个方面的能力. 在对这些能力进行培养时，学生能够对学科知识产生极大的学习兴趣. 兴趣是最好的老师，学生的学习兴趣一旦被激发，学生的学习效率便会得到极大的提升. 兴趣是一种稳定的，而非暂时的、偶然的心理倾向. 相关心理学理论表明，人类对于自己感兴趣的东西总是进行积极的思考和探索. 但对于某个事物的兴趣并不是先天固有的，而是经过后天的认识和培养而形成的. 兴趣比责任具有更大的潜力，因此，在数学课堂教学中，最重要的教学任务并不是传授知识，而是对一堂课的设计，通过借助生活情境的创设过程，设置与课本知识相关的问

[①] 作者简介：李模强，中学一级教师，内江市隆昌县云顶镇光荣九年制学校教师.

题，组织学生进行思考、交流和合作，激发学生的主观能动性，提高学生的学习积极性，促使学生能够主动地、积极地对待自己的生活和学习，进而在提升能力的同时，学到课本中的知识.

2　锻炼学生的小组合作学习能力

新课标倡导的课堂学习方式之一便是合作学习. 教育部印发的《国务院关于基础教育改革与发展的决定》中提出，鼓励合作学习，促进学生之间的相互交流、共同发展，促进师生教学相长. 当下每个教育工作者应当思考的问题是，在新课标背景下如何转变学生的学习方式，并引导学生开展有效的合作学习. 教师在组织学生进行小组活动时，培养学生表达、交流的能力，锻炼学生的组织和评价能力，掌握合作学习的要领，是进行小组合作学习的关键所在. 在课堂的日常教学中，应引导学生扎实地掌握合作学习的方法，并形成自己的一套体系. 以下简要谈谈笔者在教学实践中的体会. 在教育教学过程中对合作学习理论有熟练的掌握，努力提升自身的业务水平和教学能力，不断学习和丰富自身知识，坚持"一切为了学生，为了学生一切"的方针，严格执行教学规范，对自己的岗位有高度的责任心和事业心，树立正确的人才观，不偏不倚，不将成绩作为衡量学生的唯一标准，重视对每一位学生的教学，与学生之间建立融洽、和谐及互相尊重的师生关系，尊重每一位学生的人格，关心每一位学生，并善于挖掘不同学生的潜力. 多与学生家长沟通，与家长一起对学生的发展进行监督和督促.

3　培育学习小组，完善组间合作机制

合作是两个及两个以上的单独个体为了一个共同的目标而组合在一起进行探讨、研究，进而更快、更好地完成某项指标或任务，同时个人受益，获得胜利感或满足感的一种社会交往活动. 在数学课堂教学中，合作学习能够极大地提升课堂教学效率，激发学生学习积极性. 教学工作者应该明白，每一位学生身上都蕴藏着巨大的潜能，在日常教学过程中，学会"垂拱而治"，适时放手，让学生有展现自己能力的机会，使学生尝到成功的喜悦. 当然，教师也应考虑到个人思考问题难免会有一定的局限性，一个数学问题往往有多种解释，单单靠一个学生很难对一个数学问题有较为全面的回答. 此时，采取小组合作学习的方式，让学生参与到组内讨论中，让每个学生表达自己的想法，之后在教师的引导下，相互补充，相互学习，不仅能够帮助学生快速形成解题的思路，还能使学生在互帮互助中体会合作的意义. 让组内每个成员的优势得到充分的发

挥，做到集思广益，解决学习中遇到的困难，不仅能使基础差的学生感受到学习的乐趣和进步的快乐，还能使基础好的学生在合作中体会到成功的喜悦，让每个学生都树立起学习的自信，并逐渐培养学生积极思考问题的能力，锻炼学生的表达能力和创新思维能力，进而达到"取人之常，补己之短"的目的．教师在进行教学时，着力点应为引导学生进行探究性学习，逐步提高学生的数学能力，锻炼学生的数学思维能力．通过不断实践和总结，我们感受到，在数学教学过程中，培养学生的合作精神，激发学生的学习热情，创设出各种贴近实际的数学情境，对于锻炼学生的合作精神有着极大的帮助．

4 总结

合作是适应现代社会的必备素质之一，学生在学校中培养合作意识，对学生未来的发展有着至关重要的作用．在数学课堂教学中，对学生合作能力和合作意识进行积极有效的培养是非常重要的．自主探索、动手实践及合作交流是新课标下的主要教学目的之一，而合作学习这一学习方式正是基于这一理念．较传统数学教学课堂的模式化、静态化和单一化的教学模式，合作学习能够将学习变成学生生活的一部分，帮助学生主动全面地发展自身能力．

参考文献

[1] 李玉光. 数学课堂教学中如何培养学生的学习兴趣 [J]. 新课程研究（基础教育），2010（6）：141.

[2] 戴德富. 谈数学课堂教学如何培养学生的合作探究精神 [J]. 小学教学参考（数学版），2011（12）：66.

怎样开展数学阅读初探[①]

达州市开江县永兴中学　杨丽君

新课程改革的核心是加强学生的素质教育，培养有创造力的新型人才，使他们具备终身学习的能力．数学课堂教学要求学生掌握必需的基础知识，让学生能够运用书本知识解决生活中的实际问题，为终身学习奠定良好的基础，而形成终身自学能力的关键是提高阅读能力，所以数学课堂教学离不开数学阅读．

笔者所在学校是一所农村中学，生源以周边对口小学成绩中下等学生为主，学生基础比较薄弱，理解力较差，积极性和主动性不高，缺乏阅读数学的方法，所以他们基本不具备数学阅读的能力．因此，要提高数学课堂教学效果，关键是教会学生怎样去阅读，培养他们的阅读能力．老师要针对教材特点，选择合适的、符合学生认知发展水平的阅读方法．下面是笔者开展数学阅读的一些体会．

1 阅读概念、定理和定义

阅读概念、定理和定义重在读通文字，在进行阅读前要对学生提出明确的要求．先让学生独立阅读，通过阅读找出本节课需要学习和掌握的概念、定理和定义，要求能够正确理解字、词、句的意思，并用笔将关键词语做上记号．然后老师引导学生通过相互交流，弄清专业术语、关键词语的意思，让学生能正确进行文字语言、图形语言和符号语言的互译．阅读概念时，要注意弄明白概念的内涵和外延，知道其适用范围，学会区分相近的概念，并能注意联系实际生活找出反例或实物．阅读定理和定义时，要注意分清定理的条件和结论，要与类似的定理进行分析，比较不同点，能够熟练掌握并解决问题．最后全班齐读或男女分组读，加深印象，巩固新知．

[①] 作者简介：杨丽君，中学二级教师，达州市开江县永兴中学教师．
　指导教师：内江师范学院数学与信息科学学院　李红霞．

例如，在学习"平行四边形的性质"时，先让学生自己阅读、交流，找出平行四边形的概念：两组对边分别平行的四边形叫作平行四边形．通过讨论，让学生用笔把关键字、词——"两""对""分别平行""平行四边形"做上记号．然后老师展示平行四边形教具模型，学生通过观察，分组交流、讨论，了解平行四边形的特征："两组对边分别平行"．学生通过阅读，能画出图形，例如平行四边形 $ABCD$，可以记为□$ABCD$．学生根据图形探索平行四边形对边、对角、邻角的性质：对边平行且相等、对角相等、领角互补，并能够用数学语言表示出来．最后全班有节奏地齐读或男女生对比朗读，加深印象，让学生能更好地掌握平行四边形的性质．

2 阅读公式

阅读公式时，要求通过阅读，观察公式的特征，注意公式的运用条件，了解公式的运用方法，必要时可以推广公式的逆用．先让学生自己阅读、交流，然后全班齐读或个别朗读，这样不仅可以集中学生的注意力，还可以带动基础较差的一些同学，激发他们的学习兴趣．老师可以引导学生仔细阅读公式，让他们自己去发现公式的特征和运用条件，理解记忆．学数学就是要追求"去理解，去交流，去领会"，而不仅仅是套公式，要弄明白公式的来龙去脉，会推导公式．

例如，在学习"二次根式的乘法运算公式"时，先让学生自己阅读公式：$\sqrt{a} \cdot \sqrt{b} = \sqrt{ab}$（$a \geq 0$，$b \geq 0$）．不会读的可以相互交流、提问，让个别学生朗读，学生自己评价、纠错，这样就激发了全班学生的学习兴趣．然后老师指导学生边读边观察公式的特征，通过交流，让学生自己去发现：公式等号左边是两个二次根式的乘法运算，被开方数分别是 a 和 b；右边得到一个二次根式，被开方数是 ab 的积．公式的运用条件必须满足：被开方数大于或等于 0．最后让学生进行分组讨论、交流，深入理解公式的形式和特征，掌握公式的运用方法，能够利用公式进行简单的计算，这样就能让每位学生学到自己所需的数学知识，逐步培养其进行数学阅读的好习惯．

3 阅读例题

阅读例题，首先要认真审题．审题是培养数学阅读能力的一个重要方面，因为"审题"对于"解题"而言至关重要，"审题"审得准确，审得透彻，意味着这个问题已经解决了一半．数学例题要求精读，要逐字逐句，包括每个字母、符号，都要进行认真阅读，至少读两遍以上．学生通过阅读，找出文字和图形中给出的已知条件和隐含条件，弄清需要解决的问题．老师引导学生通过合作交流，对题目进行分析、讨论，有图形的要采用"数形结合法"进行分析，找出必需的未知条件，尝试解题，并写出解题步骤．同时，老师要抓住例题下的小字、标注，引导学生进行思考与拓展，尽量让解题过程既简洁又符合书写标准．老师要启发学生努力寻求一题多解、巧解，探求新的解题途径和方法．例如，在学习"平行四边形的判别"时，先让学生自己阅读例题，找出已知条件和需要解决的问题．学生通过交流、讨论，写出解题步骤．最后教师指导学生进行规范书写，并让学生自己演示和讲解，归纳学习心得．

数学课堂教学的主体是学生，教师要引导学生采用类比法比较书本知识与生活中的问题，运用书本知识去解决生活中的实际问题，激发学生阅读数学的兴趣，促进学生数学阅读能力的提高．数学课堂教学要引导学生用"心"阅读，指导学生通过阅读加深数学体悟，实现理解数学．数学阅读能力的培养训练、策略的实施、阅读方法和技巧的形成是一个长期的过程，是一个循序渐进的过程，需要师生长期的共同努力．

参考文献

[1] 陈明华，林益生. 初中数学教学实施指南 [M]. 武汉：华中师范大学出版社，2003.
[2] 李三平. 新课程教师读本：数学 [M]. 西安：陕西师范大学出版社，2006.
[3] 历小康. 学阅读能力的培养研究 [J]. 数学教育学报，2004，13（2）：89－92.
[4] 颜廷娟. 浅读数学教学中学生数学阅读能力的培养 [J]. 延边教育学院学报，2005，19（3）：37－39.
[5] 张红专. 初中数学课堂教学中学生阅读能力培养探微 [J]. 中学教学参考，2010（23）：23.
[6] 王天莉. 浅谈中学生数学阅读能力的培养 [J]. 现代中小学教育，2005（3）：43－45.

初中数学总复习中的心理辅导

内江市隆昌县第一中学 石群兰

不知不觉,学生已进入复习的关键时期,面对当前数学总复习,加强对学生的心理辅导,对增强学生的学习信心尤为重要.本文就此问题,谈谈笔者的一点粗浅的想法.

1 心理辅导的必要条件

初中数学新课标更加着眼于学生实际,更突出培养学生的科学观,提倡人文教育,并提出要适当适时地开展学生的心理辅导教育.其实,心理辅导教育和新课标下的数学教育是相辅相成的,它们在教学理念上都强调以学生为主体,促进学生的个体发展,培养学生的探索、合作精神.

要确定先进的教学理念.学生是主体,教师的教学目的在于开发学生的潜能,掌握必要的文化知识,因此,教师应结合所教学生的实际情况,教给学生终生受用的学习方法,并培养学生养成良好的学习习惯和行为习惯.

2 了解初中生数学学习心理障碍的现象及原因

面对中考带来的升学压力,部分教师依然在为了"名次"拼命地教,部分学生照常为了"分数"没命地学,结果使学生负担日益加重,心理健康受到了很大的影响.具体表现为以下几点:

(1) 紧张、压抑.初中数学教学中的"题海战术"现象依然严重,频繁地练习、测验、考试、竞赛,经常使学生处于高度紧张的状态.超负荷的学习强度,使学生精神紧张,心情压抑.

(2) 急躁、焦虑.初中生面临升高中的压力,很多学生焦急不安,疑虑重重,总处于一种"考不上怎么办"的担忧之中.

(3) 内疚、自责.家长"望子成龙"、教师"盼生成钢"的迫切愿望使学生心理负担日益加重.面对一份份不十分满意的考卷,学生不是责备自己"不争气",就是埋怨自己"脑子笨",进而对数学学习失去信心.

(4) 自暴、自弃. 这种状况在学习较困难的学生中表现得较为明显,他们总觉得自己什么都不如别人,干脆破罐子破摔.

不难想象,上述种种表现摧残着初中生的身心健康. 因此,数学教师不仅要抓好数学知识的教学,而且要注意加强学生数学学习心理健康的教育.

3 如何对学生进行数学学习心理辅导

3.1 帮助学生克服不良的学习状态,树立正常的学习心理状态

(1) 培养主动学习的态度,体会"要我学"与"我要学"的区别. 在教学中,注意培养学生主动学习的态度,要求学生课前预习、课后复习、单元小结和及时改错. 把具有优秀学习习惯的同学树为榜样,让其他同学学习和借鉴.

(2) 培养良好的学习方法和习惯,体会"死记硬背"与"活学活用"的区别.

(3) 重视基础教学,发展学生健全的人格. 改变"一听就明""一看就会""一做就错"的学习误区,多用"问""想""做""评"的教学模式,鼓励学生思考,让学生在"做中学",发展学生健全的人格.

3.2 激励学生,调动学生的积极性、主动性

数学是一门很灵活的学科,不能单纯地讲授课本中的"死"知识,应多鼓励学生去探究,积极培养学生学习的兴趣. 兴趣是最好的老师,有兴趣才能产生爱好,爱好它就要去实践它,实现乐在其中,养成学习的主动性和积极性. 在数学学习中,我们要引导学生经历这种从自发的、感性的乐趣上升为自觉的、理性的"认识"过程,学生自然会立志学好数学,成为数学学习的成功者.

(1) 在数学教育中采用榜样激励(也叫典型示范),就是通过榜样(先进典型)来教育学生、鼓舞学生、激发学生积极性的一种方法. 榜样是一面旗帜,具有一定的生动性和鲜明性,容易引起人们在感情上的共鸣. 有了榜样,使得大家学有方向,赶超有目标,而且看得见、摸得着,说服力强,号召力大.

(2) 在数学教学中,给学生制定一个合理、可实现的目标,激励学生,提高学生的积极性,让学生由被动学习转变为主动学习,由消极学习转变为积极学习. 若学生达到目标,可以进行表扬或者奖励,让学生有进一步努力的动力. 如果学生达到目标后没有任何表扬或者奖励,会使学生逐渐失去对数学的学习兴趣,丧失信心,从而难以提高学生的学习效率,难以达到目标.

(3) 开拓学生的能力. 数学是一门抽象的学科,要求学生具有逻辑推理能

力、抽象思维能力、计算能力、空间想象能力和分析解决问题的能力，教师应有意识地培养学生各方面的能力．为了培养这些能力，教师要精心设计"智力课"和"智力问题"，比如对解答习题时的一题多解、举一反三的训练归类，应用模型、电脑等多媒体教学，等等．这些都是为培养数学能力开设的好课型，在这些课型中，学生务必要全身心投入、全方位参与，最终实现各方面能力的全面发展．

3.3　培养学生科学地进行学习

（1）培养学生良好的学习习惯．

良好的学习习惯包括制订计划、课前自学、专心上课、及时复习、独立作业、解决疑难、系统小结和课外学习．合理的学习计划是推动主动学习和克服困难的内在动力．

（2）循序渐进，积极归因，防止急躁．

学习是一个长期的巩固旧知、发现新知的积累过程，绝非一朝一夕可以完成．许多优秀的同学能取得好成绩，其中一个重要原因是他们的基本功扎实，他们的阅读、书写、运算技能达到了自动化或半自动化的熟练程度．让学生学会积极归因，树立自信心，如取得进步时及时体会成功，强化学习能力；遇到挫折时及时调整学习方法、策略，更加努力地弥补不足，循序渐进．

（3）注意研究学科特点，寻找最佳学习方法．

数学总复习阶段应注重"知识、能力、心理"的整体协调．

知识——知识的梳理应注重"三读"．即读教材、读《考试说明》、读近年来的中考题以及评分标准．

①读教材．好多同学认为复习阶段没有必要读教材，这种想法是完全错误的．这里的读教材，就是读教材上的例题，特别是课本中"实践与综合应用"部分，这部分内容与生活的联系比较紧密．

②读《考试说明》．《考试说明》是各地依课程标准对中考命题的指导思想和原则、命题的依据和范围、考试的方式和试卷的结构、考试的内容和要求的具体规定．教者要重视，学者更不可忽视，要对照学习，认真领会《考试说明》中的"了解（认识）""理解""掌握""灵活运用"等关键词的内涵，做到有的放矢．

③读近年来的中考题以及评分标准．各地中考题分选择题、填空题、解答题三种题型．解答题包括计算（求解）题、证明题、应用题、阅读分析题、实践操作题、探索题、开放性问题等，不论是课改区还是非课改区，都强调创新意识和实践能力，注重数学与生产生活的联系、将经济问题转化为数学问题的

研究.

能力——能力的强弱在于解题. 运用知识提高自我认知能力,提高自我思维能力与解题能力,就是要系统训练、规范化训练. 无论是单元复习的训练,还是专题复习的训练,都必须克服麻痹大意,要讲速度、讲质量,注重一题多解,开阔视野,切实起到实战演练的效果. 老师要精讲,学生要精练,反对搞题海战术.

心理——调整心态,克服非智力因素的干扰. 考前要保持乐观情绪. 科学研究表明,情绪乐观将促进大脑思维活跃. 心理学家曾得出这样的实验结果:某组学生在情绪良好的状态下,所测得的平均智商为 105,而这一组人在紧张状态下的平均智商却下降很多. 有的同学害怕考试失利,常挑灯夜战,苦不堪言,而实际效率并不高,常常睡眠质量不高,多梦早醒,课堂上无精打采,特别是在中考临近时表现更为突出. 建议教师指导学生设计一个作息时间表,做到劳逸结合.

如何消除焦虑,让学生充满信心,振作精神呢?笔者建议同学们这样做:双眼微闭,双脚落地,双手摸着双膝,暗念:我是聪明的,我的老师是优秀的,我一定能行.

总之,初中数学总复习是学生人生中的一次磨炼,只要我们从实际出发,既注重数学知识的教学,又注重学生数学学习心理的辅导,就会使学生增强学好数学的信心,其数学学习自然会获得好的成绩,同时也为培养学生健康的心理做出应有的贡献.

影响初中数学课堂提问效果的因素[①]

内江市威远县严陵中学　王开国

课堂提问是重要的教学方法，但是，如果对问题情境的创设、提问的方式、学生的知识水平以及问题的难度不进行深思熟虑，就会对提问效果产生较大的影响．

1　情境对提问效果的影响

数学课堂教学要以学生为学习的主体，当问题提出后，教师要从实际出发，循循善诱，引导学生进行分析思考，只有在学生经过苦心思索还领会不了的时候，才去帮助他们打开思路；只有当他们确实已有所体会却表达不出的时候，才给予具体帮助．也就是说，教师的工作在于创设情境，使学生达到"愤""悱"状态，再进行必要讲解．

例如，笔者在讲"一元一次不等式的应用"时，将华东师大版七年级下册第 56 页第 10 题作为例题："某城市的出租汽车起步价为 10 元（即行驶距离在 5 千米以内都需付 10 元车费），达到或超过 5 千米后，每行驶 1 千米加 1.2 元（不足 1 千米也按 1 千米计）．现某人乘车从甲地到乙地，支付车费 17.2 元，问从甲地到乙地的路程大约是多少？"让学生反复读题弄清题意后，笔者问学生："你们中有哪些同学坐过出租车？"80% 以上的学生纷纷表示乘坐过出租车．接着笔者又引发学生交流："有谁知道计费方式是怎样的吗？将你知道的跟同桌交流一下."最后，学生 A 说出了大家讨论的答案——先跳价，后乘车．这就与"行驶路程在 5 千米以内都需付 10 元车费，达到或超过 5 千米后，每行驶 1 千米加 1.2 元"吻合．

弄清题意后再解出这道题：

设从甲地到乙地的路程为 x 千米，则应付车费 $[10+1.2(x-5-1)]$ 元．

由题意得，

[①] 作者简介：王开国，中学高级教师，威远县严陵中学教师．

$$17.2-1.2<10+1.2(x-5-1)\leqslant 17.2$$

解之得，$9<x\leqslant 10$.

因为 x 为整数，

所以 $x=10$.

通过对这一问题的讨论，使学生认识到数学就在自己身边，生活离不开数学，并时刻观察周围的事物，与数学联系起来，从而提高学生的观察能力，诱发学习兴趣.

又如，在讲"根与系数的关系"时，笔者这样创设情境：

首先提问：已知一元二次方程 $x^2+bx+c=0$，小颖看错了 b，解得方程的根为 2，-3；小亮看错了 c，解得方程的根为 4，1. 请问你能由此确定 b，c 的值吗？

待学生分析并积极思考后启发：从一元二次方程的求根公式来看，方程的根与系数间有着密切的联系，请同学们仔细观察下面方程的根与系数间的关系：

①$x^2-x-2=0$ （$x_1=-1$，$x_2=2$）；

②$x^2+2x-3=0$ （$x_1=1$，$x_2=-3$）；

③$2x^2-x-1=0$ （$x_1=1$，$x_2=-\dfrac{1}{2}$）；

④$3x^2+x-2=0$ （$x_1=-1$，$x_2=\dfrac{2}{3}$）.

学生交流讨论后发现：$x_1+x_2=-\dfrac{b}{a}$，$x_1 \cdot x_2=\dfrac{c}{a}$.

通过这样的情境创设，能够不断启发引导学生积极活动，使他们始终保持发现、创造的兴趣，能比较完整地回答所提出的问题，从而在原有知识体系中获得新的知识.

2 提问方式对提问效果的影响

教师向学生提出的问题，首先，应是包含明显的数学概念或技巧；其次，方法不是唯一的，应有利于培养学生的思维能力；再次，问题的结果也不一定是唯一的，能使学生开创广阔的思维空间；最后，问题还应该具有一定的挑战性，能够激起学生的求知欲．提问的方式应是以问题的形式给学生提供一个发现的过程、探索的过程、创新的过程，这样才会有一个好的效果.

比如，关于"台球桌面上的角"，教材提出：如图1所示，$CD \perp EF$，$\angle 1=\angle 2$，你能找出图中与 $\angle 1$ 有关系的角吗？对于这个问题，教师一听便知是要找出与∠1有特殊关系的角，从而引出互余角、互补角的定义，但学生未必能准确地理解．为了让学生能领悟教师的教学意图，形成正确的学习思路，笔者在这个问题之前设计了几个复习提问：①什么是直角、平角？②什么是锐角、钝角？从而强调直角、平角的特殊性，然后

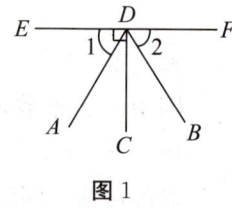

图1

再把问题改为"你能找出图中与∠1有特殊关系的角吗"，加上了"特殊"二字，就把问题缩小到与∠1相加得直角和平角的范围内，也把教师的教学思路展示在学生面前了．于是，学生很快找出了与∠1相加得直角和平角的角，从而顺利地引出了互余角、互补角的定义．由此可见，设置问题要注重分层递进，使学生知道从什么地方想起，接着想什么，再想什么，最后达到目的．

3 学生知识水平对提问效果的影响

新课标努力倡导人人学有价值的数学，人人都能获得必需的数学；不同的人在数学上得到不同的发展．这就要求教师及时了解和尊重学生的个体差异，承认差异，尊重学生在解决问题过程中所表现出的不同水平．因此，在问题的设计、教学过程的开展中，要尽力让所有学生主动参与，提出各自解决问题的策略，并引导他们在交流中选择合适的策略，由此来丰富数学活动的经验，提高思维水平．

由于学生知识水平的不同，每个同学参与回答所提问题的能力不同．对于能力较弱的同学，教师应给予及时的关照与帮助，鼓励他们参与数学学习活动，尝试用自己的方式去解决问题，发表自己的看法，而且要及时肯定他们的进步，对出现的错误要耐心引导他们分析产生的原因，鼓励他们自己去改正，由此增强他们学习数学的兴趣和信心，从而减少对提问效果的影响．

4 问题难度对提问效果的影响

问题的难易程度对提问的效果有较大的影响，因此，在设计数学课堂提问时，应注意问题的难易要适当，要有启发思考的价值，不要选太简单甚至包含暗示答案的问题．例如，平行四边形的对角线是不是互相平分？这样问，答案已在问题中暗示出来，只要答"是"就行，没有提问的必要，这样的提问也没有价值．又如，复习"等腰三角形"时，提出问题："怎样的三角形叫作等腰三角形？"问题一出，学生就会异口同声地回答："有两条边相等的三角形叫作等腰三角形．"这样的问题也太容易，而且答案是属于记忆性的，没有什么启发性，这样的提问是不会有效果的．

比如，笔者想要检查学生对等腰三角形的性质的理解程度，就将它同一般三角形的特点结合起来提出了这样的问题："三角形的各边都可相等吗？"学生很快就回答："可以."接着又提一个问题："等腰三角形的一边是 5 厘米，另一边是 3 厘米，求第三边."（答案是 3 厘米或 5 厘米）又继续提问："等腰三角形的两边为 10 厘米和 2 厘米，求第三边."（答案是第三边为 10 厘米）为了让学生能够从所研究的两个问题中得出结论，紧接着提出第三个问题："在这两个问题中，为什么第二个问题只有一个答案，而第一个问题却有两个答案呢？"这就要求学生在等腰三角形知识以外，运用"任何一个三角形，两边之和大于第三边，而两边之差小于第三边"的知识来解答所提问题. 这样，学生不仅把等腰三角形的性质和三角形的一般性质联系起来，而且明确了等腰三角形的哪两条边在什么条件下可以相等. 像这样的问题就富有启发性，并且几个问题有变化，逐步推进，能使学生对所学知识融会贯通，从而使提问收到明显效果.

总之，我们要把问题看作是给学生的一种力所能及的任务，它需要学生通过自己的努力来完成，以便其进一步掌握新知识.

例谈蚂蚁在柱体上爬行的最短路程问题[①]

达州市开江县普安中学 熊承燕

蚂蚁在物体表面爬行是日常生活中经常看到的现象,而在初中数学的练习题和试题中也常常出现"求蚂蚁在几何体表面从一点爬到另一点的最短路程"的问题. 这是一类十分有趣的数学问题,下面针对蚂蚁在圆柱和棱柱上爬行的问题举例浅析.

1 在圆柱上爬行

例1 如图1所示,有一个圆柱,它的高等于 5 cm,底面圆半径为 6 cm. 在圆柱下底面的点 A 有一只蚂蚁. 它想吃到上底面上与点 A 相对的点 C 处的食物. 沿圆柱侧面爬行的最短路程是多少?

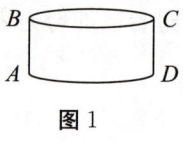

图1

分析:本题是求蚂蚁在圆柱的侧面上爬行的最短路程. 由于圆柱的侧面是曲面,爬行的路线有很多,都是曲线,要找其中最短的,通常需要"化曲为直"来计算,由此可想到将侧面展开成平面.

将圆柱侧面沿着 A 点所在的母线剪开后铺平,如图2所示. 展开后侧面是一个长方形,其中一边长为圆柱的高,即 $AB=5$ cm,另一边长为底面圆周长 12π cm,而 C 点在这一边的中点处,即 $BC=6\pi$ cm. 连接 AC,根据"两点之间,线段最短",线段 AC 的长就是蚂蚁爬行的最短路程.

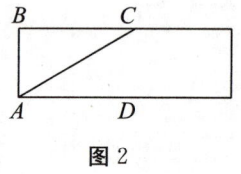

图2

在 Rt$\triangle ABC$ 中,利用勾股定理可得:

$$AC=\sqrt{AB^2+BC^2}=\sqrt{5^2+(6\pi)^2}=\sqrt{25+36\pi^2}\approx 19.5 \text{(cm)}$$

即蚂蚁沿圆柱侧面爬行的最短路程约为 19.5 cm.

变式:将原题中的"沿圆柱侧面爬行"改为"在圆柱表面爬行",结果又

[①] 作者简介:熊承燕,中学二级教师,达州市开江县普安中学教师.

如何呢？

分析：圆柱表面包括侧面和底面，因此在表面爬行，可以是只沿侧面爬行，如原题；也可以是从 A 点沿母线爬到 B 点，再沿上底面直径爬到 C 点，即路线为 $A \to B \to C$. 这两条路线的路程是否一样呢？通过计算说明.

因为只沿侧面爬行的最短路程约为 19.5 cm.

路线 $A \to B \to C$ 的路程为：$AB+BC=5+2\times 6=17(\text{cm})<19.5$ cm.

所以路线 $A \to B \to C$ 的路程更短.

由此能否得到"对于任意圆柱，沿母线和直径这条路线爬行就一定是最短的"这个结论呢？

为了验证这个结论，再用其他数据计算一下：将圆柱底面的半径改为 2 cm，分别按前面两条路线进行计算.

因为只沿侧面爬行的最短路程为：$AC=\sqrt{5^2+(2\pi)^2}=\sqrt{25+4\pi^2}\approx 8.03$ (cm).

沿 $A \to B \to C$ 爬行路程为：$AB+BC=5+2\times 2=9(\text{cm})>8.03$ cm.

所以只沿侧面爬行的路线 AC 最短.

那么现在的问题是：对于不同的圆柱，该如何选择哪条路线更短呢？

我们不妨设圆柱的高为 h，底面半径为 r，沿侧面上的 AC 爬行为路线一，沿 $A \to B \to C$ 爬行为路线二，则：

路线一的路程为：$L_1=\sqrt{h^2+(\pi r)^2}$.

路线二的路程为：$L_2=h+2r$.

①当 $L_1=L_2$ 时，$\sqrt{h^2+(\pi r)^2}=h+2r$，可得：$\dfrac{h}{r}=\dfrac{\pi^2-4}{4}\approx 1.47$.

此时，两条路线路程一样.

②当 $L_1<L_2$ 时，$\sqrt{h^2+(\pi r)^2}<h+2r$，可得：$\dfrac{h}{r}>\dfrac{\pi^2-4}{4}\approx 1.47$.

此时，选择路线一更短.

③当 $L_1>L_2$ 时，$\sqrt{h^2+(\pi r)^2}>h+2r$，可得：$\dfrac{h}{r}<\dfrac{\pi^2-4}{4}\approx 1.47$.

此时，选择路线二更短.

2 在棱柱上爬行

例2 如图 3 所示，一只蚂蚁从长、宽、高分别为 3，2，1 的长方体盒子的顶点 A 出发，沿长方体的表面爬行到对角顶点 C_1 处，问怎样走路线最短？最短路线长为多少？

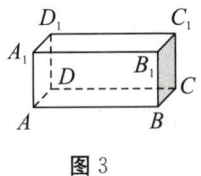

图3

分析：蚂蚁在长方体表面上从 A 爬到 C_1 处，由于点 A 和 C_1 不在同一平面内，要想利用"两点之间，线段最短"，则需要将点 A 和 C_1 放到同一平面内，因此要把它们所在的面置于同一个平面. 把长方体盒子表面沿着棱剪开，展开成平面图形. 而长方体的展开方式有很多，不同的展开方式下最短路程也有所不同. 因此，需要将每种方式的路程分别计算出来，再比较大小，取最小值.

本题长方体表面展开后，将相同结果作为一种情况，共有如下三种不同情况（如图4所示）：

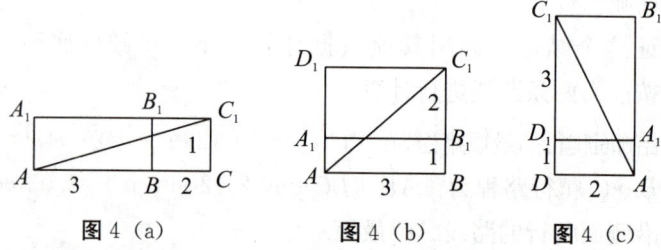

图 4 (a)　　　　　图 4 (b)　　　　　图 4 (c)

如图 4 (a)，在 Rt△ACC_1 中，$AC_1 = \sqrt{AC^2 + CC_1^2} = \sqrt{(3+2)^2 + 1^2} = \sqrt{26}$.

如图 4 (b)，在 Rt△ABC_1 中，$AC_1 = \sqrt{AB^2 + BC_1^2} = \sqrt{3^2 + (1+2)^2} = \sqrt{18} = 3\sqrt{2}$.

如图 4 (c)，在 Rt△ADC_1 中，$AC_1 = \sqrt{AD^2 + DC_1^2} = \sqrt{2^2 + (1+3)^2} = \sqrt{20} = 2\sqrt{5}$.

因为 $\sqrt{18} < \sqrt{20} < \sqrt{26}$，

所以沿图 4 (b) 的路线爬行路程最短，为 $3\sqrt{2}$.

变式1：若把长、宽、高变为 3，3，1，则图 4 (b)、图 4 (c) 的结果相同，归为一种情况，因此只有两种不同情况来比较大小了.

变式2：若把长、宽、高变为 3，3，3，则图 4 (a)、图 4 (b)、图 4 (c) 的结果都相同，所以只考虑一种情况了.

总结规律：

如图5所示，若长方体的长、宽、高分别为 a，b，c，则蚂蚁从 A 点爬到 B 点的方式有以下三种：

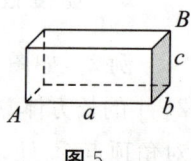

图 5

方式一（图 6 (a)）：路程 $L_1 = \sqrt{(a+b)^2 + c^2}$.

方式二（图 6 (b)）：路程 $L_2 = \sqrt{(b+c)^2 + a^2}$.

方式三（图 6 (a)）：路程 $L_3 = \sqrt{(a+c)^2 + b^2}$.

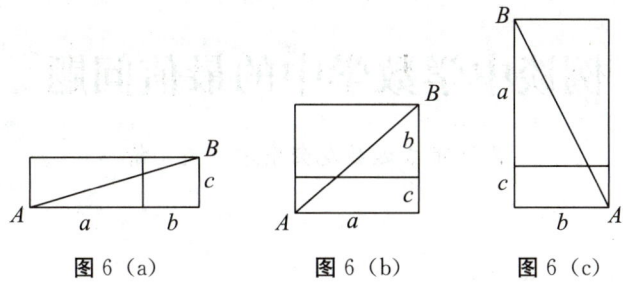

图 6 (a)　　　图 6 (b)　　　图 6 (c)

①当 a，b，c 互不相等时，L_1，L_2，L_3 也互不相等，这时有三种不同结果，所以需要计算三种方式，比较后取最小值.

②当 a，b，c 中有两个相等时，L_1，L_2，L_3 中也有两个结果相同，则只需计算两种方式，再比较取最小值.

③当 $a = b = c$ 全部相等时，即为正方体，则 $L_1 = L_2 = L_3$，因此，任意计算一种展开方式即可得出结论.

综上所述，要求蚂蚁在柱体表面上爬行的最短路程，通常思路是"化曲为直""化折为直"，需要把立体图形表面展开成平面图形，使得爬行起点和终点能落在同一平面内，根据"两点之间，线段最短"的原理，再利用勾股定理来计算，并要考虑不同的路线对结果的影响，将不同路线的结果分别计算比较后才能确定哪一条路线最短. 当然，如果题目还有其他特殊条件，那么还需要具体问题具体分析，得出最后结论.

例谈中学数学中的最值问题[①]

内江市威远县龙会中学　吴　倩

求解最值问题的方法有很多，管华芬[1]给出了学生求解最值需要掌握的方法：配方法、均值不等式法、单调性法、换元法、图像法、导数法．本文主要围绕二次函数、三角函数、不等式、函数的单调性四个方面的问题，对其中出现的最值问题进行初步的探讨，给出常考的题型，以及解题思路和方法．

1　二次函数以及可转化为二次函数求最值

1.1　无条件限制的二次函数求最值

无条件限制的二次函数求最值在二次函数中是最简单的求最值题目，对于这一类题型，主要判断 a 是否大于 0．

例1[2]　当 x 为何值时，以下函数有最大值和最小值？

(1) $y=x^2+2x-1$；(2) $y=-x^2-4x+2$．

解　略．

1.2　有条件限制的二次函数求最值

解决这类二次函数求最值的问题，主要看对称轴 $x=-\dfrac{b}{2a}$ 是否在题目中所给出的区间内．

例2[3]　当 $-3 \leqslant x \leqslant 1$ 时，求下列函数最大值与最小值．

(1) $y=x^2+2x-1$；(2) $y=-x^2-4x+2$．

解　略．

1.3　配方法用于二次函数求最值

配方法是一种重要的技能型变形的公式技巧，由于恒等变形，使问题的结构发生了质的变化．从中可以找到已知条件与未知量之间的关系，使问题得以解决，该方法在解决问题中有"简化"的作用．

[①] 对原文有删减．

例3[4] 已知 $x, y \in \mathbf{R}$，那么 $x^2 - xy + y^2 - 2x + y$ 的最小值是多少？

分析 此题乍一看，学生可能不知道如何下手，但仔细理解题意，发现是一个二次函数求最值的题目。我们可以将 x 或 y 中的任意一个自变量当作常数，然后再用配方法就可以解决此题。

解 暂时将 y 视为常数，以变量 x 进行配方：

$$x^2 - xy + y^2 - 2x + y = \left[x^2 - (y+2)x + \left(\frac{y+2}{2}\right)^2\right] - \left(\frac{y+2}{2}\right)^2 + y^2 + y$$

$$= \left[x - \left(\frac{y+2}{2}\right)\right]^2 + \frac{3}{4}y^2 - 1$$

$$\geqslant -1.$$

由此可见，当 $y = 0$，$x = 1$ 时，有最小值 -1。

例4 设等差数列 $\{a_n\}$ 的前 n 项和为 S_n，公差为 $d = -2$，且 a_1，a_5，a_7 成等比数列。

（1）求 a_n；（2）求 S_n 的最大值。

分析 此题为数列问题，解决这个题目首先必须要牢记等差数列的通项公式和前 n 项求和公式，但问题（2）则涉及最值的求解。

解 （1）由已知，有

$$a_n = a_1 + (n-1)d$$

$$S_n = na_1 + \frac{1}{2}n(n-1)d$$

$$= na_1 - n(n-1)$$

又因为 $a_5^2 = a_1 a_7$，即 $(a_1 + 4d)^2 = a_1(a_1 + 6d)$。解得 $a_1 = 16$。所以 $a_n = 18 - 2n$。

（2）由（1）可知：

$$S_n = na_1 - n(n-1) = 16n - n(n-1) = -\left(n - \frac{15}{2}\right)^2 + \frac{225}{4}$$

因为 $n \in \mathbf{N}^+$，所以当 $n = 7$ 或 $n = 8$ 时，S_n 取得最大值，其最大值为 $S_7 = S_8 = 56$。

总结 上述所反映的是涉及二次函数的最值问题，我们直接或间接地利用了配方法求解。这里要注意的是，必须考虑自变量的取值范围。此外，当一个稍繁杂的函数若能改写成"二次函数型"，即改写成 $f(x) = ag^2(x) + bg(x) + c$（其中 a，b，c 为常数）时，则仍可以使用配方法求解其最值。

1.4 三角函数转化为二次函数求最值

例5[5] 已知函数 $y = 2m \cdot \sin x - 2\cos^2 x + \frac{1}{2}m^2 - 4m + 3$，$m \in (-\infty, 2]$

的最小值为 m^2+1，求函数 y 的最大值及取得最大值时 x 的值.

分析 首先要将变量统一. 由于有正弦一次项，故 $\cos^2 x$ 化为 $1-\sin^2 x$. 若再设 $t=\sin x$，则 $y=2t^2+2mt+\dfrac{1}{2}m^2-4m+1$, $t\in[-1, 1]$. 问题转化为求区间 $[-1, 1]$ 上的一个二次函数的最值问题，这类问题首先要讨论对称轴与区间的相对位置.

解 设 $t=\sin x$，则 $y=2t^2+2mt+\dfrac{1}{2}m^2-4m+1$, $t\in[-1, 1]$.

对称轴方程为
$$t=-\dfrac{m}{2}$$

因为 $m\leqslant 2$，所以 $-\dfrac{m}{2}\geqslant -1$.

① 当 $0\leqslant m\leqslant 2$, $-\dfrac{m}{2}\in[-1, 0]$ 时：
$$y_{\min}=f\left(-\dfrac{m}{2}\right)=-4m+1=m^2+1$$

解得
$$m=0.$$

从而 $y_{\max}=f(1)=3$, 此时 $x=2k\pi+\dfrac{\pi}{2}$, $k\in\mathbf{Z}$.

② 当 $-2\leqslant m<0$, $-\dfrac{m}{2}\in(0, 1]$ 时：
$$y_{\min}=f\left(-\dfrac{m}{2}\right)=-4m+1=m^2+1$$

解得
$$m=0.$$

从而 $y_{\max}=f(1)=3$, 此时 $x=2k\pi-\dfrac{\pi}{2}$, $k\in\mathbf{Z}$.

③ 当 $-m<-2$, $-\dfrac{m}{2}\in(1, +\infty)$ 时，函数在 $[-1, 1]$ 上单调递减，所以
$$y_{\min}=f(1)=\dfrac{1}{2}m^2-2m+3=m^2+1$$

解得
$$m=-2-2\sqrt{2}.$$

从而 $y_{\max}=f(-1)=21-16\sqrt{2}$,此时 $x=2k\pi-\dfrac{\pi}{2}$, $k\in \mathbf{Z}$.

2 利用三角函数的性质求最值

2.1 用三角函数的有界性求最值

由于正弦函数和余弦函数均是有界函数,即 $-1\leqslant\sin x\leqslant 1$, $-1\leqslant\cos x\leqslant 1$.

2.2 利用配方法求最值

例 6[6] 求函数 $y=2\cos^2 x+5\sin x-4$ 的最值.

分析 此题首先要统一变元,题中有正弦的一次项,所以我们将 $\cos^2 x$ 化为 $1-\sin^2 x$.

解 将函数化为 $y=-2\sin^2 x+5\sin x-2$,配方得

$$y=-2\left(\sin x-\dfrac{5}{4}\right)^2+\dfrac{9}{8}$$

所以,当 $\sin x=1$ 时, $y_{\max}=1$;当 $\sin x=-1$ 时, $y_{\min}=-9$.

小结 关于 $y=a\sin^2 x+b\cos x+c$ 型的函数,用角的变换"化二为一",则将问题转化为闭区间上的二次函数求值域的问题.

2.3 化为一个角的三角函数求最值

例 7 怎么求函数 $y=\sin x+\cos\left(x-\dfrac{\pi}{6}\right)$ 的最大值和最小值?

解 略.

例 8 求函数 $y=\sin x-\cos x+\sin x\cos x$ 的最大值和最小值.

解 设 $t=\sin x-\cos x=\sqrt{2}\sin\left(x-\dfrac{\pi}{4}\right)$,则 $-\sqrt{2}\leqslant t\leqslant\sqrt{2}$,且 $\sin x\cos x=\dfrac{1-t^2}{2}$.

由于 $y=t+\dfrac{1-t^2}{2}=-\dfrac{1}{2}(t-1)^2+1$,故当 $t=1$ 时, $y_{\max}=1$;当 $t=-\sqrt{2}$ 时, $y_{\min}=-\sqrt{2}-\dfrac{1}{2}$.

小结 $\sin\alpha+\cos\alpha$, $\sin\alpha-\cos\alpha$, $\sin\alpha\cos\alpha$ 这三者之间相互制约,而且存在着密切联系. $\sin\alpha\cos\alpha$ 是纽带,三者之间知道其中一个可以求另外两个. 若表达式中出现 $\sin\alpha+\cos\alpha$, $\sin\alpha\cos\alpha$ 函数,属于 $y=\sin x\pm\cos x\pm b\sin x\cos x$ 型函数,应考虑到它们之间的关系,利用换元法来求解其最值.

2.4 利用数形结合求最值

有些代数问题,条件中的数量关系有明显的几何意义或者以某种方式与几

何图形有某种关联,则可以将代数问题转化成几何图形,将代数问题的条件及数量关系直接在图形中表现出来,从而利用几何关系来求解.

例 9[7]　求函数 $y = \dfrac{\sin x}{2 + \cos x}$ 的最值.

分析　此题如果直接用代数方法解答则比较困难. 仔细观察则不难发现,函数的形式和直线的斜率公式比较相近,那么我们可以将函数转化为斜率公式求解.

解　原函数的求解可转化为 $y = \dfrac{\sin x - 0}{\cos x - (-2)}$,这可以考虑成点 $A(\cos x, \sin x)$ 和 $B(-2, 0)$ 形成的直线的斜率. 而 A 是单位圆 $x^2 + y^2 = 1$ 上的动点. 由图 1 可知,过 $B(-2, 0)$ 作圆的切线时,斜率有最值:$y_{\max} = \dfrac{\sqrt{3}}{3}$,$y_{\min} = -\dfrac{\sqrt{3}}{3}$.

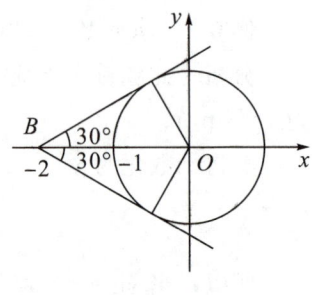

图 1

2.5　利用换元法求最值

用换元法求函数最值,是根据函数表达式的特点,把某一部分看作一个整体或用一个新变元来代替某一部分,达到化繁为简、化陌生为熟悉的目的,从而解决原问题. 换元法通常有三角代换和代数代换两种.

例 10　求函数 $y = x + \sqrt{1 - x^2}$ 的最值.

解　令 $x = \cos\theta$,$0 \leqslant \theta \leqslant \pi$,则 $y = \cos\theta + \sin\theta = \sqrt{2}\sin\left(\theta + \dfrac{\pi}{4}\right)$. 由于 $0 \leqslant \theta \leqslant \pi$,$\dfrac{\pi}{4} \leqslant \theta + \dfrac{\pi}{4} \leqslant \dfrac{5\pi}{4}$,故 $y_{\max} = \sqrt{2}$(仅当 $\theta + \dfrac{\pi}{4} = \dfrac{\pi}{2}$ 时),$y_{\min} = -1$(仅当 $\theta + \dfrac{\pi}{4} = \dfrac{5\pi}{4}$ 时).

小结　对于形如 $y = ax + b + \sqrt{cx + d}$ 的函数,一般可考虑用换元法将其转化为二次函数,通过求二次函数的最值来达到求原函数的最值的目的.

例 11　正数 x,y 满足 $\dfrac{a}{x} + \dfrac{b}{y} = 1$,其中 a,b 为不相等的正常数,求 $x + y$ 的最小值.

解　令 $\dfrac{a}{x} = \dfrac{u}{u + v}$,$\dfrac{b}{y} = \dfrac{v}{u + v}$($u$,$v > 0$),则

$$x + y = \dfrac{a(u + v)}{u} + \dfrac{b(u + v)}{v} = a + b + \dfrac{av}{u} + \dfrac{bu}{v} \geqslant a + b + 2\sqrt{ab} = (\sqrt{a} + \sqrt{b})^2$$

当且仅当 $\dfrac{av}{u}=\dfrac{bu}{v}$，即 $\sqrt{av}=\sqrt{bu}$ 时，上式取等号. 故 $(x+y)_{\min}=(\sqrt{a}+\sqrt{b})^2$.

3 不等式求最值

3.1 常规的不等式解应用题

一些求最大利润、最优方案的生活问题，可根据题意把实际问题转化为不等式模型，从而计算出某些量的取值范围，再结合函数的相关性质求解.

例 12 某加工厂以每吨 3000 元的价格购进 50 吨原料进行加工，若进行粗加工，每吨加工费为 600 元，需 $\dfrac{1}{3}$ 天，每吨售价 4000 元；若进行精加工，每吨加工费为 900 元，需 $\dfrac{1}{2}$ 天，每吨售价 4500 元. 现将这 50 吨原料全部加工完.

(1) 设其中粗加工 x 吨，获利 y 元，求 y 与 x 的函数关系式.

(2) 如果必须在 20 天内加工完，如何安排生产才能获得最大利润？最大利润是多少？

解 （1）粗加工 x 吨，则细加工为 $(50-x)$ 吨，粗加工每吨利润为 $(4000-3000)$ 元，细加工每吨利润为 $(4500-3000)$ 元. 则

$y=(4000-3000)x-600x+(4500-3000)(50-x)-900(50-x)=-200x+30000$

（2）由题意知：

$$\dfrac{1}{3}x+\dfrac{1}{2}(50-x)\leqslant 20$$

得 $x\geqslant 30$，所以 $30\leqslant x\leqslant 50$. 当 $x=30$ 时，最大值 $y=24000$（元）. 故粗加工 10 天，精加工 10 天.

所以粗加工 10 天、精加工 10 天可获得最大利润，最大利润是 24000 元.

3.2 平均值不等式法

若 $a,b\in \mathbf{R}$，则 $\dfrac{a+b}{2}\geqslant \sqrt{ab}$，其中等号当且仅当 $a=b$ 时成立.

若 $a,b\in \mathbf{R}^+$，则 $\dfrac{a+b}{2}\geqslant \sqrt{ab}$，其中等号当且仅当 $a=b$ 时成立.

若 $a,b,c\in \mathbf{R}^+$，则 $a^3+b^3+c^3\geqslant 3abc$，其中等号当且仅当 $a=b=c$ 时成立.

若 $a,b,c\in \mathbf{R}^+$，则 $\dfrac{a+b+c}{3}\geqslant \sqrt[3]{abc}$，其中等号当且仅当 $a=b=c$ 时

成立.

利用上面的定理或其变形可以解与最值相关的许多问题.

例 13 (1) 求 $y=3x^2+\dfrac{16}{2+x^2}$ 的最小值.

(2) 若 $x>0$,则 $y=\dfrac{x}{x^3+2}$ 的最大值为多少?

(3) 若 $x>0$,$xy^2=2$,则 $2x+y$ 的最小值为多少?

解 略.

4 导数法求最值

用导数来求最值,需要知道函数的解析式,再求最值点,最后确定最值点及最值. 在设变量时可选用直接法,也可选用间接法.

例 14[8] 求函数 $y=\sqrt{2x+4}-\sqrt{x+3}$ 的值域.

分析 根据函数的解析式求出其导数,根据函数的单调性求解.

解 函数的定义域根据 $\begin{cases}2x+4\geqslant 0\\x+3\geqslant 0\end{cases}$ 求得,即 $x\geqslant -2$.

$$y'=\dfrac{1}{\sqrt{2x+4}}-\dfrac{1}{2\sqrt{x+3}}=\dfrac{2\sqrt{x+3}-\sqrt{2x+4}}{2\sqrt{2x+4}\cdot\sqrt{x+3}}$$

$$=\dfrac{2x+8}{2\sqrt{2x+4}\cdot\sqrt{x+3}\,(2\sqrt{x+3}+\sqrt{2x+4})}$$

当 $x\geqslant -4$,即函数 $y'>0$,$y=\sqrt{2x+4}-\sqrt{x+3}$ 在 $[-4,+\infty)$ 上是递增函数;又 $f(-2)=-1$,故所求函数的值域为 $[-1,+\infty)$.

注 从本题的解答过程可以看到,当单调区间与函数的定义域相同时才可使用此法,否则会产生错误.

5 用函数的单调性求最值

例 15 求函数 $f(x)=\sqrt{8x-x^2}-\sqrt{14x-x^2-48}$ 的最小值和最大值.

解 先求定义域. 由 $\begin{cases}8x-x^2\geqslant 0\\14x-x^2-48\geqslant 0\end{cases}$ 得 $6\leqslant x\leqslant 8$,又因为

$$f(x)=\sqrt{8-x}\cdot(\sqrt{x}-\sqrt{x-6})=\dfrac{6\sqrt{8-x}}{\sqrt{x}+\sqrt{x-6}},\ x\in[6,8]$$

故当 $x\in[6,8]$,且 x 增加时,$\sqrt{x}+\sqrt{x-6}$ 增大,而 $\sqrt{8-x}$ 减小. 所以 $f(x)$ 是随着 x 的增大而减小的,即 $f(x)$ 在区间 $[6,8]$ 上是减函数,故

$$f(x)_{\min}=f(8)=0,\ f(x)_{\max}=f(6)=2\sqrt{3}$$

例 16 求数列 $\left\{\dfrac{\sqrt{n}}{n+10000}\right\}$ 的最大项.

解 设 $f(x)=\dfrac{\sqrt{x}}{x+10000}$，则 $f'(x)=\dfrac{10000-x}{2\sqrt{x}(x+10000)^2}$，令 $f'(x)=0$，则得

$$x=10000,\ f(10000)=\dfrac{1}{200}$$

又由于 $f(1)=\dfrac{1}{10001}$，$\lim\limits_{x\to\infty}f(x)=\lim\limits_{x\to\infty}\dfrac{\sqrt{x}}{x+10000}=0$. 将 $f(10000)$，$f(1)$ 和 $\lim\limits_{x\to\infty}f(x)$ 加以比较，得 $f(x)$ 的最大值为 $f(10000)=\dfrac{1}{200}$. 所以数列 $\left\{\dfrac{\sqrt{n}}{n+10000}\right\}$ 的最大项为第 10000 项，此项的值为 $\dfrac{1}{200}$.

中学数学的重点和难点大都涉及最值问题．在做最值问题时，要针对不同类型的函数采用不同且合适的方法．方法有很多种，但想要用最简便的方法在短时间内求出结果却不太容易，这就需要我们必须熟练地驾取各种方法的适用条件、使用类型及其注意事项，学会融会贯通，提高解题效率．这不仅仅是单纯数学中的理论，在我们身边有很多问题都可以转化为最值问题，特别是在今天的经济生活中，知道如何运用这一理论将会给我们带来巨大的收益．

参考文献

[1] 管华芬. 谈谈数学教学中的几种最值问题 [J]. 科教文化，2010 (5)：1—2.
[2] 李长明，周焕山. 初等数学研究 [M]. 北京：高等教育出版社，1995.
[3] 尚晓阳. 中学数学最值问题解析 [J]. 山西师范大学学报，2010，24 (5)：4—5.
[4] 李哲全. 最小值和最大值的函数分析例案 [J]. 素质教育，2010 (7)：13—14.
[5] 丁一，张建. 中学教材全解 [M]. 西安：陕西人民教育出版社，2007：198—204.
[6] 戴保尔. 初等方法求解函数最值问题 [J]. 科技资讯，2008 (20)：15—18.
[7] 梁国强. 数形结合在最值问题中的应用 [J]. 黔东南民族师专学报，2001 (19)：5—7.
[8] 蔡广军. 高考试题中的最值问题的解题策略 [J]. 数学，2008 (9)：21—24.

一道几何题的"变脸"

内江市威远县新店中学　钟贵泰

川剧中有一项绝活"变脸",演员通过道具和技巧变换出不同类型和颜色的脸来,让观众感到神秘莫测. 几何图形的变换也有很多类似的情形,通过改变图形的部分形状或者改变已知条件或者变换结论等,让一道基本题演变出若干道不同的题,这就是对几何题的"变脸". 下面就举一道实例来进行"变脸".

例　如图 1 所示,P 为等边三角形 ABC 内部一点,$PA = PC$,将 $\triangle PAC$ 绕点 A 旋转到 $\triangle P'AB$ 的位置,连接 $P'P$,问:图中的等腰三角形有哪几个?

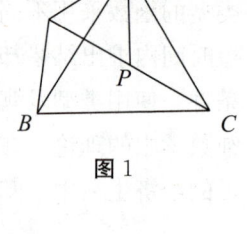

图 1

解析:根据旋转的特征,AP' 与 AP 对应,BP' 与 PC 对应,所以 $PA = PC = P'A = P'B$,因此,图中的等腰三角形共有四个,它们是 $\triangle PAC$,$\triangle P'BA$,$\triangle ABC$,$\triangle P'AP$.

变脸 1　如图 2 所示,P 为等边三角形 ABC 内部一点,$\angle APB = 113°$,$\angle APC = 123°$,试说明:以 PA,PB,PC 为边可构成一个三角形,并确定所构成的三角形的内角的度数.

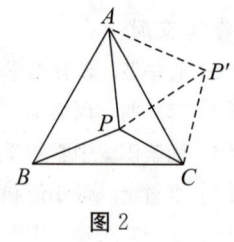

图 2

分析:本题中 PA,PB,PC 不在同一个三角形中,也不知道它们的长度,我们无法利用"两边之和大于第三边"来判断能否构成三角形,所以,我们可以通过旋转,将这三条线段的位置进行转移,设法使这三条线段置于一个三角形中,并利用旋转的特征,再求内角.

解:将 $\triangle ABP$ 以点 A 为旋转中心逆时针旋转 $60°$,得到 $\triangle AP'C$,连接 $P'P$.

---

①　作者简介:钟贵泰,中学高级教师,内江市威远县新店中学教师.

∴ $\angle P'AP = 60°$,$P'A = PA$,$P'C = PB$,
∴ △$P'AP$ 是正三角形.
∴ $P'P = PA$,$\angle PP'A = \angle APP' = 60°$.
∴ △$CP'P$ 就是以 PA,PB,PC 为三边所构成的三角形.
即以 PA,PB,PC 为边可构成一个三角形.
根据旋转的特征,得 $\angle AP'C = \angle APB = 113°$.
∴ $\angle PP'C = \angle AP'C - \angle PP'A = 53°$.
∵ $\angle APC = 123°$,
∴ $\angle P'PC = \angle APC - \angle P'PA = 63°$.
∴ $\angle P'CP = 180° - \angle P'PC - \angle PP'C = 64°$.
即所构成的三角形的内角度数分别为 $53°$,$63°$,$64°$.

变脸 2 如图 3 所示,P 为等边三角形 ABC 内部一点,$\angle APB$,$\angle BPC$,$\angle CPA$ 的大小之比是 $5:6:7$,则以 AP,BP,CP 为边的三角形的三个内角的大小之比为多少?

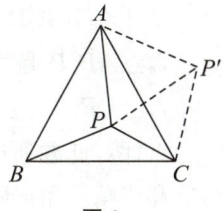

图 3

解:将△ABP 以点 A 为旋转中心逆时针旋转 $60°$,得到△$AP'C$,连接 $P'P$.
∴ $\angle P'AP = 60°$,$P'A = PA$,$P'C = PB$,$\angle AP'C = \angle APB$,
∴ △$P'AP$ 是正三角形.
∴ $P'P = PA$,$\angle PP'A = \angle APP' = 60°$.
∴ △$CP'P$ 就是以 PA,PB,PC 为三边的三角形.
∵ $\angle APB : \angle BPC : \angle CPA = 5:6:7$,
∴ $\angle APB = \angle AP'C = 100°$,$\angle APC = 140°$.
∴ $\angle PP'C = \angle AP'C - \angle PP'A = 40°$,$\angle P'PC = \angle APC - \angle P'PA = 80°$.
∴ $\angle P'CP = 180° - \angle P'PC - \angle PP'C = 60°$.
∴ $\angle PP'C : \angle P'CP : \angle P'PC = 2:3:4$.
即以 AP,BP,CP 为边的三角形的三个内角的大小之比为 $2:3:4$.

点评:变脸 1 是通过旋转说明了以 AP,BP,CP 为边的三角形的存在,并由已知角的度数求出新构成三角形的三个内角的度数.变脸 2 通过已知角的度数比求出新构成三角形的三个内角的度数比.这两题都是在例题的基础上对求角度进行了"变脸",从而使题的难度增加了.利用旋转的特征,找到了巧妙解决题目的途径.

变脸 3 如图 4 所示,P 为等边三角形 ABC 内部一点,$PA = 10$,$PB =$

8，$PC=6$，求 $\angle BPC$ 的度数.

分析：此题虽然已知 PA，PB，PC 的长度，但这与求 $\angle BPC$ 的度数很难直接联系起来，所以，我们通过旋转，将这三条线段置于一个三角形中，并利用旋转的特征，再求 $\angle BPC$ 的度数.

解：将 $\triangle BPC$ 以点 B 为旋转中心逆时针旋转 $60°$，得到 $\triangle AP'B$，连接 $P'P$.

∵ $\angle P'BP=60°$，$P'B=PB=8$，$P'A=PC=6$，$\angle BPC=\angle AP'B$.

∴ $\triangle P'BP$ 是正三角形.

∴ $\angle PP'B=60°$，$P'P=PB=8$.

在 $\triangle AP'P$ 中，

∵ $P'A^2+P'P^2=6^2+8^2=100=10^2=PA^2$，

∴ $\triangle AP'P$ 是直角三角形，并且 $\angle AP'P=90°$.

∴ $\angle BPC=\angle AP'B=\angle PP'B+\angle AP'P=150°$.

点评：此题通过旋转成功地把 $\angle BPC$ 转移到 $\angle AP'B$ 的位置，与等边三角形和直角三角形联系起来，让此题"变脸"，从而巧妙求解.

变脸 4 如图 5 所示，P 为等边三角形 ABC 内部一点，$PB=2$，$PC=1$，$\angle BPC=150°$，求 PA 的长度.

分析：此题中 PA，PB，PC 不在同一个三角形中，要直接求 PA 颇费周章，通过旋转转移线段和角，可以轻松求解.

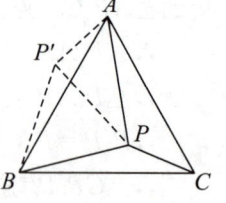

图 5

解：将 $\triangle BPC$ 以点 B 为旋转中心逆时针旋转 $60°$，得到 $\triangle AP'B$，连接 $P'P$.

∵ $\angle P'BP=60°$，$P'B=PB=2$，$P'A=PC=1$，$\angle AP'B=\angle BPC=150°$.

∴ $\triangle P'BP$ 是正三角形.

∴ $\angle PP'B=60°$，$P'P=PB=2$.

∴ $\angle AP'P=\angle AP'B-\angle PP'B=90°$.

在 Rt$\triangle AP'P$ 中，

∵ $PA^2=P'A^2+P'P^2=1^2+2^2=5$，

∴ $PA=\sqrt{5}$.

点评：此题通过旋转把已知角和线段进行转移，分解已知角，从而构造直角三角形，成功达到"变脸"的目的，利用勾股定理轻松求解.

以上几个"变脸"题例只是一个引子，希望对读者能有所启迪.

注重一题多解、多题一解、一题多变，激活数学课堂[①]

达州市开江县任市中学　唐孝春

初中学生的求知欲最为强烈，理解能力和学习能力是最为活跃的，因此，对创新能力的培养，从某种意义上来讲，是最有成效的．数学作为一门培养创造性思维和问题解决能力的基础课程，在培养创新能力上具有独特的优势．因此，应当注重在中学数学教育中，将培养学生的创新思维能力放在首要位置．我们学习数学就是为了解决问题．拉普拉斯说："甚至在数学里，发现真理的主要工具也是归纳与类比．"一题多解、多题一解和一题多变就是用类比和归纳的数学思想方法，训练学生分析问题和解决问题的能力，这样可以"一变应万变"，触类旁通，既提高了学习效率，又培养了学生良好的学习习惯与思维品质．

1　一题多解

所谓"一题多解"，就是对同一个题目，让学生从各个不同的角度去思考问题，培养学生综合运用数学知识的能力．利用一题多解，能够训练学生的发散思维．由于课程改革，课时减少，习题课大幅度减少．怎样才能高效率地利用习题课，更好地让学生掌握知识，培养学生创新思维能力？近几年来，老师们都在呼吁上习题课时，不求多讲，而求精讲．

例1　下列几组数中不能作为直角三角形三边长度的是（　　）．

A．$a=6$，$b=24$，$c=25$　　　　B．$a=1.5$，$b=2$，$c=2.5$

C．$a=15$，$b=25$，$c=20$　　　　D．$a=15$，$b=8$，$c=17$

解法一：直接计算．以勾股定理的逆定理为依据，看是否有较小的两个数的平方和等于第三个数的平方．

解法二：寻找特殊比．对每组中的数据作比，看是否等于我们所熟悉的勾

[①]　作者简介：唐孝春，中学高级教师，达州市开江县任市中学教师．

股数. 比如, B中$a:b:c=3:4:5$; C中$a:c:b=3:4:5$, 所以B, C中的数据可以作为直角三角形三边长度.

解法三: 估算. 只计算每个数的末位数的平方. 比如, A中a, b是较小两数. a, b, c的末位数字分别是6, 4, 5, 则他们的平方的末尾数是6, 6, 5. 所以a^2+b^2的末尾数字为2, 这与c^2的末尾数字不相等. 故A中数据不能作为直角三角形三边长度.

从以上来看, 通过一题多解, 能使学生从不同的角度去联想, 横向沟通, 多方探求, 既巩固了新旧知识, 又培养了学生求异发散思维和应用知识的能力. 当然, "一题多解"的展开需要扎实的基础和丰富的思考.

2 多题一解

例2 已知二次函数的图象经过$A(-3, 0)$, $B(1, 0)$, $C(0, -3)$三点, 求这个二次函数的解析式.

变式1: 已知二次函数的图象经过一次函数$y=-x-3$的图像与x轴、y轴的交点A, C, 并且经过点$B(1, 0)$, 求这个二次函数的解析式.

变式2: 已知抛物线经过两点$B(1, 0)$, $C(0, -3)$, 且对称轴是直线$x=-1$, 求这条抛物线的解析式.

变式3: 已知一次函数的图象经过点$(1, 0)$, 且在y轴上的截距是-1, 它与二次函数的图象相交于$A(1, m)$, $B(n, 4)$两点, 又知二次函数的对称轴是直线$x=2$, 求这两个函数的解析式.

对于变式题的教学, 先让学生议练, 教师在知识的转折点上提出一些关键性的问题进行点拨, 在思路上为学生扫除障碍.

对于变式1, 先让学生比较它与例题的已知条件有什么不同, 再思考怎样转化为例题求解, 然后讨论怎样求A, C两点的坐标.

对于变式2, 引导学生抓住"对称轴是直线$x=-1$", 利用对称性, 求点A的坐标.

对于变式3, 要善于应用"化整为零、各个击破"的思想方法把一个综合题分解为几个简单问题来解决, 逐步引导学生把变式3分解为三个简单问题: ①求一次函数的解析式; ②求m, n的值并画出草图分析; ③求二次函数的解析式 (转化为变式2).

这组题目最终都是通过设二次函数一般式, 利用三点法建立方程组来求解的. 通过这组"多题一解"变式训练, 既可巩固强化解题思想方法, 又让学生通过多题一解, 抓住本质, 触一通类, 培养学生的变通能力, 发展智力, 激活思维，收到举一反三、少而胜多的效果．教师要把这类题目成组展现给学生，让学生在比较中感悟它们的共性．

3　一题多变

一题多变，其实就是对某一问题的引申、发展和拓宽，通过增加问题背景、增大发散程度，使问题不局限于某一框架之中，不受定势思维的束缚．对一题变出的多个题目，学生通过多角度、多侧面的探求，使自己在变化的相互比较中，思维能力迅速提高．如变化题目形式，激发学习兴趣．

知识是静态的，思维是活动的．我们可以通过很多途径对数学课本的例、习题进行变式，如改变条件、改变结论、改变数据或图形、条件引申或结论拓展，条件开放或结论开放等．一题多变可以起到以一当十的作用，使学生解一题会一类，提高学生的学习效率，激发学生的学习兴趣、创新意识和探索精神，培养他们的创新能力，让学生学会学习．

例 3　依次连接任意四边形各边中点所得的四边形称为中点四边形．求证：任意四边形的中点四边形是平行四边形．（本源问题）

变式 1：求证：矩形的中点四边形是菱形．

变式 2：求证：菱形的中点四边形是矩形．

变式 3：求证：正方形的中点四边形是正方形．

变式 4：求证：等腰梯形的中点四边形是平行四边形．

变式 5：什么四边形的中点四边形是平行四边形？

变式 6：什么四边形的中点四边形是菱形？

变式 7：什么四边形的中点四边形是矩形？

变式 8：什么四边形的中点四边形是正方形？

点评：通过这样一系列变式训练，使学生充分掌握了四边形的所有基础知识和基本概念，强化了常见特殊四边形的性质、判定、三角形中位线定理等，极大地拓展了学生的解题思路，活跃了思维，激发了兴趣．

初中《几何》有下面一道题．

例 4　已知圆的直径为 13 cm，如果直线和圆心的距离为①4.5 cm；②6.5 cm；③8 cm．那么直线和圆有几个公共点？为什么？这是一道常规性题目，教学中，可将这个问题改造为下面问题：

变式 1：某日上午 8 点钟，A 市气象局测得在该城市正东方向 80 km 处 B 点有一台风中心正在以 25 km/h 的速度沿西偏北 37°

的 BC 方向迅速移动. 据资料表明, 在距离台风中心 50 km 范围内为严重影响区域 (假定台风中心移动方向不变, 影响力不变). A 市会不会受这次台风的严重影响, 为什么? (参考数据: $\sin 37°≈0.6$, $\cos 37°≈0.8$)

变式 2: 如果 A 市会受严重影响, 那么这次台风对 A 市严重影响多长时间?

变式 3: A 市规定台风严重影响前 1 小时向市民发出预警警报. 如果 A 市会受这次台风严重影响, 那么 A 市应在几点钟发出预警警报? 等等.

点评: 通过这样的改造, 常规性问题便具备了开放题目的形式, 更加具备挑战性, 当然此题目还可以进一步变换条件, 让学生的思维继续朝纵深发展, 如该城市遭台风袭击的时间有多长等. "一题多变"研究题目结构的变式, 将一题演变成多题, 而题目实质不变, 让学生解答这样的问题, 能随时根据变化的情况思考, 从中找出它们之间的区别和联系, 以及特殊和一般的关系. 使学生不仅能复习、回顾、综合应用所学的知识, 而且使学生把所学的知识、技能、方法、技巧学牢、学活, 培养思维的灵活性和解决问题的应变能力.

在数学教学中, 教师一定要充分利用一题多解、多题一解、一题多变, 使学生在多角度、多侧面的探求中, 充分发挥思维的主动性、能动性, 从而培养其思维的广阔性和创造性.

当然, 并不是倡导所有的题目都可以用于一题多解和一题多变, 毕竟很多题目并不适合. 例如, 在新课堂教学中, 就不能片面、盲目地追求对课本例、习题的多解、多变, 借以激发学生的学习热情, 而忽视例题对本节所学概念的巩固作用, 还应重视常规解法, 不要一味追求巧解、妙解.

教师在选择教学案例时, 不仅要以复习的要点为目标, 还要兼顾学生的实际情况, 只有这样, 才能提高学生学习的兴趣. 有的时候"不妨放权"让学生也参与到选题中, "时常采用让学生改造习题的做法"也可以取得一定的成效.

"一题多解、多题一解、一题多变"引导学生发散思维, 自主合作探究, 激发兴趣, 激活课堂, 是有效指导学生学习达到事半功倍效果的上好策略. "一题多解、多题一解、一题多变"教学引发学生尽兴探知, 可谓趣味引导, 减负增效, 一线教师一定要引起重视, 相信只要我们认真研究, 努力学习各种方法, 一定能够提高教学质量.

反思数学课堂教学

达州市渠县柏水乡中心学校 吴云全

反思数学课堂教学，向课堂 45 分钟要质量，是无数一线教师思索的问题．课堂教学不仅需要教师有丰富的专业知识，还需要其有研究数学，培养学生观察、比较、猜想、验证、归纳、推理等的能力．反思数学课堂教学，笔者认为应该注重以下四点．

（1）兴趣是学生最好的老师．

这是所有教学一线教师明白的道理，兴趣能激发大脑进行组织加工，有利于发现事物的新线索，并进行探究、发明和创造；兴趣是学习的催化剂，当一个人对某些事物感兴趣时，他就会特别关心该事物．特别是上数学课，只有学生对数学感兴趣了，他们才会积极主动地探究数学相关知识，上课时才会跟着老师的思路吸收丰富的精神食粮．反之，一些数学成绩较差的同学，对数学反感，失去学习数学的信心，从而产生厌学情绪．因此，作为一线教师，应放下架子融入学生中，让学生喜欢老师，从而喜欢数学课，达到"亲其师，信其道"的效果．同时将数学知识与生活联系起来，数学源于生活，生活中处处有数学．课堂中注重新课的导入，良好的导入是成功的一半．将精美、实用的教具和课件融入生活中的数学资源更能激发学生的学习兴趣．

（2）课堂教学中教师应做到"一刀封喉"．

找到知识的本质、核心、原理和方法，力求做到重点突出、难点突破，让新旧知识串联．老师课前应钻研教材、了解学情、备好课，备好课是课堂教学的前提条件，在备课时要熟悉和了解学生的认知规律和生活学习经验以及身心发展需要，制订好教学目标、重点、难点．在课堂中预设的问题要承上启下、环环相扣，注重新旧知识的联系，培养学生演绎、归纳的能力．在课堂教学中教师要有良好的语言表达能力，用风趣幽默的语言将复杂抽象的问题转变成简单具体的问题．引导学生从原有的知识经验中生长出新的知识经验，从原有的知识中呈现出新的知识，引领学生合作探究出新的知识．教学不是知识的传递，而是知识的处理和转换，教师不是简单的知识呈现者，而应该重视学生自己对各种现象的理解，倾听他们的看法，洞察他们这些想法的由来，并以此为依据，引导学生丰富或调整自己的理解，让学生在愉快、轻松的氛围中学习知识.

(3) 运用认知策略.

歌诀记忆和改编古诗是典型的认知策略，它是将新学习的材料与头脑中已有知识联系起来，从而增加新信息的深层加工策略. 利用歌诀记忆和改编古诗不仅能提高学生学习的兴趣，还能对数学知识的理解和记忆起到事半功倍的作用.

小学五年级学习"异分母分数相加减"时，采取歌诀记忆法：异分母分数相加减，通分环节是关键，化成分母相同数，再来计算真简便，分子是1有巧算，最简分数是答案. 并一一举例详解，让学生在快乐中学习新的知识，在乐学中收获知识.

初一上学期中幂的符号，学生经常搞错，为此进行古诗改编：初学乘方比较难，底数为负人更烦. 但使偶次指数在，不叫负数现答案. 朗朗上口的文字，生动有趣的解释，让学生识记底数为负的乘方，如果指数为偶数，其结果绝对不会为负，它是一个非负数.

八年级学习的平面直角坐标系是学习数学的重要工具，开始的时候总有学生写错坐标，笔者借助学生熟悉的汉字"先横后竖"的书写顺序提醒他们，再对古诗进行改编：纵轴指北横指东，四处符号各不同. 不识坐标真面目，只缘顺序未精通. 饶有兴趣地解释了平面直角坐标系的特征及坐标的有序性，给学生留下了深刻的印象.

(4) 课堂教学后应积极反思.

美国教育家波斯纳曾提出：经验＋反思＝教师的成长. 教学反思就是用批判的眼光多角度分析、观察、反省自己的课堂教学；教学反思可以检查自己的不足和学生的困惑，发现自己的教学方法和专业素养有哪些不足，找出解决的方法和对策，主动征求同事及学生的意见和建议；教学反思可以促进教师终生学习，提高教师的教学水平. 课堂教学反思主要有以下方法：

①走进学生的思维过程，找准学生的思维障碍，是突破重难点最重要的一步.

②采用分层设问、由浅入深、由易到难、步步推进的方式是突破重难点有效的方式.

③采用数学中的化归思想，尽量用简单的知识化解难点.

④利用生活中的数学知识化解难点.

a. 肢体语言的使用，能变抽象为形象，化难点于无形.

b. 电视内容、传奇故事的引用可以使学生感到很亲切，使教学内容浅显易懂.

c. 突出重难点，尽量使用学生熟悉的生活语言.

d. 钻研教材，领略教材，渗透教材实质，利用生活经验抽象教材模型，高度概括教材.

德国教育家第斯多惠说："教育的艺术不在于传授知识，而在于激励和唤醒."在课堂中，应发挥以教师为主导、学生为主体的作用. 培养学习兴趣，激发学习动机，养成自主、合作、探究的学习习惯，充分调动学生学习的积极性和求知欲. 作为老师应把握知识的核心和本质，并在课堂教学后积极反思，提炼问题的核心和本质，找出解决的方法和对策. 在高效课堂中教学相长，在活跃课堂中愉快学习.

谈数学在生活中应用能力的培养[①]

内江市隆昌县第一中学　杨启慧

新的课程标准更多地强调学生用数学的眼光从生活中捕捉数学问题，主动地运用数学知识分析生活现象，自主地解决生活中的实际问题．因此，在数学教学中应重视学生的生活体验，把数学教学与学生的生活体验相联系，把数学问题与生活情境相结合，让数学生活化，生活数学化．

随着数学知识的进一步丰富，在现实生活中曾存在的许多与数学知识紧密联系的问题大都能够得到解决，如"人力分配""经济的方案决策""生活测量的不及问题""建筑扩建"及"数据整理分析"等诸多问题，这些问题既体现了时代气息，又体现了数学与生活的重要联系．现就八年级下学期的数学知识求解生活中的问题为例，探究如何培养学生的数学应用能力．

1　利用分式方程建模

例1　为了支援灾区，某校团委发起了向某受灾学校捐赠图书的活动，在活动中，八年级（1）班捐赠图书100册，八年级（2）班捐赠图书180册，（2）班人数是（1）班人数的1.2倍，（2）班平均每人比（1）班多捐1本书，请你求出两班各有多少名学生．

分析：本题是含有两个未知数的问题，可试着用一个未知数来建立方程．如果设（1）班的人数为 x，则（2）班的人数为 $1.2x$，可由"（2）班平均每人比（1）班多捐1本书"得出下表．

	总册数（本）	学生人数（人）	人均捐书（本/人）
（1）班	100	x	$\dfrac{100}{x}$
（2）班	180	$1.2x$	$\dfrac{180}{1.2x}$

[①]　指导教师：内江市隆昌县第一中学　石群兰．

解：设八年级（1）班为 x 人，则（2）班为 $1.2x$ 人，由题意，得
$$\frac{100}{1.2x} - \frac{100}{x} = 1$$

解得：$x=50$.

经检验：$x=50$ 是原方程的解，且符合题意.

则 $1.2x=1.2 \times 50=60$（人）.

答：八年级（1）班有 50 人，八年级（2）班有 60 人.

说明：建模思想一般是运用数学知识解决实际问题，其基本方法：从实际问题中获取必要的信息—分析处理有关信息，找出已知量和未知量—寻求等量关系—建立数学模型—解决数学问题．而利用图表对应用题进行分析，也可找到等量关系，通过分式方程建模，使学生体会到如何将数学知识和数学的建模思想用于生活中．

2 函数思想在生活中的应用

函数描述了自然界中量的依存关系，是对问题本身的数量本质特征和制约关系的一种动态刻画；而函数思想的实质是提取问题的特征，用联系的、变化的观点提出数学对象，抽象其数学特征，建立函数关系．因此，要培养学生在生活中应用数学知识解决问题，就得让学生对问题进行观察、分析、判断等一系列思维过程的训练，通过一些具体实例的分析讲解，让他们体会到函数的重要性，构造函数模型，化归为方程、不等式问题，达到解题的目的．

例 2 手机的收费通常由月租费和通话费组成．"全球通"的收费标准为：月租费 50 元，通话收费 0.4 元/分钟．"神州行"的推出，打破了传统手机的付费模式，它第一个实现了零月租，但"神州行"的通话费比"全球通"高，通话收费 0.6 元/分钟，在仅考虑月租费和通话费的情况下，解答下列问题：

（1）请分别写出使用"全球通"和"神州行"每个月的消费 y（元）与通话时间 x（分钟）的函数关系式．

（2）假如你是一位手机用户，从经济利益出发，你应该怎样根据自己每个月的通话时间来确定是使用"全球通"还是使用"神州行"？请分类说明．

分析：这道题是内江市 2008 年八年级（下）的数学期末试题，作为一个生活实际问题，要解决题中的两个问题，应先根据题意建立函数模型，再运用函数值大小进行比较．

解：（1）由题可得：

使用"全球通"：$y=50+0.4x$.

使用"神州行"：$y=0.6x$.

（2）若 $50+0.4x<0.6x$，则 $x>250$；

若 $50+0.4x=0.6x$，则 $x=250$；

若 $50+0.4x>0.6x$，则 $x<250$.

因此，若每个月的通话时间超过 250 分钟，则选择"全球通"；若每个月的通话时间等于 250 分钟，则两者都行；若每个月的通话时间不足 250 分钟，则选择"神州行".

说明：一次函数是最基本的函数，它与一次方程、一次不等式有着密切的联系，在实际生活中有较广泛的应用，如利用一次函数等有关知识可以在某些经济活动中做出具体的方案决策．近几年来，一些省市的中考试题中经常出现这方面的应用题，此类题新颖灵活，具有较强的时代气息和很强的选拔功能，对培养学生在生活中应用数学知识解决问题的能力有很大的帮助．

例3 "永久"牌变速自行车的前齿轮的齿数为 36，后齿轮有 2 档，分别有 9 齿和 12 齿，如果前齿轮转了 3 圈，那么后齿轮分别转了多少圈？

分析：我们知道自行车前进过程中前、后齿轮在相同的时间内转过的齿数是相等的，根据这一等量关系可求得问题的答案.

解：设后齿轮齿数为 x，前齿轮转了 3 圈时，后齿轮转了 y 圈.

则 $xy=36\times 3=108$，

即 $y=\dfrac{108}{x}$.

当 $x=9$ 时，$y=\dfrac{108}{9}=12$；

当 $x=12$ 时，$y=\dfrac{108}{12}=9$.

答：后齿轮分别转了 12 圈和 9 圈.

说明：反比例函数是一种重要的数学模型，在实际生活中有着广泛的应用，它的应用问题也一直是中考考查的重点，在解决问题时要特别注意生活常识中的某些数量关系，如本题中在单位时间内前、后齿轮转过的齿数相等.

3 全等三角形及平行四边形在生活中的应用

应用几何知识作图测量距离、扩建面积等也是源于生活、应用于生活的实例.

例4 A，B 两点分别位于一个池塘的两端，如何测量 AB 两端的距离？并说明理由.

分析：池塘两端点 A，B 的距离不好直接测得，但可利用三角形全等的知识将 AB 移到池塘外进行测量,因此,解决此题需要测量出构成三角形全等的条件.

解:在池塘外找一点 C,C 点能直接到 A,B 两点,连接 AC 延长到点 D,使 $CD=CA$,连接 BC 延长到点 E,使 $CE=CB$,连接 DE,此时直接测量 DE 的长度,即 A,B 间的距离.

理由:在△ACB 和△DCE 中,
$$\begin{cases} CA=CD \\ \angle ACB = \angle DCE \\ CB=CE \end{cases},$$
故△ACB≌△DCE.
所以 $AB=DE$.
即 DE 的长度就是 A,B 间的距离.

说明:利用全等三角形的知识解决现实生活中的问题,既方便,又易于操作.

例 5 某村有一个四边形的池塘,在它的四个角 A,B,C,D 处各有一棵古树,村民要在不移动古树,且池塘各边保持直线的情况下,把池塘面积增大一倍,这种设想能否实现?若能,请你设计并画出图形;若不能,说明理由.

分析:平等四边形的对角线将其面积平分,利用这一特性就能帮助村民实现设想.

解:具体做法:分别过点 A 和点 C 作 BD 的平行线,分别过点 B 和点 D 作 AC 的平行线,平行线两两交于点 E,F,G,H,则四边形 $EFGH$ 是所作的图形且为平行四边形.

说明:在日常生活中,平等四边形是随处可见的,利用它的性质可解决很多生活中的问题,并能体会到它的无穷魅力.

4 数据的整理与初步处理的应用

我们生活在数据的海洋里,每天都要与具体的数据打交道,面对各科数据,我们需要做出恰当的选择与判断,并进行加工处理,做出评判,以下面这一例题加以分析.

例 6 甲、乙两名车工生产相同型号的某机器零件,为检查产品质量,从两人的产品中,各抽 5 件,并测量了直径,见下表.

机床甲	8	9	10	11	12
机床乙	7	10	10	10	13

如果你是质量检验员,在收集到上述数据后,你将利用哪些知识来判断这两台机床的产品质量?

解:①从平均数看:$\bar{x}_甲=10$,$\bar{x}_乙=10$.

因为 $\bar{x}_甲=\bar{x}_乙$,

所以平均直径反映不出两台机床生产出的零件质量的优劣.

②从中位数看,两个厂的中位数均为10,仍反映不出两台机床生产出的零件质量的优劣.

③从众数看,甲机床只有1个零件的直径为10,而乙机床有3个零件的直径为10.

所以从众数看,乙机床符合题意.

④从方差看:$S_甲^2=\frac{1}{5}\times(4+1+0+1+4)=2$,

$S_乙^2=\frac{1}{5}\times(9+0+0+0+9)=3.6$.

因为 $S_甲^2<S_乙^2$,

所以甲机床生产出的零件直径波动小.

因此,从产品质量稳定性考虑,甲机床生产的零件质量符合要求.

说明:利用平均数、众数、中位数、方差、极差可帮助我们解决许多生活中的问题,在各地的中考中也是一个重要考点.

数学源于生活,服务于生活,以上例题充分体现了生活中数学的应用,体现了时代的特征,同时,通过对这些例题的分析和讲解,让学生更深刻地体会到数学知识与实际生活的紧密联系,以及应用数学知识和数学思想方法解决生活问题时所带来的方便和好处,如方程、函数、分类思想等,培养学生应用数学解决生活问题的能力,促进学生对生活的热爱,从而展示了"人人学有价值的数学"的新理念.

"半角"模型的构建与推广[①]

内江市隆昌县石燕职业中学　许　秦

重庆市永川中学　唐芬

【知识与技能】

1. 通过例题能认识什么是"半角"模型.
2. 能对"半角"模型进一步迁移、推广.

【过程与方法】

1. 经历"半角"模型的构建,领悟数学建模的思想.
2. 学生能用"旋转法"解决有关"半角"模型的题型.

【情感态度】

经历对"半角"模型的构建、探索、推广,感知数学美,提高对数学学习的兴趣.

【教学重难点】

1. "半角"模型的构建.
2. 能用"旋转法"解决有关"半角"模型的题型.

[①] 作者简介：许秦,中学一级教师,内江市隆昌县石燕职业中学教师.
通讯作者：唐芬.

【教学过程】

1 例题呈现——"半角"模型的构建

例1 已知：如图1（a）所示，在正方形 $ABCD$ 中，点 E，F 分别在边 BC，DC 上，且 $\angle EAF = 45°$.

求证：$EF = BE + DF$.

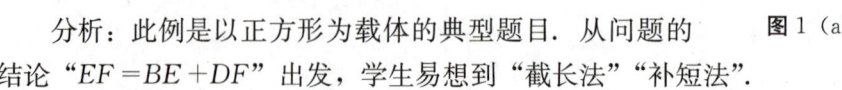

图1（a）

分析：此例是以正方形为载体的典型题目．从问题的结论"$EF = BE + DF$"出发，学生易想到"截长法""补短法"．

解决此题主要有以下方法：

(1) 截长法．

①在线段 EF 上截取点 G，使得 $EG = BE$，连接 AG，如图1（b）所示．（不可行）

②过点 A 作 $AH \perp EF$ 于 H，如图1（c）所示．（不可行）

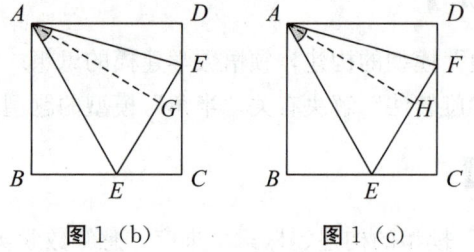

图1（b）　　图1（c）

(2) 补短法．

①延长线段 CB 到 F'，使得 $BF' = DF$，连接 AF'，如图1（d）所示．（可行）

先证 $\triangle AF'B \cong \triangle AFD$，再证 $\triangle AF'E \cong \triangle AFE$.

②将 $\triangle ADF$ 绕点 A 顺时针旋转 $90°$ 得 $\triangle ABF'$，如图1（e）所示．（又称旋转法，可行）

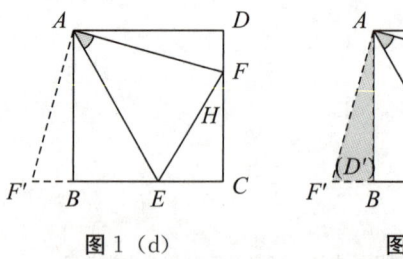

图1（d）　　图1（e）

板书　旋转法

证明：如图1（e）将△ADF绕点A顺时针旋转90°得△ABF′，则∠FAF′=90°，AF=AF′，DF=BE.

∵∠EAF = 45°,

∴∠F′AE = ∠F′AF − ∠EAF = 90° − 45° = 45°.

∵∠F′AE = ∠EAF，

又∵AE = AE，

∴△AF′E ≌ △AFE（SAS）.

∴F′E = FE.

又∵F′E = BE + F′B = BE + DF，

∴EF = BE + DF.

(3) 轴称法.

将△ADF沿AF翻折到△AD′F，连接ED′，如图1 (f)所示.（可行）

先证△AD′E ≌ △ABE，再证点E，D′，F三点共线.

模型的构建：本题中，虽然E，F在运动，∠EAF的位置也随之发生变化，但EF，BE，DF的数量关系"EF = BE + DF"没有发生变化. 条件中有∠EAF等于∠BAD的一半，因此是"直角夹半角". 我们称这种几何模型为"半角"模型，一般都可用"旋转法"求解.

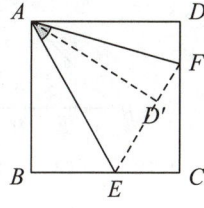

图1 (f)

2　例题拓展

已知：在正方形ABCD中，点E在直线BC上运动，点F在直线DC上，且∠EAF=45°，写出线段EF，BE，DF的关系.

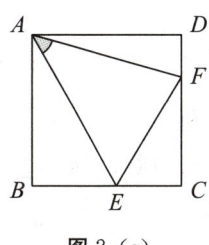　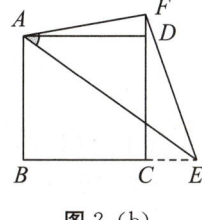　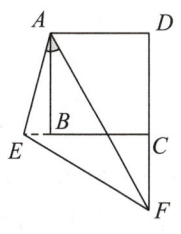

图2 (a)　　　　　图2 (b)　　　　　图2 (c)

(1) 如图2 (a) 所示，当E在线段BC上时，_____.

(2) 如图2 (b) 所示，当E在线段BC延长线上时，_____.

(3) 如图 2（c）所示，当 E 在线段 BC 反向延长线上时，_____．

3 变式训练

如图 3（a）所示，在等腰直角三角形 $\triangle ABC$ 中，$\angle BAC = 90°$，在 BC 边上取两点 M，N，使得 $\angle MAN = 45°$，记 $MN = x$，$NC = n$，$BM = m$，如图 3（a）所示．

(1) 求证：以 x，m，n 为边长所围成的三角形是直角三角形．

(2) 当 N 在线段 BC 延长线时，其他条件不变，如图 3（b）所示，（1）中结论是否发生改变？请说出你的猜想并给予证明．

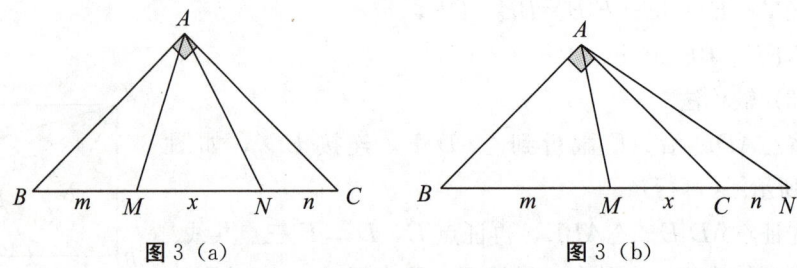

图 3（a）　　　　　图 3（b）

分析：引导学生认识这是"半角"模型，可用"旋转法"求解．

4 练习作业

(1) 如图 4 所示，E，F 分别是正方形 BC，CD 边上的点，且 $\angle EAF = 45°$，$AH \perp EF$ 于 H．

求证：$AH = AB$．

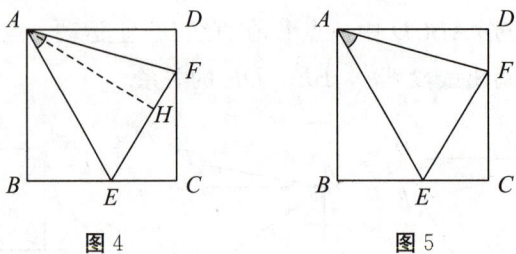

图 4　　　　　图 5

(2) 如图 5 所示，边长为 1 的正方形 $ABCD$ 中，BC，DC 边上各存在一点 E，F，若 $\triangle CEF$ 的周长为 2，求 $\angle EAF$ 的度数．

5 "半角"模型的进一步推广（选做题）

(1) 如图 6 所示，在四边形 $ABCD$ 中，$AB = AD$，$\angle ABC = \angle ADC =$

$90°$,点 E,F 分别为 BC,DC 边上一动点,且 $\angle BAD=60°$,$\angle EAF=30°$.

①求证:$EF=BE+DF$.

②若 E,F 分别在直线 BC,DC 上运动,EF,BE,DF 又存在什么关系?请说明理由.

(2) 如图 7 所示,(1) 中条件改为 $\angle EAF$ 为 $\angle DAB$ 的一半,其他条件不变,还有以上结论吗?说明理由.

(3) 如图 8 所示,在四边形 $ABCD$ 中,$AB=AD$,$\angle B+\angle D=180°$,点 E,F 分别为 BC,DC 边上一动点,且 $\angle EAF$ 为 $\angle DAB$ 的一半.说明 EF,BE,DF 存在什么关系?请说明理由.

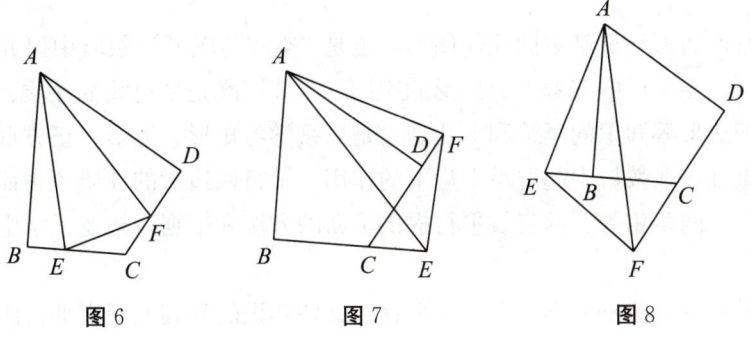

图 6   图 7   图 8

"平行四边形的性质"教学设计与反思[①]

内江市隆昌县第一中学 石群兰

1 教材分析

平行四边形是最基本的几何图形，也是"空间与图形"领域中研究的主要对象之一，在生活中有着十分广泛的应用．本节课既是平行线的性质、全等三角形、四边形等知识的延续和深化，也是后续学习矩形、菱形、正方形等知识的坚实基础，在教材中起着承上启下的作用．平行四边形的性质还为证明两条线段相等、两角相等、两直线平行提供了新的方法和依据，拓宽了学生的解题思路．

另外，本节课是在学生掌握了平移、旋转知识的基础上探究平行四边形的性质，能使学生经历观察、实验、猜想、验证、推理、交流等数学活动，对于培养学生的合情推理能力、发散思维能力，以及探索、体验数学思维规律等方面起着重要的作用．

鉴于本节课在教材中所处的地位和作用，根据大纲的要求，结合教材的具体内容，从学生的实际认知水平出发，笔者设定了以下教学目标．

(1) 知识与技能．
①使学生理解平行四边形的概念．
②探索并证明平行四边形的性质定理．

(2) 过程与方法．
通过性质定理的推导，运用动态的变换方法研究静态的几何图形，按照"试一试，做一做，猜一猜，证一证"的顺序展开，体现合情推理与演绎推理的有机结合，加强学生推理能力的训练．

(3) 情感与态度．
在进行探索的活动过程中发展学生的探究意识和合作交流的习惯．

[①] 本文选用教材：华东师大版八年级下册．

(4) 教学重点：平行四边形的性质定理.

教学难点：运用平移、旋转的图形变换思想探究平行四边形的性质.

2　教法分析

（1）教法选择.

根据本节课的教材内容特点，为了更有效地突出重点、突破难点，按照学生的认知规律，遵循以教师为主导、学生为主体、训练为主线的指导思想，在教法上采用以观察发现法为主，多媒体演示法为辅.

（2）学法指导.

《全日制义务教育数学课程标准》指出：有效的数学学习活动不能单纯地依赖于模仿和记忆. 结合任教班级中学生的基础比较扎实、主动性强、学习能力较好等特点，本节课主要采用"动手实践—大胆猜想—自主探究—合作交流—推理验证"的学习方法.

3　教学过程

	教学环节	设计意图
创设情境　导入新课	问题1：同学们，你们留意观察过阳光透过长方形窗口投在地面上的影子是什么形状吗？  问题2：爱动脑筋的小刚观察到平行四边形影子有一种对称的美，他说只要量出一个内角的度数，就能知道其余三个内角的度数；只需测出一组相邻的边长，便能计算出它的周长. 这是为什么呢？	从学生的生活实际出发，创设情境，提出问题，激发学生强烈的好奇心和求知欲. 让学生经历将实际问题抽象为数学问题的建模过程. 通过观看学生习以为常的平行光线在室内的投影片，让学生感受到平行四边形与生活实际紧密联系. 同时，把思维兴奋点集中到要研究的平行四边形上来，为之后学习新知识创造了良好开端.

续表

教学环节	设计意图
问题1：小学所学的平行四边形的定义是什么？ 平行四边形的定义：两组对边分别平行的四边形叫作平行四边形． 如下图所示，符号语言：若 $AB \parallel CD$，$AD \parallel CB$，则四边形 $ABCD$ 是平行四边形． 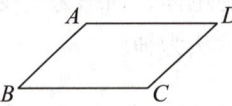 问题2：以下图形中，哪些是平行四边形呢？ 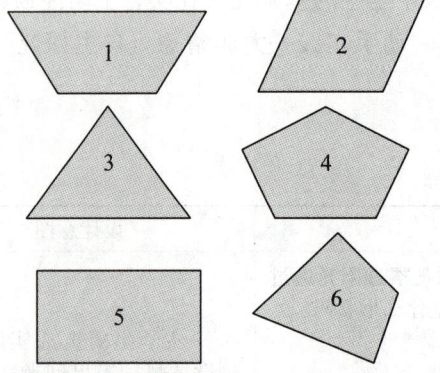 问题3：根据定义可知平行四边形具有哪些性质？ 平行四边形的性质： （1）平行四边形的两组对边分别平行． 如下图所示，符号语言：若四边形 $ABCD$ 是平行四边形，则 $AB \parallel CD$，$AD \parallel CB$． 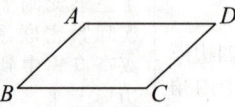 （2）平行四边形的邻角互补． 问题4：平行四边形除了由定义得到对边的位置关系和邻角的关系外，它的对边、对角、对角线还有什么关系？	规范学生的几何语言．让学生掌握数学的三大语言． 渗透类比思想．在比较中学习，从感官上加深学生对平行四边形概念本质的理解． 使学生明白定义不仅可以作为平行四边形的一种判定方法，又是平行四边形的性质之一． 通过设问激发学生的求知欲，也为之后面研究性质提供了方向．

复习旧知　巩固概念

续表

教学环节	设计意图
<div>试一试： 　　利用以下工具，根据定义画一个平行四边形.  　　教师画图示范．结合图形介绍平行四边形的记法、读法． 　　做一做： 　　让学生利用学具（直尺、量角器、图钉）进行小组合作探究，将结论写在学习记录表上． 　　教师以合作者的身份深入到各小组中，了解学生的探究过程，并适当予以指导． 　　猜一猜： 　　汇报：学生展示实验过程，相互补充，探究出结论． 　　教师要引导学生将探究出的结论按照边、角、对角线进行归类梳理，使知识的呈现具有条理性． 　　(3) 平行四边形的对角线互相平分． 　　思考：通过观察、实验、猜想得到的命题一定正确吗？如何用现有的几何知识通过逻辑推理验证自己的猜想呢？ 　　证一证： 　　证明：平行四边形的对边相等，对角相等． 　　已知：如下图所示，四边形 $ABCD$ 是平行四边形. 　　求证：$AB=CD$，$AD=CB$，$\angle A=\angle C$，$\angle B=\angle D$. 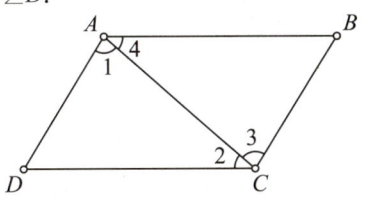</div>	<div>　　通过动手画图操作使学生对平行四边形及其相关元素获得丰富的直观体验．同时利用多媒体演示作图过程，体会多媒体教学的直观性． 　　鼓励学生探究方式、结果、表示方法的多样化以及学生学习方式的个性化，满足学生的多样化学习需求，做到既着眼于共同发展，又关注个性差异． 　　小组合作探究结果的展示，从多个方面完善了学生对平行四边形性质的认识，让学生体悟到学习方式的转变，学会与人交流沟通的本领，真正体现了新课程理念中"以人为本，促进学生终身发展"的教学理念． 　　通过设问让学生明确通过探索得到的猜想，还必须运用演绎推理加以证明．让学生充分感受合情推理和演绎推理的有机结合是研究几何图形的重要方法和手段． 　　首先引导学生明确命题的证明，根据命题画出几何图形，写出已知、求证． 　　其次引导学生回顾证明边相等、角相等的一个重要方法是找出它们分别所属的三角形，然后证明这两个三角形全等．从"做一做"的探究过程可以发现，一条对角线恰好将平行四边形分成了两个全等三角形．</div>

实践探究　交流新知

教学环节	设计意图
实践探究 交流新知	证明：连接 AC. ∵ 四边形 $ABCD$ 是平行四边形， ∴ $AD \parallel BC$，$AB \parallel CD$（平行四边形的两组对边分别平行）. ∴ $\angle 1 = \angle 3$，$\angle 2 = \angle 4$. 在 $\triangle ADC$ 和 $\triangle CBA$ 中， ∵ $\begin{cases} \angle 1 = \angle 3 \\ AC = CA（公共边相等）\\ \angle 2 = \angle 4 \end{cases}$ ∴ $\triangle ADC \cong \triangle CBA$（ASA）. ∴ $AD = BC$，$AB = CD$，$\angle B = \angle D$. ∵ $\angle 1 + \angle 4 = \angle 2 + \angle 3$， ∴ $\angle BAD = \angle DCB$. ∴ $\angle A = \angle C$. 性质定理1：平行四边形的对边相等. 性质定理2：平行四边形的对角相等. 证明：平行四边形的对角线互相平分.（让学生展示） 已知：如下图所示，▱$ABCD$ 的对角线 AC 和 BD 相交于点 O. 求证：$OA = OC$，$OB = OD$. 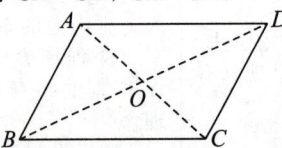 性质定理3：平行四边形的对角线互相平分.	通过教师的板书示范，使学生在掌握基本的证明方法的基础上，养成"说理有据"的习惯. 最后引导学生总结连接平行四边形的对角线是我们常作的辅助线，它构造出两个全等的三角形，从而将四边形问题转化为熟悉的三角形问题. 这充分体现了"转化"的数学思想. 我们用不同的方法，从不同的角度，通过实验、说理得到了平行四边形的性质. 它为我们得到线段相等、角相等提供了新的方法和依据. 让学生讨论、交流、展示证明过程，充分体现"学生为主体，教师为主导"的新课程理念.

教学环节		设计意图
开放训练 体现应用	1. 解决课前提出的实际问题 　　某时刻，小刚用量角器量出地面上平行四边形影子的一个内角是 40°，就说知道了其余三个内角的度数；又用直尺量出一组邻边的长分别是 4 cm 和 8 cm，便胸有成竹地说能够计算出这个平行四边形的周长．你知道小刚是如何计算的吗？这样计算的根据是什么？ 　　2. 课堂练习 　　(1) 在 □ABCD 中，已知 $\angle A = 120°$，则 $\angle B =$ ＿＿＿＿，$\angle C =$ ＿＿＿＿，$\angle D =$ ＿＿＿＿． 　　(2) 在 □ABCD 中，已知 $\angle A + \angle C = 260°$，则 $\angle A =$ ＿＿＿＿，$\angle B =$ ＿＿＿＿，$\angle C =$ ＿＿＿＿，$\angle D =$ ＿＿＿＿． 　　(3) 已知 □ABCD 的周长为 24 cm，且 $AB = 8$ cm，则 BC＝＿＿＿＿．	紧扣课始导言，体现了教学的连贯性，也体现出数学知识的实用性．学以致用的体验，使学生感受到数学学习是有趣的、丰富的、有价值的． 　　(3) 题是教材原题的变形，比较简单．(2) 题是 (1) 题基础上的提升，让学生及时巩固所学知识的同时，也为学生独立完成课后练习做了必要的铺垫．
反思小结 持续发展	以师生共同小结的方式进行． 　　1. 回顾知识 　　(1) 平行四边形的定义，既是平行四边形的一个判定方法，又是平行四边形的一个性质． 　　(2) 平行四边形的性质． | 图形 | 对称性 | 边 | 角 | 对角线 | |---|---|---|---|---| | (平行四边形 ABCD) | 中心对称 | 对边平行且相等 | 对角相等，邻角互补 | 互相平分 | 　　2. 总结方法 　　3. 提炼思想	通过小结回顾本节课的重点内容，培养学生的总结概括能力，通过表格，使知识条理化、系统化，便于理解、记忆，同时也指出了研究平行四边形问题的思路，为后续内容的学习奠定基础．总结中渗透思想、方法，培养学生自我反馈、自主发展的意识．

续表

教学环节	设计意图
课后巩固 分层作业 必做题：76页第2、3题，78页第2题． 动手操作题：用图钉把一根平放在 □ABCD 上的细纸板条固定在对角线 AC，BD 的交点 O 处．拨动纸板条，使它随意停留在任意位置．观察几次拨动的结果，你有什么新发现？记录下来，并证明．（提示：有哪些线段相等、角相等、三角形面积相等、四边形面积相等……） 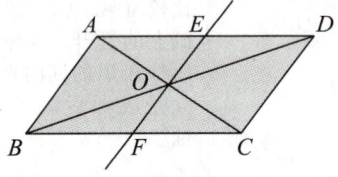	必做题是为了巩固所学的知识，进一步发现和弥补教与学的不足． 动手操作题构造了一个图动→手动→脑动的动态思维场景，学生在此场景中观察、分析、归纳、推理，培养了学生自己发现问题、分析问题和解决问题的能力，使学生真正成为知识的主动建构者．在全体学生获得必要发展的前提下，不同的学生还可以获得不同的体验．应该说是对新教材的基本设计思想的一个很好的诠释．
板书设计	18.1　平行四边形的性质 1．定义：两组对边分别平行的四边形叫作平行四边形． 几何语言：若 $AB/\!/CD$，$AD/\!/CB$，则四边形 $ABCD$ 是平行四边形． 2．性质． （1）平行四边形的对边相等． （2）平行四边形的对角相等． （3）平行四边形的对角线互相平分． 3．性质（1）、（2）的证明（多媒体展示）． 4．性质（3）的证明．

4　教学反思

本节课的设计，以建构主义理论为基础，以问题为载体，以学生的动手实践、自主探索、合作交流为主要学习方式．

在实践探究环节，遵循学生学习数学的认知规律，对教材内容进行了重组加工，将3个性质的探究结合在一起，体现知识的连贯性．为了更好地突出重点、突破难点，将"平行线之间的距离"的探究作为第二节课的内容，对于教材中平行四边形性质的探究活动完全开放．在这一探究过程中，教师要做好预设：利用旋转来探究性质的学生可能比较少．在汇报环节中，教师要运用准备的教具和多媒体进行适当的补充，让学生体会运用动态研究方法来研究静态的几何图形．

在作业布置环节，把书中一道命题证明的例题改编成有趣的实验操作型问题，做到源于教材、活于教材．使学生学会用运动、变化的观点分析问题、解决问题，最大限度地发挥学生的潜能，活跃学生的思维，培养学生的合作意识、创新精神．

附

学习记录表

一、活动

1. 你们小组选择了以下哪些方法？
○度量　○平移　○旋转　○平移、旋转　○折叠　○拼图　○其他

2. 猜想的结论．

(1) 边：_____

(2) 角：_____

(3) 对角线：_____

二、逻辑推理

证明：_____

_____

"整式的加减：探索与表达规律"教学设计[①]

达州市开江县任市中学 唐孝春

1 学生知识状况分析

本节课是第五节的第 1 课时．从学习内容上说，本节内容是在学生学习了"用字母表示数""列代数式""去括号""合并同类项"等知识的基础上进行的，它既是对前面所学知识的综合应用，也是对这些知识的拓展与延伸，对学生体会数学建模具有重要的作用．学生通过对本章前几节知识的学习，已经具备了初步的语言表达能力及符号表示能力．从学生学情来讲，由于基础教育课程改革的不断深入发展，教师教育理念得到了更新，现代教学手段不论是在城市中学还是在农村中学都进入了课堂，学生的学习方式得到了根本性的转变，主要表现在学生应用电脑水平有所提高，课堂上活跃大胆，具有较强的参与意识．学生的学习习惯和认知水平与以往相比也均有明显提高，在此基础上研究探索规律问题，无论是在思想上还是在方法上都具备了良好的契机．

2 教学任务分析

本节课的学习内容都是现实生活和数学计算中常见的，并且是学生熟知的，规律的发现相对比较难，但学生完全可以通过"做数学"开展独立探索或小组合作学习完成学习任务．本节内容具有较强的趣味性、挑战性和探索性，因此是一节极好的培养学生数学兴趣和爱好的数学活动课，更是一节培养学生学会研究数学问题的探究课．

教材中情境以学生较为感兴趣的日历入手，设置悬念，为学生提供了充分的探索规律的活动，让学生在经历符号化的过程后，进一步体会用字母表示数

---

① 作者简介：唐孝春，中学高级教师，达州市开江县任市中学教师．

和用代数式表示规律的含义和方法，进一步体会"从特殊到一般，再到特殊"的辩证思想.

3　教学目标

（1）探索数量关系，运用符号表示规律，通过验算证明规律.
（2）会用代数式表示简单问题中的数量关系.
（3）提高学生分析问题、解决问题的能力.

4　教学重点、难点

教学重点：探索实际问题中蕴涵的关系和规律.
教学难点：用字母、运算符号表示一般规律.

5　教学方法与手段

教法设计：沿着"问题情景—建立模型—解释、应用和拓展"的模式展开.

学法指导：在老师的调动下，学生将以"参与、探究、合作、交流"的学习方式进行学习.

教学工具：日历纸2张、自制日历挂图1张、多媒体课件等.

教学流程：如图1所示.

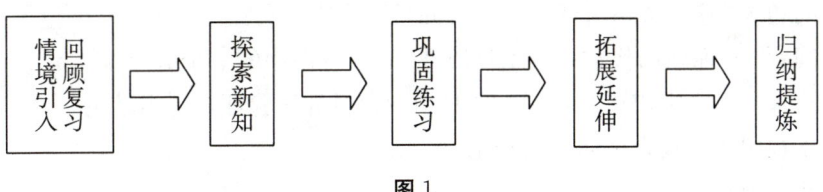

图1

6　教学过程

第一环节　设疑自探

（1）创设情境，激发动机.

活动1：内容：小明连续7天出去旅游，这7天的日期之和再加上当月的月份数，结果为84，你知道小明是几月几号开始旅游的吗？

设计意图：通过问题情境的设计，使学生感受生活中处处充满着规律，然后顺理成章地进入日历问题的探索. 这节课我们将一起探究数学中的规律，从而引出课题：探索规律.

(2) 发现规律.

活动2：日历中的规律（在黑板上挂出自制挂图，如图2所示).

星期日	星期一	星期二	星期三	星期四	星期五	星期六
		1	2	3	4	5
6	7	8	9	10	11	12
13	14	15	16	17	18	19
20	21	22	23	24	25	26
27	28	29	30	31		

图 2

第二环节　解疑合探

探究活动1：数的变化规律：日历中的数字有什么规律？

(1) 试一试：你能找出日历中相邻的三个数字之间有哪些规律吗？

横行中相邻的三个数字之间的规律是_____；竖行中相邻的三个数字之间的规律是_____.

右对角线上相邻的三个数字之间的规律是_____；左对角线上相邻的三个数字之间的规律是_____.

问题1：方框中的9个数之和与最中间的数有什么关系？

问题2：这个关系对其他这样的方框成立吗？

问题3：这个关系对任何一个月的日历都成立吗？

问题4：你能用代数式表示日历"3×3"框图中的9个数吗？

要求：各小组成员结合手中的日历图进行计算验证，得出结论.

①利用代数式来证明你的结论.

我发现：_____.

证明：_____.

提示：表中横行中相邻两数相差1，竖行中相邻两数相差7. 解答此题时，可设中间的数字为 a，则日历"3×3"框图中的其他几个数该如何表示呢？请填一填吧.

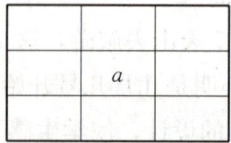

图 3

②试用代数式表示这9个数的和与最中间的数的关系.
  黑色方框中9个数之和＝9×正中间的数
③仔细观察,你一定会发现此方框中9个数之间的其他关系,请试一试.

设计意图：开放性问题的设置,给学生留下了充分而广阔的空间,发展学生的创新意识,培养其思维的广阔性.让学生自主探索,口述规律.

④填数游戏：图4是某月日历表中的一部分,请你在空白处填上适当的数.(要细心哦!)

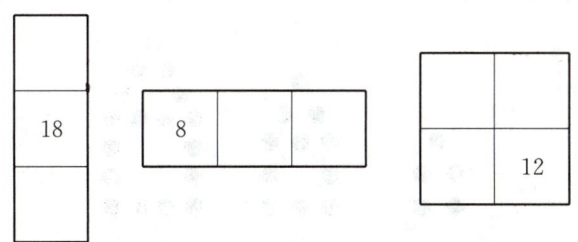

图4

活动要求：完成后组内成员交流,统一结果.

设计意图：应用所得规律完成简单的填数游戏,为后续学习做好铺垫.

变式研究：小明连续7天出去旅游,这7天的日期之和再加上当月的月份数,结果为84,则小明是几号开始旅游的？

设计意图：与开头首尾呼应,应用规律.

探究活动2：联系拓展(看我多棒)：用自己准备的另一张日历纸,圈出其他形状的区域,找找数量之间的关系,每一个小组圈一个形状进行探索,并试着用代数式表示你找到的关系.(小组讨论结束后,组间交流,展示自己的成果)

挑战：给出几个图形,如"十"字形、"H"形、"M"形,让学生以小组为单位对相应图形中数的规律进行探究,并用代数式表示验证规律,并分小组展示.

星期日	星期一	星期二	星期三	星期四	星期五	星期六
		1	2	3	4	5
6	7	8	9	10	11	12
13	14	15	16	17	18	19
20	21	22	23	24	25	26
27	28	29	30			

图5

星期日	星期一	星期二	星期三	星期四	星期五	星期六
		1	2	3	4	5
6	7	8	9	10	11	12
13	14	15	16	17	18	19
20	21	22	23	24	25	26
27	28	29	30			

图6

星期日	星期一	星期二	星期三	星期四	星期五	星期六
		1	2	3	4	5
6	7	8	9	10	11	12
13	14	15	16	17	18	19
20	21	22	23	24	25	26
27	28	29	30			

图7

问题1：在"十"字形区域（图5）内，5个数之和与正中心的数有何关系？能用字母表示并验证这个关系吗？

问题2：在"H"形区域（图6）内，7个数之和与正中心的数有何关系？能用字母表示吗？

探究活动3：图形的变化规律：学生可以通过摆放方式得到规律，也可以引导学生将图形的规律转化为数来研究．

挑战：用棋子摆成如图8所示图案，并填写表格．

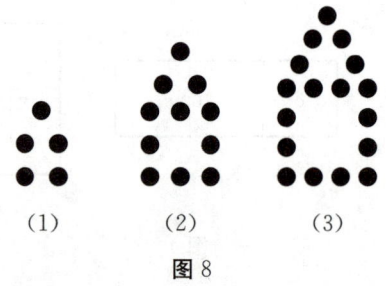

图8

①填写下表：

图案编号	(1)	(2)	(3)	(4)	(5)	…
棋子个数						…

②摆第 n 个图案需要_____颗棋子．

设计意图：让学生认识到有时仅从图形是不容易发现规律的，需要借助数来猜想得到规律，并用具体图形来验证．

第三环节　拓展延伸

教材拓展：如图9（1）是一个三角形，分别连接这个三角形三边中点得到图9（2），再分别连接图9（2）中间的小三角形三边中点，得到图9（3），按此方法继续下去．请你根据每个图中三角形个数的规律，完成下列问题．

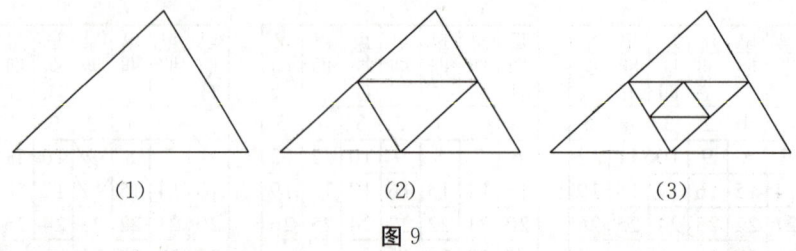

图9

(1) 将下表填写完整.

图形编号	(1)	(2)	(3)	(4)	(5)	...
三角形个数	1	5	9			...

(2) 在第 n 个图形中有多少个三角形？（用含 n 的式子表示）

分析：第一个图形中有 1 个三角形，第二个图形中有 5 个三角形，第三个图形中有 9 个三角形．根据图中规律可知，每个图形中三角形的个数依次多 4 个．所以第四个图形中有_____个三角形，第五个图形中有_____个三角形．

第四环节　归纳提炼

内容：请学生谈谈学习本节课的收获和体会，包括探索规律的基本知识和基本方法．

目的：由师生交流来"归纳小结、评价升华"，一方面是通过对全课的回顾，帮助学生梳理知识体系，归纳学习方法，了解其学习情况，提升其思维层次．另一方面是给学生准确、全面表述自己观点的机会，并培养学生及时总结、归纳知识的好习惯．

收获与整理：①你在本节课的收获是什么？②本节课你还有什么不明白的地方？

归纳提炼：找规律的基本方法．

$$\text{分析} \Longrightarrow \text{表示} \Longrightarrow \text{验证}$$

基本思路：

$$\text{特殊} \Longrightarrow \text{一般}$$

第五环节　布置作业

本环节的目的是检测学生对本节知识的理解和掌握情况，并巩固所学知识，实现了探索规律在"生活问题数学化，数学问题生活化"之间的相互转化．

完成习题 3.8 第 1、2 题。

课外拓展思维训练：

1.（2015·山东临沂，第 11 题，3 分）观察下列关于 x 的单项式，探究其规律：x，$3x^2$，$5x^3$，$7x^4$，$9x^5$，$11x^6$，…．

按照上述规律，第 2015 个单项式是（　　）.

A. $2015x^{2015}$　　B. $4029x^{2014}$　　C. $4029x^{2015}$　　D. $4031x^{2015}$

试题分析：根据这组数的系数可知，它们都是连续奇数，即系数为

$(2n-1)$,而后面因式 x 的指数是连续自然数,则关于 x 的单项式是 $(2n-1)x^n$. 第 2015 个单项式的系数为 $2 \times 2015 - 1 = 4029$,因此这个单项式为 $4029x^{2015}$.

2. (2013·四川遂宁,第 15 题,4 分)为庆祝"六·一"儿童节,某幼儿园举行用火柴棒摆"金鱼"的比赛. 按照下图的规律,摆第 (n) 图,需用火柴棒的根数为_____.

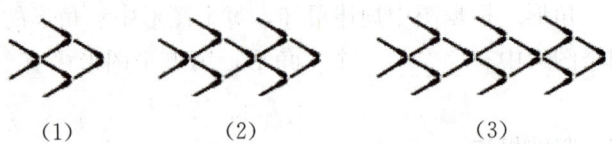

(1)　　　(2)　　　(3)

"分式的化简求值"教学设计[①]

成都市第十二中学 谢 莎

【设计思想】

在第五章"分式"前几节的学习中,学生已经掌握了分式的概念与分式的加减乘除运算,经历了观察、对比、类比、讨论等活动方法,获得了解决实际问题所必需的一些数学活动经验基础,具备了一定的合作与交流的能力,对分式及其运算有了初步的认识,但对技巧性较高的运算题以及方法的归类较为薄弱. 曹才翰先生曾指出,"如果学生认知结构中具有较高抽象、概括水平的观念,则对于新学习是有利的","只有概括的、巩固和清晰的知识才能实现迁移". 本课时安排旨在把学生头脑中零散的知识点用一条线有机地组合起来,力图让学生对所学内容进行整合和发散,让学生了解"如何想"比懂得"怎样做"更重要,让学生从烦琐的解题中寻求一般方法,学会归纳,善于迁移,形成技能. 解题不只停留在模仿的水平上,而是会观察、分析、判断,优化解题策略,内化数学思想方法,善于把复杂问题转化为简单问题,提高解决数学问题的能力,进而让学生具有能独立思考并进行创造性活动的能力.

【教学目标】

1. 知识与技能.
(1) 熟练进行分式的加减乘除运算.
(2) 能从分式的化简求值中归纳常用的解题策略.
(3) 能从综合应用中提升解题方法,提高学生分式的综合运算技能.
2. 数学能力.
(1) 提高学生的运算能力,发展学生的合情推理能力.

[①] 指导教师:内江师范学院数学与信息科学学院 刘成龙. 对原文有删减.

(2) 注重学生对分式的理解，提高学生分析问题的能力.

【教学重难点】

教学重点：巧妙解决分式化简求值问题.
教学难点：归纳有条件的分式化简求值的常用策略.

【核心问题】

解决有条件的分式化简求值问题，归纳解题策略.

【体验性目标】

在有条件的分式化简求值中寻求解决此类问题的常用技巧，感悟类比、化归数学思想方法.

【结果性目标】

迁移方法，获得解决数学问题的策略.

【教学过程】

1 提出问题

分式的化简求值常用的策略有哪些？

热身练习

(1) 化简：$(a-b+\dfrac{ab^2}{a+b}) \cdot \dfrac{a+b}{a}$.

(2) 先化简$\left(\dfrac{3x}{x-1}-\dfrac{x}{x+1}\right) \div \dfrac{x}{x^2-1}$，然后从不等组$\begin{cases} x-3(x-2) \geqslant 2 \\ 4x-2 < 5x+1 \end{cases}$的解集中，选取一个你认为符合题意的$x$的值代入求值.

2 解决问题

合作交流（师生互动）.

例 已知$x+2=\dfrac{1}{x}$，试求代数式$\dfrac{1}{x+1}-\dfrac{x+3}{x^2-1} \cdot \dfrac{x^2-2x+1}{x^2+4x+3}$的值.

学生活动：

活动1：解决下列问题.

(1) 已知 $x-2y=0$，则 $\dfrac{x^2-3xy+y^2}{2x^2+xy-3y^2}=$ _____.

(2) 已知 $\dfrac{1}{x}+\dfrac{1}{y}=5$，则 $\dfrac{2x-5xy+2y}{x+2xy+y}=$ _____.

(3) 已知：$a+2b-2014=0$，求 $\dfrac{3a^2+12ab+12b^2}{2a+4b}$ 的值.

活动 2：解决下列问题.

(4) 若 $\dfrac{a}{3}=\dfrac{b}{4}=\dfrac{c}{5}$，则 $\dfrac{3a+2b+c}{a-2b-3c}=$ _____.

(5) 已知 $a^2-3a+1=0$，则代数式 $\dfrac{a^2}{a^4+1}$ 的值为 _____.

3 归纳提升

归纳：有条件分式的化简求值常用的策略有以下几点：

(1) 着眼全局，整体代入.

(2) 巧妙变形，构造代入.

(3) 引入参数，多元归一.

(4) 打破常规，倒数代入.

4 运用反馈

变式练习

(1)（2006·山东临沂）若 $\dfrac{2}{2y^2+3y+7}$ 的值为 $\dfrac{1}{4}$，则 $\dfrac{1}{4y^2+6y-1}$ 的值为（ ）.

A. 1　　　B. -1　　　C. $-\dfrac{1}{7}$　　　D. $\dfrac{1}{5}$

(2)（2009·北京大兴区一模）已知 $x^2-x-1=0$，求代数式 $\dfrac{x^3+x+1}{x^4}$ 的值.

拓展延伸

拓展 1：已知 $\dfrac{1}{a}+\dfrac{1}{b}=\dfrac{1}{6}$，$\dfrac{1}{b}+\dfrac{1}{c}=\dfrac{1}{9}$，$\dfrac{1}{a}+\dfrac{1}{c}=\dfrac{1}{15}$，求 $\dfrac{abc}{ab+ac+bc}$ 的值.

拓展 2：已知 $abc\neq 0$，$a+b+c=0$，求 $c\left(\dfrac{1}{a}+\dfrac{1}{b}\right)+b\left(\dfrac{1}{c}+\dfrac{1}{a}\right)+$

$a\left(\dfrac{1}{b}+\dfrac{1}{c}\right)$ 的值.

拓展3：若 $ab=1$，求 $\dfrac{1}{1+a^2}+\dfrac{1}{1+b^2}$ 的值.

5　总结积累

(1) 本节课你在数学知识和方法上有哪些收获？
(2) 你还有哪些困惑？

6　布置作业

(1)《天府前沿》第92页第一至三节习题课.
(2) 自编一道分式化简求值题.

7　教后反思

针对学生在前几节学习分式的运算出现的典型错误，有感学生在解决数学问题时常常具有盲目性，加之解题步骤烦琐，方法笨拙，解决过的题目过一段时间又不会解了，本节课对此进行分析，其根本是学生对解题策略未上升到一定高度，未用数学思想方法作指导．于是笔者产生了上一节习题课的想法，选取分式求值中的典型问题作载体，对解题方法进行引导和强化．通过例题让学生初步体验解题策略的巧妙之处，不仅使问题得以解决，而且事半功倍，更能举一反三，解决一类数学问题．从课堂效果来看，本节课围绕核心问题，通过解题环节的层层递进，使学生基本感悟方法策略的必要性，更明白优化解题策略的重要性，对解决数学问题的"巧""妙"的理解更加深入．学生的深度体验体现在解决"变式练习"以及"拓展引申"环节．在对方法的归纳上，学生基本能按照策略找到问题的切入点，展现出解题手段的多样化．

另外，课堂中教师对学生有效评价的关注，应体现在师生的不断相互碰撞中，重点应放在对学生思维方式的关注上．评价除了注重科学性外，还要注重评价语言与现场情境的巧妙融合，包括语言自然、幽默，用词精致、恰到好处；评价应捕捉学生思维的闪光点、手段的多样性、新因素的应对等.

本节课笔者侧重于关注学生方法的多样性，给予及时、中肯的点评，让学生在老师的调动下，不断爆发出新的思维火花．有些同学的解题方法笔者事先没能预设到，因为配方能力要求高，而笔者只预设了比较简单易懂的快速作答方案.

对于学生的课堂评价,笔者有以下几点理解:

(1) 评价学生方法产生的原因,不是正确与否,而是它的可行性.

(2) 评价学生语言表达的规范性和准确性.

(3) 评价学生对问题关注的不同角度,思维是否有深度和广度.

(4) 评价学生是否会进行总结提升,具有迁移能力.

(5) 评价学生对数学学习是否具有自信,勇于暴露薄弱之处,善于反思修正.

(6) 评价应捕捉亮点,学会赏识,应留足空间让学生成长.

(7) 评价应是教师、同学、学生自我三者的评价方式.

(8) 评价是否达成了目标.

8　课后跟进练习

略.

一道平几竞赛试题的多种解法

达州市渠县第二中学　陈　晓

内江师范学院数学与信息科学学院　刘成龙

题目：如图 1 所示，已知 $CD\,/\!/\,EF$，$\angle 1+\angle 2=\angle ABC$，求证：$AB\,/\!/\,GF$.

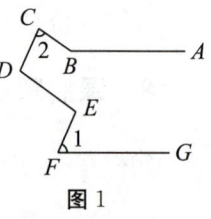

图 1

证明 1　如图 2 所示，设 CB 的延长线分别交 FE 的延长线于 H，交 FG 于 M.

因为 $CD\,/\!/\,EF$，所以 $\angle 2=\angle 3$.

$\angle 4$ 为 $\triangle FHM$ 的外角，故 $\angle 4=\angle 1+\angle 3$，

又 $\angle ABC=\angle 1+\angle 2$，且 $\angle 2=\angle 3$，

故 $\angle ABC=\angle 4$，即 $AB\,/\!/\,GF$.

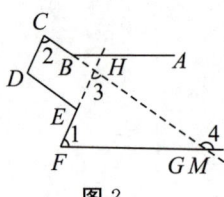

图 2

证明 2　如图 3 所示，设 CB 的延长线交 EF 的延长线于 H.

因为 $CD\,/\!/\,EF$，所以 $\angle 2=\angle 3$.

又 $\angle ABC$ 为 $\triangle BHM$ 的外角，故 $\angle ABC=\angle 3+\angle 4$，

又 $\angle ABC=\angle 1+\angle 2$，

故 $\angle 3+\angle 4=\angle 1+\angle 2$，又 $\angle 2=\angle 3$，

所以 $\angle 1=\angle 4$，即 $AB\,/\!/\,GF$.

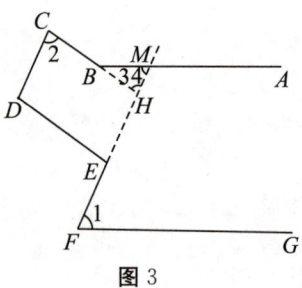

图 3

证明 3　如图 4 所示，设 CB 的延长线交 FG 于 M，CD 的延长线交 GF 的延长线于 H.

因为 $CD\,/\!/\,EF$，所以 $\angle 1=\angle 3$，

$\angle 4$ 为 $\triangle CHM$ 的外角，故 $\angle 4=\angle 2+\angle 3$，

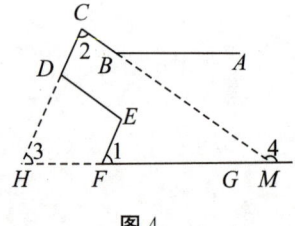

图 4

---

① 通讯作者：刘成龙.

又 $\angle ABC = \angle 1 + \angle 2$，且 $\angle 1 = \angle 3$，
故 $\angle ABC = \angle 4$，即 $AB /\!/ GF$.

证明 4 如图 5 所示，过点 B 作直线 $BH /\!/ DC$，延长 FE 至点 N.

由题意易知 $CD /\!/ BH /\!/ FN$，

所以有 $\angle 2 = \angle 3$，$\angle 4 = \angle 5$，

又 $\angle 1 + \angle 2 = \angle ABC$，而 $\angle ABC = \angle 3 + \angle 4$，

所以 $\angle 1 + \angle 2 = \angle 3 + \angle 4$，又 $\angle 2 = \angle 3$，$\angle 4 = \angle 5$，

故 $\angle 1 = \angle 5$，于是证得 $AB /\!/ GF$.

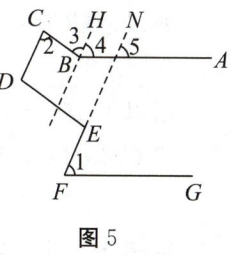

图 5

证明 5 如图 6 所示，过点 B 作直线 $BH /\!/ DC$，且直线 BH 与 GF 的反向延长线交于点 M.

由题意易知 $CD /\!/ MH /\!/ EF$，

所以有 $\angle 2 = \angle 3$，$\angle 1 = \angle 5$，

又 $\angle 1 + \angle 2 = \angle ABC$，而 $\angle ABC = \angle 3 + \angle 4$，

所以 $\angle 1 + \angle 2 = \angle 3 + \angle 4$，又 $\angle 2 = \angle 3$，$\angle 1 = \angle 5$，

故 $\angle 4 = \angle 5$，于是证得 $AB = GF$.

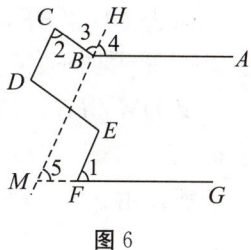

图 6

证明 6 如图 7 所示，过点 E 作 $EM /\!/ FG$，CB 的延长线交 EM 于 K，交 FE 的延长于 H.

因为 $CD /\!/ EF$，所以 $\angle 2 = \angle 4$，

又 $EM /\!/ FG$，所以 $\angle 1 = \angle 3$，

又 $\angle 5$ 为 $\triangle EHK$ 的外角，故 $\angle 5 = \angle 3 + \angle 4$，

又 $\angle 1 = \angle 3$，$\angle 2 = \angle 4$，故 $\angle 5 = \angle 1 + \angle 2$，

又 $\angle ABC = \angle 1 + \angle 2$，

所以 $\angle ABC = \angle 5$，即 $AB /\!/ EM$，

又 $EM /\!/ FG$，所以 $AB /\!/ GF$.

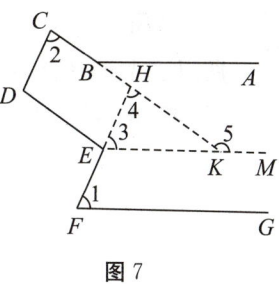

图 7

证明 7 如图 8 所示，过点 C 作 $CM /\!/ FG$，CD 的延长线交 GF 的延长线于 K.

因为 $CD /\!/ EF$，所以 $\angle 1 = \angle 4$，

又 $CM \parallel FG$，所以 $\angle 3 = \angle 4$，
故 $\angle 1 = \angle 3 = \angle 4$.
又 $\angle MCB = \angle 2 + \angle 3$，且 $\angle 1 = \angle 3$，
所以 $\angle MCB = \angle 1 + \angle 2$，
又 $\angle ABC = \angle 1 + \angle 2$，
所以 $\angle ABC = \angle MCB$，即 $AB \parallel CM$，
又 $CM \parallel FG$，所以 $AB \parallel GF$.

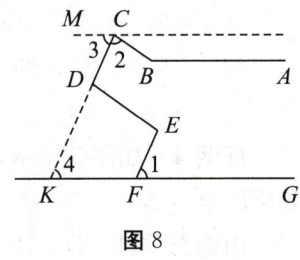

图 8

证明 8 如图 9 所示，过点 D 作 $DM \parallel FG$，过点 E 作 $EK \parallel FG$，且 DM 与 CB 的延长线交于 H.

因为 $CD \parallel EF$，所以 $\angle CDE = \angle DEF$，即 $\angle 5 + \angle 6 = \angle 3 + \angle 4$.

又 $DM \parallel FG$，$EK \parallel FG$，故 $\angle 1 = \angle 3$，$\angle 4 = \angle 5$.

所以由 $\angle 5 + \angle 6 = \angle 3 + \angle 4$，得 $\angle 5 + \angle 6 = \angle 1 + \angle 5$，

即 $\angle 6 = \angle 1$.

又 $\angle 7$ 为 $\triangle CDH$ 的外角，故 $\angle 7 = \angle 2 + \angle 6$，
所以 $\angle 7 = \angle 2 + \angle 1$
又 $\angle ABC = \angle 1 + \angle 2$，
所以 $\angle ABC = \angle 7$，即 $AB \parallel DM$，
又 $DM \parallel FG$，所以 $AB \parallel GF$.

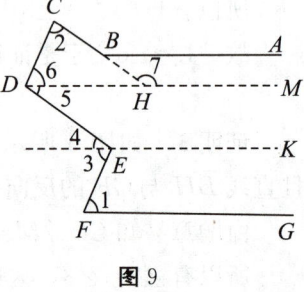

图 9

"一次函数的应用"（第2课时）教学设计[①]

达州市渠县第三中学 杨小华

【教学目标】

1. 知识目标.
(1) 能通过函数图象获取信息，发展形象思维.
(2) 能利用函数图象解决简单的实际问题.
(3) 初步体会方程与函数的关系.
2. 能力目标.
(1) 通过函数图象获取信息，培养学生的数形结合意识.
(2) 根据函数图象解决简单的实际问题，发展学生的数学应用能力.
(3) 通过方程与函数关系的研究，建立良好的知识联系.
3. 情感目标.

通过函数图象解决实际问题，培养学生的数学应用能力，同时培养学生良好的环保意识和热爱生活的意识.

【教学重难点】

教学重点：一次函数图象的应用.
教学难点：正确地根据图象获取信息.

【教学方法】

尝试指导法.

[①] 此文根据2016年11月渠县送教下乡的教学观摩课的授课内容而写成. 对原文有删减.

【教学过程】

1 复习引入

内容：在前几节课里，我们通过从生活中的实际问题情境出发，分别学习了一次函数、一次函数的图象、一次函数图象的性质，对一次函数在现实生活中的广泛应用有了一定了解．怎样应用一次函数的图象和性质来解决现实生活中的实际问题，是这节课的主要内容．首先，想一想一次函数具有什么性质．

设计意图：在之前的学习中已了解一次函数的图象是一条直线，并且讨论了 k，b 的正负对图象的影响．通过对上节课学习内容的回顾，为进一步研究一次函数的图象和性质的应用做好铺垫．

效果：学生通过知识回顾，再次明确一次函数的图象和性质，为学习本节课在知识上做好准备．

2 讲授新课

2.1 做一做

由于持续高温和连日无雨，某水库的蓄水量随着时间的增加而减少．干旱持续时间 t（天）与蓄水量 V（万立方米）的关系如图 1 所示，回答下列问题：

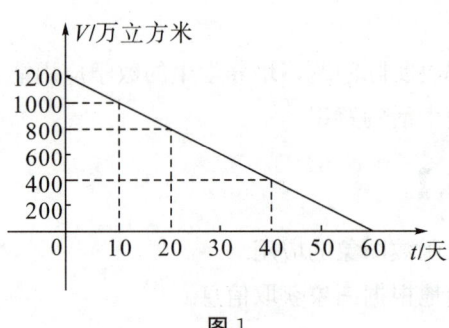

图 1

（1）干旱持续 10 天，蓄水量为多少？连续干旱 23 天呢？

（2）蓄水量小于 400 万立方米时，将发生严重干旱警报．干旱多少天后将发出严重干旱警报？

（3）按照这个规律，预计持续干旱多少天水库将干涸？

［师］请大家根据图象回答问题，有困难的请大家互相交流．

［生甲］答：（1）求干旱持续 10 天的蓄水量，也就是求 t 等于 10 时所对应的 V 的值．

当 $t=10$ 时，V 为 1000 万立方米.

同理可知，当 t 为 23 天时，V 约为 750 万立方米.

[生乙]（2）当蓄水量小于 400 万立方米时，将发出严重干旱警报，也就是求当 V 等于 400 万立方米时所对应的 t 值.

当 $V=400$ 万立方米时，所对应的 t 值为 40 天.

[生丙] 水库干涸也就是 V 为 0，所以函数图象与横轴交点的横坐标即为所求.

当 V 为 0 时，所对应的 t 的值为 60 天.

目的：通过生动的现实情景引入一次函数图象的应用，从而培养学生的识图能力.

效果：本题插图中干涸的河床势必给学生很强的视觉刺激，从而渗透环保教育.

[反问学生] 这里问连续干旱 23 天时水库蓄水量是多少，如果要准确值，应该怎么办？

学生开始想办法，最后有学生说："我们应该先求出 V 和 t 的函数解析式."他解释了直接求出函数关系式的方法，并给出答案：$V=1200-20t$.

效果：当函数图象的关系式可以直接由图象直接得到时，就不必用待定系数法来计算了，这样更加省时.

2.2 练一练

某种摩托车的油箱最多可储油 10 升，加满油后，油箱中的剩余油量 y（升）与摩托车行驶路程 x（千米）之间的关系如图 2 所示.

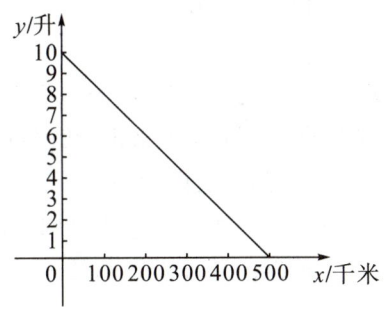

图 2

根据图象回答下列问题：

(1) 一箱汽油可供摩托车行驶多少千米？

(2) 摩托车每行驶 100 千米消耗多少升汽油？

(3) 油箱中的剩余油量小于 1 升时,摩托车将自动报警,行驶多少千米后,摩托车将自动报警?

分析:(1) 函数图象与 x 轴交点的横坐标即为摩托车行驶的最长路程.

(2) x 从 0 增加到 100 时,y 从 10 开始减少,减少的数量即为消耗的数量.

(3) 当 y 小于 1 时,摩托车将自动报警.

[生] 答:(1) 观察图象,得:当 $y=0$ 时,$x=500$.

因此一箱汽油可供摩托车行驶 500 千米.

(2) x 从 0 增加到 100 时,y 从 10 减少到 8,减少了 2,因此摩托车每行驶 100 千米消耗 2 升汽油.

(3) 当 $y=1$ 时,$x=450$.

因此行驶了 450 千米后,摩托车将自动报警.

效果:通过练习检验学生是否掌握了由一次函数图象获得有价值的信息的方法.

3 深入探究

3.1 填一填

看图填空.

(1) 当 $y=0$ 时,$x=$ 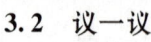.

(2) 直线对应的函数表达式是_____.

分析:(1) 观察图象可知,当 $y=0$ 时,$x=-2$;(2) 直线过 $(-2,0)$ 和 $(0,1)$.

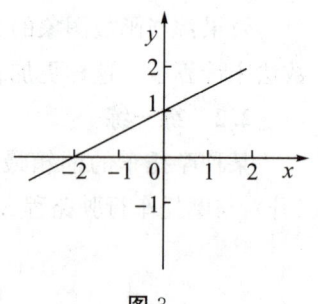

图 3

3.2 议一议

一元一次方程 $0.5x+1=0$ 与一次函数 $y=0.5x+1$ 有什么联系?(请根据刚做的练习来进行解答)

目的:通过本题让学生认识到一次函数与一元一次方程的联系,从"数"的角度看,当一次函数 $y=0.5x+1$ 的函数值为 0 时,相应的自变量的值即为方程 $0.5x+1=0$ 的解;从"形"的角度看,函数 $y=0.5x+1$ 与 x 轴交点的横坐标即为方程 $0.5x+1=0$ 的解.

效果:通过练习,使学生明晰函数与方程的关系,能用函数关系解决方程问题,同时也能用方程的观点来看待函数.

4 反馈练习

全国每年都有大量土地被沙漠吞没,改造沙漠、保护土地资源已经成为一项十分紧迫的任务.某地区现有土地面积 100 万平方千米,沙漠面积 200 万平方千米,土地沙漠化的变化情况如图 4 所示.

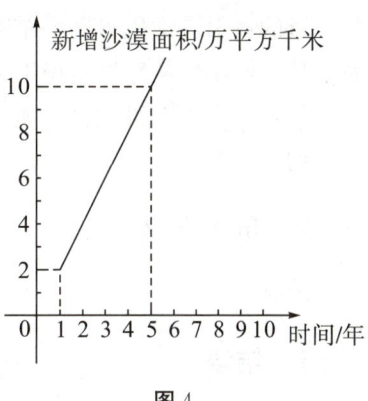

图 4

(1) 如果不采取任何措施,那么到第 5 年年底,该地区沙漠面积将增加多少万平方千米?

(2) 如果该地区沙漠的面积继续按此趋势扩大,那么从现在开始,第几年后,该地区将丧失土地资源?

(3) 如果从现在开始采取植树造林措施,每年改造 4 万平方千米沙漠,那么到第几年年底,该地区的沙漠面积能减少到 176 万平方千米.

解:(1) 如果不采取任何措施,那么到第 5 年年底,该地区沙漠面积将新增加 10 万平方千米.

(2) 从图象可知,每年的土地面积减少 2 万平方千米,现有土地面积为 100 万平方千米,$100 \div 2 = 50$.故从现在开始,第 50 年后,该地区将丧失土地资源.

(3) 如果从现在开始采取植树造林等措施,每年改造 4 万平方千米沙漠,每年沙化 2 万平方千米,实际每年改造面积 2 万平方千米.由于 $(200-176) \div 2 = 12$,故到第 12 年年底,该地区的沙漠面积能减少到 176 万平方千米.

目的:通过土地沙漠化的问题进一步培养学生的识图能力,让学生能从图象中获取信息,建立相关的代数式,从而求解较复杂的问题.同时,通过土地沙漠化的问题情景,引导学生关注身边的生存环境.

效果:通过对较复杂的问题的探究,培养学生分析问题和解决问题的能力,并渗透德育教育.

5 回顾小结

通过这节课的学习,你有什么收获?

(1) 知识方面:能通过一次函数的图象获取相关的信息.

(2) 数学思维:①数形结合,函数与方程的思想;②利用函数图象解决简单的实际问题.

(3) 数学能力：初步体会方程与函数的关系，增强识图能力、应用能力.

目的：引导学生自己小结本节课的知识要点及数学方法，使这节课的知识系统化，使学生从感性认识上升为理性认识.

效果：学生积极发言，相互进行补充，从而感受到一次函数图象在生活中的应用.

6　布置作业

习题 4.6.

7　结语

学生朗读：一场无情的灾难后，还有一棵参天大树守望着这片孤独的废墟，她在焦急地等待，等待我们以一种厚重的顽强，重新回到这片肥沃而辉煌的土地.（图片背景：在一堆建筑垃圾和生活垃圾的旁边有一棵大树）

目的：告诉学生要注意环保，更应该学会在艰苦的环境中学习、生活和成长，不要受外界的干扰.

8　课后反思

(1) 一次函数是刻画现实世界变量间关系的最为简单的模型，其应用比比皆是. 在教学设计中，争取选用最具有现实生活背景，与学生生活密切相关的问题. 一方面，力求让学生体会数学的广泛运用；另一方面，在学科教育中渗透德育教育.

(2) 在这节课的教学中，仍然没有给学生太多的独立思考的空间，更没有让学生分组讨论，许多知识都是个别学生思考并回答出来的，所以教学效果没有达到预期目的.

(3) 教学的容量太大，所以在教学中显得有点忙乱.

第 3 篇
小学数学教师研究论文选

小学数学的复习策略

内江市威远县高石镇中心校 文 英

复习是将以前学过的知识回忆起来进行再次学习的过程，使学生对知识的感受更加深刻，使知识在头脑中存留的时间更长，有"温故而知新"之说．小学数学的课堂复习能让遗忘的数学知识重新浮现，让旧知系统化；课外复习能让学生的基本技能得以训练．

1 学情分析，定位目标

教学目标是一节课的灵魂．在小学复习课中，教师应该围绕"四基"目标，开展教学活动，让学生既得到基础知识的复习和基本技能的提高，又得到基本思想和基本活动经验的再经历和再发展．目标定位的准确性是上好一节课的前提．复习目标在整堂复习课中，起着导向、激励、调节和评价的作用，它是整节复习课的指挥棒．复习的目的是通过题目的解答过程为学生掌握分析问题、解决问题提供模式．复习课的功能不但是要帮助学生建立起完整的知识网络，更是要提高学生解决实际问题的能力．因此，教师在课前既要考虑阶段目标，又要考虑每一章节内容的具体目标，从教材的整体性出发，按知识体系或按章节来抓住重难点，让学生从知识的整体性进行把握．教学对象是全体学生，复习时既有共同的基本要求，又要针对不同的学生进行个别辅导；既要研究全体学生，又要研究个别．

比如，笔者设计了一道计算 2014 年天数的题，要求学生用他们喜欢的方法计算．展示的时候，有的孩子把 12 个月的天数相加，有的孩子是运用了简便算法，有的孩子用的方法更为巧妙．笔者没有要求所有学生必须学会简便算法，因为每个人理解不同，思维也不同，对基础不好的学生与基础好的学生要有不同的目标要求．在教授复习课时，教师应围绕目标开展教学活动，让学生既得到基础知识的复习和基本技能的提高，又得到基本思想和基本活动经验的发展．

2 复习知识力求系统化

树大则根深,根深则叶茂. 根、叶和树干息息相关,相互联系. 数学知识也一样,知识之间也是相互依存、相互联系的. 小学数学复习课堂要将知识系统化,将一个个知识点联系起来形成一棵知识的参天大树. 在数学复习中,要培养和发展学生的思考能力,就要让学生学会思维. 思维的过程就是学生巩固概念、运用概念的过程. 良好的思维能力,表现在思考问题时逻辑规律有条不紊. 在数学复习中,通过观察比较,寻找知识存在的联系、规律性,就能让学生的知识简化,进而使所学知识系统化. 在复习知识的过程中,要发展学生能力,并将所学知识形成一个有机的整体.

制作知识体系图解,启迪形象思维,让知识系统化. 在数学复习课堂上,教师适时运用知识体系图解,让学生更加形象地内化知识,促进知识的传播,达到化繁为简、化难为易的目的,让所学知识生动、形象、直观. 这样能有效地激发学生的学习兴趣,促进学生抽象思维能力的发展,同时让所学知识系统化. 在运用知识体系图解进行复习时,要因人而异,不同年龄的学生要有不同的学习方式. 中年级数学复习中,教师要引导学生完成全册知识图解和单元知识图解;高年级学生应独立制作全册知识图解和单元知识图解,学生制作图解的过程就是数学知识内化的过程,也是数学知识系统化的过程. 如下图所示.

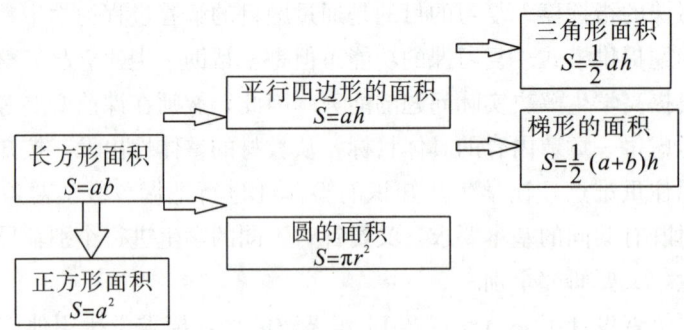

在复习过程中,运用知识体系图解的复习是一种形象的无声语言,不仅加深了学生对知识的印象,也让数学知识系统化.

3 复习要做到方法多样化

复习时,要从整体巩固与掌握所学的知识技能,并结合范例培养学生综合运用知识灵活解决问题的能力. 由于复习课的内容基本是学过的,所以学生会感到枯燥无味,这就要靠教师精心组织、有意引导,选择学生喜闻乐见的形式，吸引学生参与复习的过程．小学生天性好动，我们可以采取游戏的形式，也可以把生活场景带入课堂，还可以引领孩子走入社会．笔者在复习"人民币的认识"时，给学生创设了"交易市场"，让其根据自己的需要，在"市场"内自由买卖．在"交易"的过程中，学生巩固了知识，锻炼了交际能力，同时体会到数学与生活的紧密联系．购物后的回顾整理使学生将知识系统内化．教学实践证明，课堂多样化教学是提高课堂教学效率的有效手段．教师应该创设各种教学情境，将课堂还给学生，使课堂教学生活化，使课堂教学与学生的体验相结合，从而提高复习有效性．

4　复习要做到作业层次化

复习作业是为了达成知识与能力、过程与方法、情感与价值观的三维目标的训练活动．在此活动中，应考虑每个学生的生理、心理、智力等方面的因素．学生在完成复习作业中存在三种可能：一是部分学生达到了学习目标，而且还有时间、精力进行拓展学习，获取目标之外的知识；二是部分学生在实现规定学习目标后，身心负荷在自己的承受范围之内；三是部分学生通过努力还不能达到学习目标．因此，每个学生的自身条件不同，对复习作业的需求是各异的．教师要充分了解学生的学习基础、身心特点，设计层次作业，让学生在复习中快乐学习：①教师应根据学生的自身条件设计不同的作业量，要结合学生实际，适当减少"学困生"作业数量，提高对作业质量的要求，让其在作业中获得成功感，从而培养并提高学生的自信心；②教师应根据学生的自身条件，找准其最近发展区，根据不同学生的学习基础设计难易不同的作业．这样分层不仅调动了学生完成复习作业的积极性，避免复习作业的单调、枯燥，而且让学生在解题过程中掌握知识要点，积极思考，从而提高对知识的运用能力．

5　复习要有激励性评价

法国著名作家安德烈·莫洛亚曾说："美好的语言，胜过礼物."教师要让自己的课堂教学充满生机和活力，就要学会激励学生，让激励性的评价成为课堂教学的"点金石"．合理的激励性评价，是学生学习兴趣的源泉．不同智力层次的学生的目标是不同的，因此，对学生的评价不能"一刀切"．教师只有分层评价每一个学生，才能端正学生的学习态度，提高学生的学习热情，使学生养成良好的学习习惯，产生持续学习的动力．学生是学习的主体，数学复习中，要让学生对自己所取得的成绩与上一次成绩进行对比，反思在学习及完成作业中的得失. 在评价时，不管是具备哪一种基础的学生，只要做到一次比一次进步，那就取得了最大的成功. 不管是以教师为主导的层次评价，还是以学生为主体的自我评价，都能让复习教学更加优质高效，让学生得到更深层的发展.

总之，教师要不断提高自身素质，勇于创新，把复习的主动权交给学生，在教学中不断摸索，结合实际情况，灵活选用方法. 数学复习课堂内、外都需要教师的智慧，让数学复习充满活力.

参考文献
[1] 李露. 谈小学数学复习课教学［J］. 考试周刊，2014（35）：74.
[2] 杨国兰. 让激励性评价成为课堂"点金石"［J］. 四川教育，2014（10）：30.

问题驱动——让学生做课堂的主人[①]

达州市渠县水口乡第一中心学校　洪利霞

"生本中心"是新课程改革的核心理念.《义务教育数学课程标准》提倡：丰富学生的学习方式，改进学生的学习方法；既要有教师的讲授和指导，也要有学生的自主探索与合作交流，应当同时体现学生的主体地位与教师的主导作用. 而"问题驱动"——以问题为载体，聚焦学习目标，师生互动，共同发展，是实现"双中心"（学生是主体中心，教师是主导中心）的重要途径.

"问题驱动"是一种建立在建构主义理论基础上的教学方法，教师把教学内容设计成一个或多个具体的问题，让学生通过完成一个个具体的问题，达到教学目标. 课堂教学过程是以问题为主线，探究为核心，培养能力为目的. 比如，笔者在 2016 年 3 月送教下乡活动中，执教课题为西师大版四年级下册"平均数". 授课中，笔者采用了一种新的教学方式——先学后教. 在课堂上引导学生预习，然后完成笔者设计的预习单中的 5 个问题及预习检验，达到课堂教学目的. 这节课从课前交流、引入新课到新授课、总结，整节课都以问题为中心，引导学生自主思考、自主学习.

1　问题发现

师：如果两组都是 8 人，可以比什么？

生：总成绩.

师：但人数不同，我们该比什么呢？

生：……

师：现在请大家打开教材 87 页，预习例 1，完成问题 1.

设计"两组人数相同，可以比什么"，目的是唤起学生的旧知，得到可以比总成绩. 但通过读题发现，人数不同，我们还能比较总成绩吗？显然是不能的，那该比什么呢？引起学生的认知需要，也解决了为什么要学习平均数.

[①]　此文根据 2016 年 3 月渠县送教下乡的教学观摩课的授课内容而写成.

2 问题解决

师（出示问题1）：通过计算可知，甲组8人掷圈的总成绩是（ ）分，乙组7人的掷圈总成绩是（ ）分，两组掷圈的总成绩都是（ ）分.

生：56分.

师追问：你能列出算式吗？

生：能.（抽生上台列式）

甲组：8+7+9+6+8+7+5+6=56（分）；

乙组：9+8+7+6+8+9+9=56（分）.

师：因为两组的人数不相同，单从总成绩来比较，是不可能知道哪组成绩更好的. 怎么办呢？请学生完成问题2.

出示问题2：已知甲组8人掷圈的成绩是56分，则平均每人掷圈的成绩是（ ）分；乙组7人的掷圈成绩是56分，则平均每人掷圈的成绩是（ ）分. 因为（ ），所以（ ）组的成绩更好.

师：谁愿意回答这个问题？并列出算式.

生1：甲组：56÷8=7（分）；乙组：56÷7=8（分）. 因为7<8，所以乙组的成绩更好.

师：你们同意他的想法吗？

生：同意！

通过预习和旧知的迁移，学生能轻松地解决问题2和问题3. 但在学生列式算出两组平均成绩后，笔者不应该马上问学生"因为（ ），所以（ ）组的成绩更好"，而应告诉学生：7是8，7，9，6，8，7，5，6这一组数据的平均数，8是9，8，7，6，8，9，9这一组数据的平均数. 然后再让学生回答"因为（ ），所以（ ）组的成绩更好". 这样设计后，学生就能更清楚当两组人数不同时，该比较什么.

3 问题归纳

出示问题3：当两组人数不同时，用每组的总成绩除以这个组的人数，得到（ ），再进行比较更合适.

生：平均成绩.

师：现在请将甲组的平均成绩7分和这个组每人成绩相比较，你有什么发现？

生1：我发现甲组中有的同学的成绩比平均成绩7分多，有的比7分少，还有的和 7 分相等.

师：平均成绩 7 分是指某个同学的掷圈成绩吗？

生：不是.

师引导生：平均成绩 7 分不是指某个同学的掷圈成绩，它表示这个组中多数人的成绩都与 7 分接近或相等，表示这个组的平均水平.

师追问：你能说说乙组的平均成绩"8 分"表示什么意思吗？

生 1：乙组中有的同学的成绩比平均成绩 8 分多，有的比 8 分少，还有的和 8 分相等.

生 2：平均成绩 8 分不是指某个同学的掷圈成绩，它表示这个组中多数人的成绩都与 8 分接近或相等，表示这个组的平均水平.

师：所以用两组的平均数比较，乙组的掷圈成绩更好.

教师引导学生归纳问题 4：

（1）通过预习，我知道：求平均数是用一组数据的（总数）除以这组数据的（份数）.

（2）我还知道：平均数是表示一组数据集中趋势的量，它可以作为一组数据的代表.

问题 3 和问题 4 的设计目的是引导学生学会归纳，进一步明确当两组人数不同时，可以比较两组的平均成绩（即平均数）."将甲（或乙）组的平均成绩 7（或 8）分和这个组每人成绩相比较，你有什么发现？"这个问题的设计，是让学生知道 7 分（或 8 分）的意义，明白平均数是统计量，是表示一组数据集中趋势的量，它可以作为一组数据的代表.

4　问题质疑

师（出示问题 5）：预习后，你不理解的内容（或者疑惑）是什么？

生 1：这道题为什么要设计为甲组有 8 人，乙组有 7 人呢？

生 2：如果两组人数一样多，比较两组的总成绩就可以了．因为人数不同，所以我们要比平均数.

生 3：为什么甲组有 8 人，乙组有 7 人，算出来的平均成绩却是乙组高？

教师引导学生观察发现两组中的最大数据与最小数据之差，体会一组数据中的大数据或小数据可能对平均数的"代表性"产生影响．（这里的教学还可以列举两组数据，如甲组 3，3，3，3，1 和乙组 3，3，3，3，9，这样更容易让学生体会一组数据中的极端数据对平均数的影响）

生 4：平均分与平均数有什么区别？

生 5：平均分是一种分法（即过程），平均数是数（即结果，但这个结果是虚拟的）.

生 6：如果知道平均数和份数，能不能算出总数？

生 7：可以．平均数×份数＝总数．

生 8：生活中哪些地方用到了平均数？

生 9：比如期末考试要算平均分数……

问题 5 的设计是这节课的升华．原以为对四年级的孩子来说，他们不会提出什么疑惑，笔者还准备自己提出来，让孩子回答，但结果让笔者十分意外．经过一系列问题，学生的思维被完全打开了，他们提出了这节课的重点问题，如生 4 提出的"平均分与平均数有什么区别？"以及生 8 提出的"生活中哪些地方用到了平均数？"，并且还能自己解决．

这种以问题为驱动的先学后教的教学模式，给了笔者太大的震撼．因为针对的是四年级的孩子，所以笔者设计的问题都以填空形式出现，紧紧围绕教学目标，由易到难、层层递进，引导着他们预习并解决．在一个又一个问题的驱动下，学生不再是一张白纸，他们是灵动的，就像一个个可爱的精灵，浑身发着光．只要教师做好合适的引导，学生就是课堂的主人，他们就会让课堂充满活力，更加闪亮！

培养小学生数学学习兴趣的策略研究

达州市渠县汇北乡中心学校 段光强

爱因斯坦说:"兴趣是最好的老师". 兴趣是指一个人趋向于认识、掌握某种事物,力求参与某项活动,并具有积极情绪色彩的心理倾向. 人对他所感兴趣的事物总是不知不觉地心驰神往,表现出注意的倾向. 兴趣可以孕育愿望,可以滋生动力. 兴趣是事业成功的前导,也是培养小学生学习热情、产生内在动力的关键. 《义务教育数学课程标准》指出:"小学数学是义务教育的一门重要学科. 从小给学生打好数学的初步基础,发展思维能力,培养学习数学的兴趣,养成良好的学习习惯,对于贯彻德、智、体全面发展的教育方针,培养有理想、有道德、有文化、有纪律的社会主义公民,提高全民族的素质,具有十分重要的意义."由此可见,培养小学生学习数学的兴趣是一线数学教师的重要任务. 本文中,笔者就如何培养学生的学习兴趣提出了三点方法.

1 寓教于情

亲其师,信其道. 学生对数学产生兴趣,首先是喜欢老师. 正所谓爱屋及乌,良好的师生关系有助于激发师生双边积极主动参与教学活动,有助于师生的身心健康,也有助于小学生更加喜欢教师的课程. 因此,教师要转换角色,放下姿态,成为学生的朋友,无论是在课堂上还是在课堂外,都要以友人的姿态去面对学生,那么小学生会觉得老师亲近,就更乐于学习,乐于思考了. 在对待学习困难的学生时,教师切忌训斥,应该循循善诱,特别要注意保护他们的自尊心,只要有进步,就要适时表扬. 在参加国培置换培训学习前,一些教师的教育观念比较落后,这些老师时常感叹:"好难教,我都教不来书了."其实,这些老师是没有在学生心目中树立起良好的形象,让学生望"师"生畏,望"数学"生畏. 诚然,农村学校的孩子由于诸多原因而底子薄、综合素质不高,但是,只要教师积极地投入感情,与学生交朋友,构建愉快、融洽、和睦的师生关系,那么成功就指日可待了.

2 寓教于乐

寓教于乐是教学中的开巧之术，关键之法，正所谓"知之者不如好之者，好之者不如乐之者"．"乐之者"是学习的最佳境界．只要学生达到乐学的境界，就能以学为乐，勤奋好学，孜孜不倦．教育家赞可夫说："教学法一旦触及学生的情感、意志领域，触及学生的精神需要，这种教学法就能发挥高度有效的作用．"因而，教师在课堂上要充分地调动学生学习的主动性和积极性，充分开发学生的潜在智力和能力，以亲切、饱满的情绪当好课堂的组织者、启发者和引导者，加强教师和学生的教学实践之间的相互作用，让学生在一个宽松、愉悦、幸福的氛围中学习，从而培养学生的创新能力和数学思维能力，使学生充分体会到学习的快乐感．寓教于乐的课堂教学方式是多种多样的，用成语、熟语、谚语、谜语、歇后语、故事等多种形式组织课堂教学，诱发学习兴趣；通过引导学生动手操作，身体力行地感受知识演化过程，激发学习兴趣；教师反复磨课，深挖教材，精心设疑，激发学习兴趣；通过游戏，激发兴趣和延伸拓宽，增强学习兴趣．通过以上形式渗透课堂，在小学生的知识与思维之间架起桥梁，让学生感到学习不是负担，而是一种快乐需求．

3 寓教于赞

学习是认知和情感的结合．每一位学生都渴望成功，这是学生的心理共性．在数学课堂中应处处为学生创建展示的平台，鼓励学生展现自己的思维，使他们乐学、会学，不断产生成就感，体验成功．在教学过程中，教是倾听，学是讲诉．教师在倾听完学生的不同意见后，应该适时评价，及时赞扬，给予学生肯定和鼓励．对于综合性强、灵活的问题，可以让学习成绩好的学生来回答；对于一般性的问题，可以请学习成绩中等的学生来回答；对于比较简单的问题，可以请学习困难的学生来回答．这样的问题与他们的实际情况相符合，学生回答问题的准确率就高些，学生获得表扬的机会就多些，学生的成就感就强些，其学习数学的兴趣就浓些．

总之，小学生数学学习兴趣的培养与激发离不开数学教师的精心培养和细心呵护．只要每堂数学课都能创设一些引人入胜的教学环节，挖掘一些数学趣味素材，从根本上改变数学学科繁、难、乏味的特点，学生就会对数学越来越感兴趣．

教师遵从学生真实想法理解教材

达州市渠县中小学教学研究室　蒋　波

教师认真研读教材有助于对教材编者意图的深度理解和对学生学习目标的准确把握，教学设计才能具有针对性．研读教材的方法较多，其中，学生预学结果分析方法能够让教师"零距离"感知学生对教材的初次建构，教师从学生对知识的认识、存在的问题中深化对教材内容的理解，从而掌握最新学情．学生预学结果分析方法体现了"生本"思想，学生对教学内容的想法暴露在老师面前，供老师分析、统计、梳理，老师再把教材内容、学生疑惑与问题融合进行备课，注重在教学过程中解决学生的疑惑与问题．

1　学生预学结果分析方法

学生预学结果分析方法是指学生将教师指定的某一内容预学后，在预学单上把预学的结果（包括如何理解、存在的问题、自己的感悟等）展示出来，供教师分析的方法．

预学单

预学提示：按课本内容的上下、左右顺序预习．边读边思考，边读边联想．给能够理解的内容、不理解的内容做上记号；把理解的内容、不理解的内容、疑惑、问题写在下面．

一、你能够理解的内容有哪些？

二、你不理解的内容有哪些？

三、你的疑惑、问题是什么？

学生对教材的理解是最"原始"的教学资源，直接反映了不同层次学生的学习基础、思维水平、阅读能力、基础知识掌握程度，是不可多得的教学资源．

这种方法是笔者在旁听达州市吴正宪老师分析学生错误作业时联想到的，具体操作方法并不复杂．笔者曾经在三年级班级做了一个小实验，让学生集体预学西师大版数学三年级下册"面积"第一课时内容，了解学生预学结果，力图通过实践来检验这种方法是否有教育教学价值．学生的预习结果各种各样，还有许多让人出乎意料，下面摘录部分学生预习结果．

(1) 学生理解正常的．

生1：一个图形的大小就是它的面积．

生2：物体表面有大小，平面也有大小．

生3：物体表面或平面图形的大小叫作面积．

生4：面积就是一个图形的大小，生活中面积对我们有很大的帮助，比如买房等．

生5：面积是一个平面（只包括正方形、长方形和不规则图形的面积），是用来买房子的单位，可以用来量田等．

(2) 学生理解较深的．

生2：面积里有秘密吗？面积怎么来的？所有物体都有面积吗？

生4：三角形有面积吗？一个三维立体图形有面积吗？

生5：最大的面积是多少？

生6：怎样求一个图形的面积？

(3) 学生的疑惑、问题或者理解奇怪的．

生7：面积就是画图．

生8：为什么一个物体有面积？

生9：面积的由来是怎样的？

生10：面积是怎样形成的？面积和周长相同吗？

生11：为什么带单位时要写2？不写不行吗？为什么还要写到斜上角？（这位学生自学到后面内容，问题出人意料）

学生心目中的面积知识结构是：面积怎么来的—生活中的面积—平面图形的面积—面积定义．而教师眼中的知识点有面积的概念、找多种方法比较物体面积大小，重点是面积的概念，难点是对面积的概念的理解和归纳，特别要强调表面、平面、大小等关键词．从预习结果中看到，学生对新知的理解与教师大不相同，学生彼此之间也存在较大差异，有些学生的想法超出教师想象，个别学生直指问题核心，即面积是怎么来的，这是很多老师想都未想过的问题．如果按照教师对教材的理解来备课，肯定不能解决学生的问题、疑惑，学生的学习兴趣与学习效果肯定不高．通过这次实验，证明了学生是具备一定自学能力的，证明了学生预学结果分析方法是有价值、可行、可用的．

2 教师教学收获

2.1 转变观念，尊重学生

学生不是一张白纸，而是灵动的精灵．学生对教学内容有自己的思考、联想、疑惑，有自己独特的意义建构．老师要尊重学生的思考，转变学生观、教师观，采取"以学定教"策略，课堂上多放手，多让学生参与，适当发挥教师的作用，在教学设计环节里把学生的疑惑纳入，课堂上让那些在预习过程中理解深刻的学生发表看法，帮助其他学生理解、分辨、掌握．

2.2 发现学生与教师心目中的有很大的差距

有一些教师思维"固化"或者"僵化"，没有学生思维的灵活与多变，对教学内容总是按过去的思路、经验来处理．其学生观没有与时俱进，认为学生知识肤浅，想象力低，不能发现问题，不能提出解决问题的方法．从前面的实验例子可以看到，学生能预习、能思考、能联想、有想法、能质疑，个别学生的想法超乎教师的想象，他们都是有学习能力的．比如，广州市天河区小学三年级 2015 年下学期期末试题中一道有关"二孩"的考题，就让笔者认识到了学生的认知水平、思维水平和表达能力．

2.3 深化教材理解

教师通过分析学生预学结果，发现教材隐含了许多知识点、难点，对结论、法则、例题、习题有了全新的认识、感悟与收获，发现教材中本以为很正常的词语、知识呈现形式会对学生学习造成阻碍，例如，低年级学生对 $2+\square=5$，$\square\times 6=54$，表格式问题等难以理解．西师大版教材一年级数学练习题首次出现算式 $3+\square=12$，一年级学生理解起来非常困难，他们会想：$\square$ 是什么意思？这道算式怎么理解？3 加几得 12？怎么计算？用加法还是减法计算？$\square$ 里填 15 吗？一连串的问题让他们不知所措．

2.4 激发学生学习的激情

学生上交预学单后，很想知道老师对其学习结果的评价，并为其解决疑惑，其心情是急迫的，听课也就非常专心．当教师在课堂上解决了问题，并指出这个问题是由某位学生提出来的，这个学生的心情是激动的，其在课堂上的成功体验、自信心都得到强烈的提升．长期这样做，学生就会主动参与到数学学习中，产生我能学好数学的信心，课前积极预习、思考，课堂上积极参与，情感态度得到长效发展，学习效果与成绩得到提高．

浅析小学数学教学中数学思想方法的渗透

达州市隆昌县第一实验小学 谢俊红

古人言:"授之以鱼不如授之以渔."传统的教学大多注重教材内容的讲授、答案的讲解,而较少注重学生学习过程中思想方法的培养.这对于培养学生举一反三、以一破十的能力是极其不利的.长此以往,学生容易养成依赖老师的习惯,从而无法独立解决问题.倘若在小学数学教学的过程中,注重思想方法的渗透,将不仅仅有利于提高教学的效率,提升学生接受知识的效果,更有利于培养学生自主思考的能力.

1 直观数学思想的渗入——激发思考兴趣

以数学教材为根本依据,不是照本宣科,一味按照教材内容去教,而是在数学教学的过程中关注学生的学,关注数学思想的渗透.比如,创设小组讨论、有奖竞答等有趣又热烈的研讨氛围,留给学生多一点思考的空间与时间.通过教授通常有据可循的破题方法,然后列举有针对性的典型题型,让学生自主思考,总结与常规思考方法具有一致性的其他解题思路,激励学生踊跃思考.当学生提出自己的解题思路与方法后,教师应站在善于采纳好的解题方法、及时纠正不实的解题思路的角度,对学生的思维进行充分评价.评价的过程就是探析学生思维方式的过程,取好舍坏,多角度激发学生的思想方法,扩展思维方式,充分调动学生的学习积极性,培养其创新思维.这样才能让学生对数学的直观思维更加敏感.

2 领悟思想方法——百花齐放

课堂教学中,通过典型案例让学生组成不同的讨论组,畅所欲言,各抒己见,接着由各小组发言人将讨论的结果以及得出结果的思考过程进行简单的阐述.当教师分析学生分享的结果与思想方法时,要注意有机结合数学教材的核心内容与思想,将更具有逻辑性、分析性的思想方法自然地渗透于学生心中,有意识地引导与启发学生对于数学知识及其中的数学思想方法的领悟,切勿生搬硬套，脱离实际．将学生自我思考和与他人讨论相互结合，有效地弥补小学生的思维漏洞，让他们通过讨论的方式更好地接受别人的建议，这对培养其在成长过程中与人相处的能力也具有积极作用．

学习数学知识的过程，其实就是一个发现问题、解决问题的过程．教师要深刻意识到数学教学的特点，引导学生在学习过程中主动解决问题．讨论式的教学方法，有利于学生在各抒己见的环境下，交流思想，多角度分析问题，通过不同思想火花的碰撞，体味到解决数学问题多方法应用的可行性与重要性．"百家争鸣，百花齐放"，讨论式的教学方法在学生解决问题的同时，能使学生更深刻地领悟到数学思想方法的本质．

3 巩固提炼思想方法——将应用谙熟于心

针对小学生逻辑思维形成刚起步、接受能力相对较低的特点，引用巩固数学概念、提炼中心思想的方法，有助于小学生在学习数学过程中对知识的综合概念的理解，将数学思想方法渗透于学生的脑海里，从而将其应用谙熟于心．数学概念是指通过对数学知识的整理分析而得出的基本理念，涵盖了数学知识的通性特点和基本理论．在教学的过程中，通过引用数学概念，提炼和整合数学思想方法，引导学生具体问题具体分析，由点到面地分析问题，不仅能够培养学生整合、归纳、分析的能力，也能让学生对数学概念、数学思想方法有更加全面的理解．如应用符号化思想培养学生对抽象概念的整合能力，让其从整合的数据统计表中找到具体的针对性的数据，用符号化的思维，构建一个数学集合模型，结合应用数学概念、数学思想方法，借助语言、身体姿势等将内在的思考过程体现出来，向大家展示自己的思想结果，这无形中是一个潜移默化的思维渗透．与此同时，教师也要引导学生在学习过程中不断地自检自省，反思自己发现和解决问题的逻辑思维．比如，设计一些蕴含数学思想方法的题目，对学生进行简单的测试，既巩固了学生对于数学概念的理解，又有利于渗透思想方法．

4 结语

数学教材是小学数学教育的基本依据，教师在教学的过程中，应探析教材中的数学概念，利用生动有趣、多种多样的教学方法，直观地向学生渗透数学概念的思想，构建研讨小组，充分调动学生的参与积极性和兴趣，形成百花齐放的良好氛围．在学生进行问题结果分析的过程中，教师通过点评等方式渗透其中的数学思想方法，然后再巩固概念与思想方法，让学生能够谙熟于心，应用自如. 因此，从概念的建立到数学规律的发展，再到数学问题的解决，其核心在于挖掘贯穿始终的数学思想方法，并将这些逻辑思维、思想方法渗透给学生. 这对学生吸收知识、构建数学思维具有极其重大的意义.

参考文献

[1] 郑毓信. 数学思想、数学活动与小学数学教学［J］. 课程·教材·教法，2008（5）：36－40.

[2] 熊华. 加强数学思想渗透，发展数学思维能力——对人教版小学数学教材"数学广角"修订的几点思考［J］. 课程·教材·教法，2011（9）：61－66.

[3] 王林. 小学渗透数学思想方法的实践与思考［J］. 课程·教材·教法，2010（9）：53－58.

[4] 马丽君. 浅谈小学数学教学中渗透的数学思想与方法［J］. 赤峰学院学报（自然科学版），2014（1）：242－244.

[5] 姜嫦君，刘静霞. 小学数学教学中数学思想方法的渗透［J］. 延边教育学院学报，2010，24（2）：106－108.

[6] 解恩泽，赵树智. 数学思想方法纵横论［M］. 北京：科学出版社，1997.

[7] 寿望斗. 逻辑与数学教学［M］. 北京：科学出版社，2009.

[8] 顾泠元. 数学思想方法［M］. 北京：中央广播电视大学出版社，2004.

[9] 马云鹏. 小学数学教学概论［M］. 北京：人民教育出版社，2012.

谈学具在小数低段教学中的作用

达州市渠县灵岩乡中心小学　扈维琴

低段小学生思维处于以具体形象为主的发展阶段，具有爱玩、爱动的特点．课堂中借助学具的操作，适时创设合理的动手操作的活动情境，给学生提供动手的机会，发展学生的逻辑思维，促进其辩证思维的形成，进而从根本上提高学生的能力，使学习变得轻松、自然、高效．

根据低年级小学数学教材的内容和儿童的年龄特点，常用的学具主要有以下几种：

(1) 实物图画、数学符号、几何图形卡片（或塑料片）．
(2) 小棒（单根的、成捆的），用来学习认数和计算．
(3) 计数器，用来学习百以内、万以内数的读法和写法．
(4) 钟面和七巧板．
(5) 钉子板，又叫几何平板．

学具在低年级数学教学中到底有何作用？下面具体阐述．

1　学具的使用可以使抽象的概念具体化、形象化

在"认识乘法"中，乘法这个概念二年级学生第一次碰到，是很抽象的概念，学生很难理解．而这些难懂的概念如果掌握不好，将对学生今后的学习产生直接的影响．低年级小学生的生活经验很少，教师若只是单纯地讲解概念，学生根本理解不了，只能死记硬背，这样的学习便走入了误区．运用教具创设情境，可以把静止的变成活动的，把抽象的变成形象的，把学生的视野从教室狭小的空间引向大自然，引向学生平时熟知的事物，使知识在学生易于接受的氛围中如春雨润物般渗透进学生求知的大脑．因此，在认识乘法时，让学生与同桌合作或师生合作，运用摆放等操作，使学生经历自我领悟的过程．

2　学具的使用有利于激发学生的学习兴趣

自从使用学具后，每当笔者让学生进行学具操作时，学生总是兴趣盎然，

热情很高. 究其原因，主要有三点：①低年级学生由于年龄比较小，经常让他们进行操作，能使他们从操作中体验到成功与快乐；②学具在颜色、设计、外观等方面都与儿童的拼插玩具类似，能够吸引学生注意，并对其进行操作；③让学生进行学具操作，能够给学生提供一个自己去探索发现，学习知识的自由空间.

例如，在一年级学习"分与合"的课堂上，当学生拿到一些花瓣和桃子图片时，一下子就兴奋了起来，课堂非常活跃；在二年级学习乘法口诀的课堂上，让学生看数字卡片说得数，学生的注意力一下子就集中了，争着比速度；利用七巧板让学生自由摆放，当不同的学生摆出各种形状时，笔者不禁感叹："孩子的想象力是多么的丰富呀！"

3 学具操作可提高学生的技能素质

动手操作过程是培养技能技巧、促进思维发展的一种有效手段. 在教学中，教师要充分利用教具演示、学具操作为学生提供参与机会，尽可能让学生动手操作，提高学生学习数学的兴趣. 例如，在教学第一册时，上"同样多、多些、少些"这节课中的"同样多"时，在用图演示完兔子、萝卜同样多，学生初步得出"同样多"的概念后，为使学生进一步加深理解，我让学生动手摆学具：取出 2 个小圆片，竖着摆放在左上方，在圆片的左边对着摆正方形，要求摆的正方形和圆片同样多，同时教师也在黑板上竖着贴 2 个圆片，让一名学生上讲台按老师的要求摆正方形. 通过反复矫正，当学生都摆正确后，再要求横着独立摆放同样多的小圆片和正方形，最后指导学生独立完成课本中的操作. 对一些有困难的学生再单独进行指导. 这样，学生对"同样多"这一概念就打下了深刻的烙印.

4 学具的使用有利于发展学生的思维能力

教育家皮亚杰曾说："思维从动作开始，切断了动作和思维的联系，思维就不能得到发展." 学习一位数加法的时候，学生会把 10 根小棒绑成一捆，很快就学会了凑十法. 在学习两位数减一位数口算时，学生通过摆小棒计算 $26-9$，可以发现 $16-9=7$，$10+7=17$；$10-9=1$，$16+1=17$ 等不同算法，有效促进了学生思维能力的发展.

当然，要实现上述作用，应时刻注意学具的恰当使用. 低年级小朋友由于年龄较小，自控能力较差，拿到学具后整个心思都停留在摆弄学具上，而忽视了老师上课的内容，有时只知道操作而没有形成对知识的认识. 笔者一开始就经常遇到这样的问题,一说到动手操作,学生就兴奋得很,整个教室都沸腾了,有时因为维持课堂纪律而无法完成教学任务. 因此,使用学具时应注意以下两点:

(1) 讲明操作要求.

小学生特别是低年级的小学生,操作前不善于选择和取出学具,不善于倾听,特别是不领会指导语就动手,操作后又不善于保留结果,讨论完了把学具推向一边,不及时收拾. 因此,在进行学具操作时,首先要有明确的指导语,使学生知道"做什么"和"怎么做". 其次是根据需要配以教具演示与必要的启发、讲解,展现操作程序及其内在逻辑性. 有时还可以采用分步定向指导,逐步完成操作的策略,以获得实效.

(2) 加深对知识的理解.

思考是学生感知表象,进而组织内部语言、认识事物的基础,教学过程中,应让学生把内部语言转化成外部语言,在每一次动手操作后,让学生说出认识过程,请其他同学评议,教师适当点拨纠正,从而使学生加深理解. 这样既能把外部知识内化成学生自己的知识,同时也培养了学生运用数学语言进行口头表达的能力.

综上所述,在数学的教学过程中,加强对学具的运用操作有着极其重要的作用. 只有以学生为主体,充分调动学生的积极性,使之参与学习过程,才能提高课堂教学质量,使不同层次的学生主动学习,进而掌握知识,增强技能.

尝试数学探究，培养创新意识

内江市隆昌县响石镇中心学校　邱庆先

苏霍姆林斯基说过："在人的心灵深处，总有一种根深蒂固的需要，这就是希望自己是一个发现者、研究者、探索者."新课程标准不仅提出了"以人为本，教师为主导，学生为主体，思维训练为主线，提高学生综合素质为目标"的教育理念，而且还提出了学会学习、学会创造的具体要求.只有将"以学生发展为本"的教育理念内化为自觉的教学行为，与知识获得能力的培养有机地融合起来，才能培养出有能力、敢于创新的学生.

1　激情引趣——激发求知欲

兴趣是求知的向导，是成才的先兆，是追求真理的第一步.孔子说："知之者不如好之者，好之者不如乐之者."学生有了兴趣，才能产生强烈的求知欲，才会自觉地花时间、下功夫、动脑筋，积极主动地进行学习，在学习中发挥主体作用.

2　创设情境——设疑引思

情境交融的教学，对激发学生的兴趣、启迪学生的思维、开发学生的智力有很大的作用.古人云："学贵有疑，小则疑小进，大疑则大进."疑是思维的火花，思维总是从发现问题开始，以解决问题告终的.学生只有在学习时主动去思考、去质疑、去解疑才算是真正地处在主体地位."学成于思，思源于疑."不断发现问题、提出问题是学生思维活跃的表现，也是学生勤于动脑、善于思考的表现.

3　营造氛围——引导参与

小学生具有好奇、好动、好玩的特点.要提高他们的数学素质，教师应根据他们的年龄特征和好奇、好动的特点，在教学中以教具、学具操作活动为载体，让学生乐于操作.让学生在手、脑、口并用参与学习活动的过程中去寻找一类事物的本质特征,发现解决一类数学问题的规律. 陶行知先生指出:"先生拿做来教,乃是真教;学生拿做来学,方是实学."可见实践的重要性. 在数学教学中,教师应把学习的主动权还给学生,充分提供让学生参与数学活动的机会,让学生多种感官参与数学实践活动,以充分发挥学生学习的主体作用.

4　勇于探索——培养创新

在小学教学中,培养学生的创新意识、创新精神和创新能力,首先要激发学生学习数学知识的兴趣,使他们产生主动参与数学学习的需要. 事实证明,操作是思维的桥梁,是创新的条件. 学生通过操作活动,不仅获得了对事物的感性认识,使抽象问题直观化,而且可以帮助他们对问题进行进一步探究,从而达到解决问题的目的.

5　教给方法——鼓励探究

教师在教学中,要教给学生学习数学的方法,让他们尝试运用所学知识和技能去解决问题,从而体验探索带来成功的快乐,进一步增强主动学习的信心. 例如,教学"列式解文字题"时,注意指导学生的学法:①正确理解数学术语的含义;②教给学生读题的方法.

6　拓展认识——想象创新

伟大的科学家爱因斯坦说过:"想象力比知识更重要,因为知识是有限的,而想象力概括着世界上的一切,推动着进步,并且是知识进化的源泉."主体性教学思想的一个突出特征就是要重视学生的创新意识、创新能力的培养.

数学教育家弗赖登塔尔认为:"数学是人的一种活动,如同游泳一样,要在游泳中学会游泳,我们也必须在做数学中学习数学,也就是在创造数学中学习数学."因为只有通过自己的再创造活动而获得的知识,才能真正被掌握和灵活运用. 根据弗赖登塔尔的观点,教师在数学教学中应注意培养学生的自主探索精神,这是培养学生创新精神的重要途径. 例如,在学生学习了"角的认识"后,笔者便组织了一次数角的活动课. 活动采用分组竞赛的形式进行,其内容:要求数出图中有多少小于180°的角,看有什么规律. 学生通过讨论总结出几种方法:①按顺序数角法;②标数相加法;③增边增角法;④公式计算法. 显然,运用公式计算法,即 $\dfrac{n(n-1)}{2}$ 计算角的个数,只需知道边的条数,代入公式便可求得角的个数,学生运用起来比较方便. 为了进一步拓展学生的思维,促进知识的正迁移,让他们创造性地解决其他问题,笔者又巧妙地引导学生思考:你能运用数角的方法数出线段和三角形的个数吗?学生经过试验,惊喜地发现以上数角的方法同样适用于数线段、数三角形,从而激励了他们积极地去发现、去探索、去创造,达到触类旁通、举一反三的效果,培养了他们的创新意识和创新精神.

7　合理开放——体现价值

数学活动应该从单一的课堂学习活动走向多维度的社会化学习活动,让更多的学生在开放式的活动过程中获得全面充分的发展,要变多媒体演示为动手操作,让学生主动参与学习,参与知识产生的过程,体验知识,体验成功,增强创新意识."路漫漫其修远兮,吾将上下而求索",当前的数学教学,应积极组织学生走出课堂,深入社会,参加有意义的社会实践活动,在活动过程中深入认识学科的运用价值,从而形成良好的数学价值观.

在小学数学教学中创编顺口溜

内江市隆昌县金鹅镇大南街小学 林 丽

数学具有高度的概括性和抽象性,如果在课堂教学过程中,把教材中的重难点、原理和方法,用形象生动、简洁顺口、浅显易懂的语言归纳总结出来,创编成顺口溜,学生听起来聚精会神,读起来朗朗上口,记起来牢固不忘,用起来轻松自如,学起来快乐无比.笔者把创编的顺口溜巧妙地运用到特定的数学学习情境中,对教学起到了很好的辅助作用.

1 激发学生学习数学的兴趣

学习兴趣是推动学生求知的力量.结合教学内容以及学生的实际情况创编顺口溜,给学生创设一种愉快的学习氛围,让学生体验到学习的乐趣,从而对学习产生浓厚的兴趣.例如,笔者在"认识10"的教学过程中,把10的组成和分解创编成顺口溜"凑10歌":

小朋友,拍拍手.
1和9,一起走;
2和8,是一家;
3和7,在一起;
4和6,好朋友;
5和5,一双手;
凑成10个手指头.

这样既能激发学生的学习兴趣,又有助于学生记忆10的组成和分解,为正确、熟练地计算10的加减法做好充足的准备,让学生在快乐中计算.

2 帮助学生理解数学的抽象性

由于小学生的辨别能力不强,缺乏对事物的直接认识.因此,教师在教学过程中要注意语言的直观形象性和趣味性,这样有利于激发学生的学习兴趣,让学生在欢乐中掌握抽象的数学知识.如笔者在教学">和<"时,一年级小

学生辨别事物的能力较低,对哪个是大于符号,哪个是小于符号分不清楚,从而导致在比较大小时常常弄混淆. 于是笔者就创编了一句简单的顺口溜:

大口对大数,

小尖对小数.

学生后来一遇到比较大小,要填">""<"时,就自然想起这句形象具体的顺口溜,从而轻松、准确地解决这类问题. 又如,笔者在教学"认识时钟"时,为了帮助学生快速、准确地认出整时和几时半,创编了顺口溜:

分针长长指12,

时针指几是几时;

分针长长指着6,

时针过几几时半.

这样,学生一边看着钟面,一边念着顺口溜,就能准确地认出时间.

3 帮助学生记忆数学的知识点

顺口溜有助于训练学生思维,能抓住教材重点,突破难点,表示事物之间的联系,起到便于理解、增强记忆的作用. 例如,笔者在教学"年、月、日"时,为了让学生清楚、准确地记忆哪些月是大月,哪些月是小月,以及它们的天数,创编了顺口溜:

一、三、五、七、八、十、腊(12月),

31天永不差.

四、六、九、冬(11月)30天,

二月平来28(天),

二月闰来29(天).

清楚记忆到永久.

还有大月的月份是"7前单来8后双". 学生记住了这朗朗上口的顺口溜,便能熟练地解决相关实际问题.

4 调动学生探究数学的主动性

数学既具有高度的抽象性,又灵活多变. 笔者在教学中注意培养学生的动手能力,让学生在探索中发现问题、解决问题,并总结归纳,得出结论,调动学生学习的主动性、积极性. 例如,笔者在教学"用量角器量角"时,学生自学探究知道了量角的方法,把复杂的过程叙述创编成顺口溜:

> 点对点，
>
> 线对边，
>
> 再看另一边．

这样，让学生更容易掌握量角的方法．可是学生在操作中发现问题：另一边对应有两圈刻度，究竟是看里面还是外面呢？我让学生通过交流讨论得出结论，并接着创编出顺口溜：

> 左起看外，
>
> 右起看内．（左外右内）

这样，学生一边念顺口溜，一边量角，趣味无穷，印象深刻，受益匪浅．

5　帮助学生体验学习数学的乐趣

课堂总结是教学过程的重要组成部分，教师用精练的语言归纳学生的发言，使学生在头脑里形成清晰、完整的印象，如果能用顺口溜进行总结，将取得事半功倍的效果．例如，笔者在教学"名数的改写"时，把结语创编成顺口溜：

> 大改小，
>
> （用进率）乘才好；
>
> 小改大，
>
> （用进率）除一下．

学生记住了顺口溜，便掌握了名数改写的方法．又如，笔者在教学"混合运算"时，把学生叙述的运算顺序归纳成简单的顺口溜：

> 有括号，
>
> 先算它；
>
> 同一级，
>
> 按序算；
>
> 不同级，
>
> 先乘除、后加减．

这简单明了的顺口溜使学生对混合运算的顺序有了清晰的认识，计算的正确率大大提高．学生在愉快的氛围中结束了新课学习，他们兴趣高涨，学习效率得到显著提高．这种快乐学习能促进学生的思维能力得到更大的发展．

6　引导学生领悟计算的方法

计算是数学教学内容的一个重点，要使学生能进行正确的计算，掌握算理和方法非常重要，要让学生在理解的基础上记忆，教材中讲述的计算法则比较抽象，学生理解、记忆起来都很吃力，不容易接受．例如，在教学"两位数的退位减法"时，很多学生容易混淆十位上的数字究竟是多少，笔者就把它创编成顺口溜：

    有个数字真奇怪，
    头上有顶小帽戴，
    退 1 当 10 来计算，
    自己少 1 不奇怪．

  这样，使学生感觉退位减法并不可怕，注意看十位上有没有退位点，只要自己仔细就容易计算正确，还可以提醒并培养学生养成仔细计算的良好习惯．又如，针对"除数是两位数的除法"的计算方法，笔者把它创编成顺口溜：

    除数两位看（前）两位，
    两位不够看（前）三位．
    除到哪位商哪位，
    记熟口诀定好位．
    试商方法要灵活，
    不够商 1，0 占位．
    余数要比除数小，
    然后再除下一位．

  这通俗易懂的顺口溜对学生理解算理、掌握笔算方法帮助很大．口算是计算的一个重要组成部分，在理解的基础上，需要简化、压缩思维过程，形成口算技能、技巧，培养学生思维的准确性．例如，在教学"20 以内进位加法"时，先讲 9 加几，再讲 8 加几……学生在多种计算方法的比较下，发现用"凑十法"最简便、快捷．当学到之后的 7，6，5，4，3，2 加几时，很多学生由于定势思维，习惯看第一个加数，分第二个加数，凑成 10 来计算，这样计算速度就会减慢．针对这种情况，笔者引导学生观察、比较，创编出顺口溜：

    看大数，
    分小数，
    凑成 10，
    算得数．

  学生在朗朗上口的顺口溜中体验最优化的口算方法，不仅加快了口算速度，还提高了教学的有效性．

  顺口溜念起来自然流畅，学生易懂易记，并且印象深刻．在小学数学教学中，巧妙地创编、使用顺口溜来辅助教学，适合小学生的年龄特点和心理特征，是小学生喜闻乐见的形式．我们要充分发挥顺口溜在数学教学中的辅助作用，让学生轻松、愉快地爱上数学，学好数学．

"三角形的分类"教学及反思

达州市渠县青丝乡中心学校　龚德君

在 2016 年的"校际联谊"教研活动中,笔者承担了小学数学教研课,内容为四年级下册第四单元中的"三角形的分类".笔者将上课的过程和反思记录如下.

上课开始,笔者对学生说:"同学们,今天我们的老朋友来看望大家了,想知道它们是谁吗?"学生异口同声地回答:"想!"接着,笔者用课件出示三种角:锐角、直角、钝角."同学们,就是它们,大家还记得它们叫什么吗?大声说出它们的名字."学生响亮地回答:"锐角、直角、钝角."笔者又出示了一个三角形,问学生:"这又是什么呢?"学生又大声回答:"三角形.""那三角形有什么特征呢?""它有三个顶点、三条边、三个角.""看来,同学们对我们的老朋友太熟悉了,那么,今天我们就来研究怎么根据角的种类对三角形进行分类,大家有信心完成吗?"学生兴奋地回答:"有!"

(反思:在课堂引入这个环节,笔者采用生动的语言引起学生的注意,复习了角的种类和三角形的特征,为后面的学习做铺垫,很好地激发了学生的学习兴趣.)

接下来,笔者告诉学生:"同学们,你们表现得太好了,老师为你们准备了小礼物,就在你们的课桌里面,拿出来,打开它."当学生从课桌里拿出笔者提前放好的用各种颜色的卡纸剪成的不同形状的三角形和一张表格后,笔者又问:"喜欢这个礼物吗?""喜欢!"学生异口同声."现在,我们来进行一场比赛:两个同学为一组,找出这些三角形中各有几个锐角、直角、钝角,并填在表格里,看看哪个小组最先完成.比赛开始."学生可积极了,有的量角,有的填表,分工合作,都鼓着一股劲儿——想争第一.

(反思:五颜六色的卡纸做成的三角形使学生感到很新鲜,再让他们亲自动手操作找出三角形中的锐角、直角、钝角,小组合作,完成比赛,提高了学生学习的主动性和积极性.)

一会儿工夫,学生都高高举起小手,笔者又提出一个问题:"同学们,请仔细观察你们所填的表格,从中你有什么发现?"学生又齐刷刷地举起了手,笔者让一个平常不太喜欢发言的学生来回答,他站起来怯生生地说:"一号三角形有3个锐角、0个直角、0个钝角,二号三角形有2个锐角、0个直角、1个钝角,三号三角形有2个锐角、1个直角、0个钝角,四号三角形有2个锐角、1个直角、0个钝角,五号三角形有3个锐角、0个直角、0个钝角.""同学们,同意他的回答吗?""同意!""请把掌声送给他."这时,笔者从他的眼里看到了自信.接着,笔者又说:"同学们,我们继续合作,根据三角形中锐角、直角、钝角的个数把它们进行分类吧."

(反思:学生动手操作后,找出了三角形中各种角的个数,再根据这些角的个数对五个三角形进行分类,就能很快找出它们的共同点.相比老师直接讲解怎么分,更能让学生有成就感,从而激发其学习数学的积极性,这才是数学课的本质.)

然后是集体汇报,有一组学生把手举得特别高,笔者就让他们来汇报分类的结果."我们把这5个三角形分成3类:一号和五号三角形分一类,因为它们都有3个锐角、0个直角、0个钝角;三号和四号三角形分一类,它们都有2个锐角、1个直角、0个钝角;二号三角形为一类,它有2个锐角、0个直角、1个钝角.""回答得真好,掌声送给他."接着我又问:"还有其他分法吗?""有!"这出乎我的意料,我让他说说怎么分的."我只分为2类:三号和四号一类,它们都有1个直角;一号、二号和五号为一类,它们都没有直角.""真不错!"我又问学生:"刚才这两种分法,你们觉得哪一种分法更好一些呢?"学生异口同声地回答:"第一种!""嗯.那理由是什么呢?"一个男同学站起来说:"第一种分法里的3类三角形中,每一类三角形的角的种类都相同;第二种分法里只分为有直角的和没有直角的,但没有直角包含了锐角和钝角,这两种角不同类."当他回答完毕后,全班同学都不由自主地为他鼓掌.

(反思:学生通过观察、思考,把三角形按角的种类进行分类,而且出现了不同的分法,这是思维的碰撞.学生通过分析讨论得出正确的结论,一定会在他们的脑中刻下最深的烙印.)

接下来,笔者让学生根据刚才分类的结果给这3类三角形命名.学生纷纷举手,说出了3类三角形的名称:锐角三角形、直角三角形、钝角三角形.我再让学生说说每种三角形的特征,然后动笔在纸上画出任意一个三角形,并说出它是什么三角形,同桌之间互相检验.接着,我给出了三个小题目,让学生逐一讨论:①在一个三角形中,可能有两个直角或钝角吗?②3种三角形有什么共同点和不同点?③怎么快速判断三角形的种类?

学生讨论得很激烈，很快就有了答案：①在一个三角形中，不可能有两个直角或钝角，也不可能同时有一个直角和钝角. ②这3种三角形的共同点：每个三角形中至少有2个锐角；不同点：锐角三角形的3个角全是锐角，直角三角形中有1个直角，钝角三角形中有1个钝角. ③判断一个三角形的种类只看最大角.

（反思：根据三角形的特征命名、画图、讨论，通过这些活动，每种三角形的特征在学生的脑海中越来越清晰，掌握起来会更加牢固.）

随后，笔者用集合图表示了3种三角形的关系，并让学生闭上眼睛默想这幅集合图.

课堂最后，笔者设计了3个练习题：第一道题是判断三角形的形状；第二道题是根据三角形的2个内角的度数算出第三个角的度数，再判断它的形状；第三道题是遮住三角形的2个角，根据露出来的一个角判断它是什么三角形. 当露出的是直角或钝角时，学生很快就判断出三角形的形状. 当露出的角是锐角时，学生不假思索地判断成锐角三角形，笔者笑着问："确定吗？"学生一下子就反应过来了，说："不一定！要看它的最大角."笔者赞许地点了点头，内心无比欣慰，看来这堂课成功了.

以前，笔者总认为数学课是枯燥、乏味的，学生也是被动、机械地接受老师传给他们的知识. 但是，在这堂课上，笔者感受到学生积极探究、热烈讨论，尽情享受学习带来的快乐，他们的思维闸门被打开，智慧的火花熠熠生辉！因此，我们不应只做知识的传递者，而应该做一个引路人. 正如萧伯纳所说：我不是你的老师，只是一个旅伴而已，你向我问路，我指向我们俩的前方！

预学后教"平均数"的教学设计[1]

达州市渠县水口乡第一中心学校　洪利霞

【教学目标】

1. 知识和技能目标.
使学生能理解移多补少求平均数的方法,能根据数据列出算式求平均数.
2. 过程与方法目标.
帮助学生掌握平均数的意义和求平均数的方法.
3. 情感态度与价值观目标.
体验数学与生活的密切联系,培养学生科学分析问题的能力.

【教学重难点】

1. 教学重点:掌握平均数的意义和求平均数的方法.
2. 教学难点:能根据数据列出算式求平均数.

【教具准备】

课件.

【课前交流】

同学们,你们认识我吗?谁能从屏幕上找到我的名字?所以,你们叫我……谁能说说我来自哪里?我不仅教数学,猜猜我还教什么?(我不仅教数学,还教你们怎样做人,做一个怎样的人!)你们觉得我会是一个怎样的老师呢?(……不过我上课还有一个特点:我教得比较少.)

---

[1] 本文是2016年渠县送教下乡培训教学观摩课的内容.

【教学过程】

1 创设情境，激趣导入

"看过《喜羊羊和灰太狼》吗？""看过.""你们都喜欢里面的哪个角色呢？""喜羊羊.""能说说为什么喜欢喜羊羊吗？""聪明.""不过，我听说咱们学校的孩子比喜羊羊更聪明，今天这节课，就请你们大胆展示自己，让后面所有听课老师都喜欢上聪明的你们，好吗？"（放松学生心情，提高课堂参与的积极性）

师：现在，喜羊羊带着我们一起去分蘑菇了.（出示课件）村长去森林里采摘了一些又大又嫩的蘑菇回来分给小羊们，我们来看看是怎么分的. 美羊羊分5个，沸羊羊分3个，懒羊羊分1个. 同学们，猜谁会有意见？

生：懒羊羊.

师：它肯定不依不饶，怎么办？

生：美羊羊移2个给懒羊羊，这样每个人都是3个蘑菇，就公平了.

师：你的意思是说从多的里面移2个补给少的，这样他们就平均了，对吗？

师：我们能不能给这种方法取个名字？四个字的.（多抽学生）

生：移多补少法.

师：太形象了，奖励你，善于归纳！

板书：移多补少.（黄色）

师：通过移多补少后，我们得到了一个数是多少呢？

生：3.

师：同学们，这个"3"表示什么呢？

生：平均每人得多少个蘑菇.

师：对，表示平均分后每人就得3个蘑菇. 所以，这个"3"我们可以把它叫作5，3，1这一组数的什么数呢？

生：平均数.（板书）

师：那今天就让我们和喜羊羊一起走进平均数的世界，去认识和了解平均数，好吗？

2 自主探究，理解新知

2.1 创设情境

这一天，喜羊羊和他的伙伴们来到了我们（　　　），发现四年级的小朋友正在玩游戏（多媒体展示图片）．你们玩过这个游戏吗？知道怎么玩吗？我们来看看他们的比赛成绩吧．（创设学生熟悉的游戏情境，让学生很快进入学习状态）

2.2 出示课件

例1 比一比，哪一组的成绩更好？

（1）如果两组都是8人，可以比什么？（总成绩）

（2）但人数不同，我们该比什么呢？

让学生预习教材87页例1，完成问题1．（让学生自学，培养学生自主学习能力）

（3）教师带领学生完成预习单中的问题1~5．

问题1：

通过计算可知，甲组8人掷圈的总成绩是（　　　）分，乙组7人掷圈的总成绩是（　　　）分，两组掷圈的总成绩都是（　　　）分．因为两组的人数不相同，单从总成绩来比较，是不可能知道哪组成绩更好的．

问题2：

已知甲组8人掷圈的成绩是56分，则平均每人掷圈的成绩是（　　　）分；乙组7人掷圈的成绩是56分，则平均每人掷圈的成绩是（　　　）分．因为（　　　），所以（　　　）组的成绩更好．

问题3：

当两组人数不同时，用每组的总成绩除以这个组的人数，得到（　　　），再进行比较更合适．

问题4：

（1）通过预习，我知道：求平均数是用一组数据的（　　　）除以这组数据的（　　　）．

（2）我还知道：平均数是表示一组数据集中趋势的量，它可以作为一组数据的代表．

问题5：

预习后，我不理解的内容（或者疑惑）是（　　　）？

2.3 想一想

如果规定每组队员的平均成绩要达到 8 分．这两个组达到这个标准了吗？是不是每个人都达到了呢？是不是每个人都没达到呢？（让学生体会个人的成绩与平均成绩之间的关系：一组数据中出现特别大或特别小的数据，就可能对平均数的"代表性"产生影响）

2.4 我会玩

同桌合作手势比画：一个同学用一定的高度表示平均成绩，另一个同学比画：有的成绩比平均成绩低，有的成绩比平均成绩高．平均成绩就处在他们中间，代表他们的平均水平．（让学生进一步理解平均数的特征，感悟平均数在一个群体中是处于最小值与最大值之间）

2.5 我学会了

$$总数÷份数=平均数$$

2.6 预习检验

（1）小明每分钟跳绳成绩记录为：30 个、23 个、26 个、28 个、27 个、28 个．你认为用什么数据代表小明每分钟跳绳数比较合适？独立计算．

（2）根据下面两组数据，比较甲、乙的生产成绩谁更好．

甲 5 天中每天生产零件数记录如下：

10 个　　13 个　　12 个　　15 个　　10 个

乙 4 天中每天生产零件数记录如下：

14 个　　9 个　　17 个　　20 个

3 课堂小结

求平均数的方法有以下两种：

（1）移多补少．

（2）总数÷份数=平均数．（计算平均数把每个数据都用到了）

平均数是一个统计量，不是指某一个数据，而是代表几个数据的平均水平．

4 了解生活中的平均数

（1）2008 年奥运会平均每天产生 15 枚金牌．

（2）春节期间丽江游客日平均量为 3 万人．

（3）我校 3 年级学生平均年龄是 8 岁．

（4）小红的期末成绩平均分是 96 分．

（5）黄老师家每月平均用电 85 千瓦时.

（6）严重缺水地区平均每人每天用水量约 3 千克.（渗透德育教育：节约用水）

用平均数表示一组数据的情况，有直观、简明的特点，所以在日常生活中会经常用到.

5　全课总结

通过这节课的学习，你学到了什么？

"平行四边形"教学设计

达州市渠县渠江镇第六小学　李　勇

1　教材分析

　　本节课选自西师大版数学四年级下册第六章"平行四边形". 平行四边形广泛存在于现实生活中，具有较强的数学生活性. 本节课内容立足于学生已有的生活经验和初步的数学知识，通过铁护栏、拉闸门等真实图片呈现生活中的平行四边形，随后通过验证，让学生动手操作，得出平行四边形的概念和特点，并在操作与练习中巩固知识. 本节课内容与生活紧密联系，图文并茂，活动性强，教与学和数学生活融为一体.

2　学情分析

　　学生的知识技能基础：学生已经初步具备了平行四边形的概念. 但对平行四边形的特征，如何判定平行四边形还没有进行专门的系统学习.

　　学生的生活经验基础：平行四边形广泛地存在于生活之中，学生有一定的认知基础. 但有的学生还不能准确地判定平行四边形.

3　学习目标与重难点

3.1　学习目标

（1）知识与技能.

认识平行四边形及其基本特征，培养学生的观察能力、实践能力、空间观念及合作精神.

（2）过程与方法.

让学生通过动眼观察、动手操作、动口表达、动脑思考等方式探索新知.

（3）情感态度与价值观.

使学生感受图形与生活的联系，感受平面图形的学习价值，进一步发展对"空间与图形"的学习兴趣.

3.2 教学重难点

认识平行四边形及其基本特征.

4 教学设想和媒体环境构思

4.1 教与学策略

"数学来源于生活"."平行四边形"就是与生活紧密联系的一课. 笔者选择本课的目的是增强学生的直观感性认识，在生活中学习数学. 笔者的教学构想是以学生为主体，让学生通过观察、操作、合作探究、相互交流等学习方式，自主获得有关平行四边形的相关知识，发展学生的空间观念. 笔者的教学策略是以观察为主线，概括特征为突破口，操作、验证为认知基础，让学生自主获取知识，培养学生对数学知识的观察、分析、归纳、概括能力与审美能力，达成教学目标.

4.2 教与学方法

（1）教学引导.

①引导学生在生活原型中做数学、经历数学. 通过观察周围事物，让学生学会用所学数学知识去解决实际问题，明确数学源于生活，又为生活服务.

②指导学生学会实践操作，体验知识的产生过程.

（2）学习探索.

①以学生为主体. 开展交流、互动评价、合作探究等活动，鼓励学生各抒己见，敢想、敢说、敢问、善听、善别，共同评价探究成果.

②发展学生个性. 利用多媒体技术展示学生探索成果，体现学生探究才能，张扬学生个性，让课程异彩纷呈.

（3）媒体作用.

①发挥多媒体优势，创设信息化学习环境.

②凭借多媒体交互性功能设疑思辨，探索研究课题，寻找与评价解决方案.

③展示生活现象，启示和引导寻求解决问题的方法，有效解决生活中的问题.

5 教学过程设计

程序	教师活动	学生活动	多媒体支撑与理念
（一）引导分享发现新课	1. 激趣引导：同学们，你们喜欢做游戏吗？我们一起来做个游戏吧．游戏的名称叫作猜图形． 2. 分享图片：请大家欣赏并观察，在这些实物中你发现了什么图形？ 3. 引导发现：好，同学们有发现了吗？告诉大家！ 评价小结：对，这就是我们今天要学习的平行四边形．	1. 学生观察、欣赏图片，发现图形． 2. 自主汇报，阐述发现——它们有平行四边形． 3. 倾听评价，明确课题．	1. 自制教具展示． 2. 多媒体浏览生活中包含平行四边形的实物图片．
（二）协作学习明晰概念	1. 尝试体验：同学们，什么是平行四边形？它的名称中有哪两个关键词？ 2. 什么样的图形是四边形？那说明平行四边形也是四边形的一种．再看第二个关键词，平行，平行四边形中哪里有平行呀？ 3. 学生借助学习用具验证对边平行． 归纳概念：两组对边分别平行的四边形叫作平行四边形．	1. 四边形和平行四边形． 2. 由四条线段围成的图形是四边形．（学生观察后回答） 3. 略．	

"画图学数学"教学设计

内江市隆昌县金鹅镇大北街小学　巫盛源

【教学目标】

1. 经历探索和交流解决问题的过程，体验、感悟"画图"策略的价值.

2. 自主运用"画图"策略解决现实问题；感受数学的智慧，增强数学学习的兴趣和信心.

【教学重难点】

感悟"画图"策略的多样性，合理运用"画图"策略解决实际问题.

【教学准备】

课件、投影仪、三角板等.

【教学过程】

1　引入课题

观看视频，谈话导入：画图学数学.（出示课题）

2　观察体会"画图"策略的优越性

2.1　观察、感受

第一幅图（实物场景图）：

师：你能很快说出白兔比黑兔多几只吗？

第二幅图（实物对应图）：

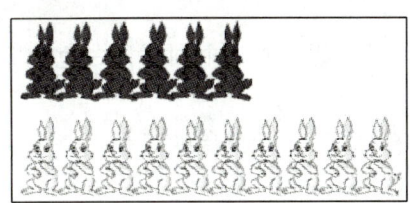

师：你能很快说出白兔比黑兔多几只吗？

师：比较前两幅图，第二幅图上兔子的数量明显增多了，为什么数得比第一幅图快呀？

师：从你们的回答，我知道了，在第二幅图中，只要数多出来的4只兔子就可以了，前面的白兔和黑兔都一一对应着．

设计分析：第一幅图中黑兔与白兔散乱地分布在草地上，第二幅图中黑兔与白兔有序地排列（一一对应）着．将两幅图放在一起让学生比较，使学生感觉到尽管第二幅图中兔子数量增多了，但数起来还是比第一幅图要快得多，从而引导学生探究原因："排排队"．从而渗透了有序的思想．

第三幅图（圆片示意图）：

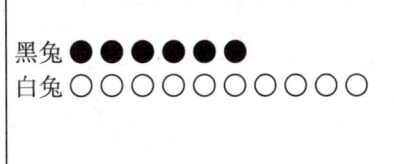

师：它表达的是什么意思？

生：用不同颜色的圆片表示白兔、黑兔，白兔比黑兔多4只．

师：与前一幅图比，感觉怎样？

生：这幅图同样可以表示白兔比黑兔多4只．但用圆片摆或画圆片，比原来的实物图方便多了．

师：如果要表示的黑兔、白兔数量变多了，黑兔有400只，白兔有700只．你打算怎样表示？好好考虑一下，动手试试．

学生独立画图，教师巡视后抽学生汇报并展示自己的画法．

（有的学生准备画；有的学生画了一些圆后，皱起了眉头；有的学生没动手，在思考……）

师（两分钟后，教师询问）：有同学像这样一个一个地摆圆片或画圆片，一直摆或画到400只、700只的吗？（学生都摇头表示没有）

学生汇报展示：

生1：我是这样表示的：黑兔画4个圆圈，白兔画7个圆圈，每个圆圈代表100只．

生2：可以画"一条线段"表示黑兔的只数，"另一条线段"表示白兔的只数，再比一比．

师生共同对两种画法进行合理分析，得出用线段图更合适，教师展示线段图，并给出4个温馨提示．

设计分析：当学生正为圆片示意图的简洁表示感到得意时，教师的问题"如果要表示的黑兔、白兔数量变多了，黑兔有400只，白兔有700只．你打算怎样表示？"冲击了现存的符号化思想，引发矛盾．教师花时间让学生"受挫"，有的学生受定势思维的影响准备画圆，但一想到数量太多，又不得不停下笔；有的学生想出用1个圆片代表100只的办法，但又受到老师质疑（一是没有说明，别人会看不懂图；二是如果不是整百数，应怎么用圆片表示）．学生在思考过程中遭遇挫折，从而产生画线段图的想法，教师适时演示画法，加深学生对线段图的认识和理解．

第四幅图（线段图）：

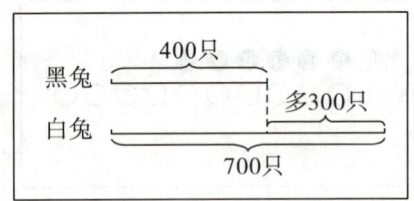

师：与前面的三幅图比，感觉又如何？

生：更简洁，不受数字大小的影响．这样，"白兔比黑兔多300只"，不仅一眼就能看出，而且画起来更简洁、明快了．

2.2 对比、感悟

师：我将四幅图放在一起，让同学们好好感受一下．

重新进行动态演示：实物场景图（小兔散乱地分布在草地上，要去慢慢数）→实物对应图（让黑兔和白兔排排队）→圆片示意图（用圆片表示兔子）→线段图．

师：从第一幅图到第四幅图，你想说什么？

生1：我感觉一幅比一幅简单了．

生2：图越画越简洁了.

生3：第四幅图，线段图表达较多的数量最方便，还容易画……

师：是啊，图是越画越省劲，越画越简易，越画数量关系越清晰，越画越有利于我们思考了.

设计分析：从第一幅图到第四幅图，学生的思维也从最初的一、二年级学习的实物图开始，引向三年级接触过的线段图. 教师在引领学生整理以往原始、朴素的画图经验的同时，激发学生"画线段图"的欲望. 在原始知识整理、画图、图片比较过程中，使思维得到提升，显示了认识事物的过程，凸现了数学本身的智慧——秩序、简化，也体现了教者的设计智慧（蒙太奇式的远景图渐渐拉近到学生的最近知识发展区，整体出发，整体感知，整体行进）.

3 运用多种"画图"策略解决实际问题

3.1 线段图

师：你能将图中的相关数量用线段图表示出来吗？根据线段图，请你提一个自己能解决的问题，并解答.

师：谁愿意展示一下你画的线段图？（一名学生完整地板演线段图）请同学们评价一下，首先说一说画得是否正确；再说说对这位同学画的图的建议；最后评价他提的问题和解答方法.

教师略改线段图，并让一名学生效仿老师修改线段图，其他学生分别提出问题并解答，举手反馈自己的方法.

(1) 第二天借出故事书多少本？

(2) 两天共借出故事书多少本？

(3) 第二天比第一天多借出故事书多少本？或第一天比第二天少借出故事书多少本？

师（重点评析）：4+1=5，4-1=3，表示什么？在线段图上指一指. 这种解法是从哪儿得到启发的?

设计分析:线段图是学生以后"画图"发展的基础,在线段图的识别、选择、运用中,将识图和画图有机结合起来,让学生体验画线段图的作用,促使学生形成一种"画图"意识.这一训练的重点不在于学生练了几道题,掌握了哪一种题型,形成了哪一种解题技能,而在于学生对策略价值的感悟.此处设计有别于以往例题教学的细腻、周到,而是"勾勒"粗线条的几笔,意在让学生从以往的解题过程中走出来,把精力多放在反思上.

师:其实,图的种类有很多,不仅仅局限于线段图,下面就通过解决几个问题来了解.

3.2 其他图

(1) 网状图.

甲、乙、丙、丁四队进行足球比赛,每两支球队之间赛一场,到现在为止,甲队赛了 3 场,乙队赛了 2 场,丙队赛了 1 场,此时丁队赛了几场?

(2) 点子图.

小亮站在一个长方形的体操队伍中,他的前面有 3 人,后面有 3 人,左边有 2 人,右边有 2 人,这个体操队一共有多少人?

(3) 平面图.

长方形的长是 8 厘米,将它的宽增加后,变成了正方形,周长增加了 6 厘米.原长方形的面积是多少?

师:自由读题.同桌可以先讨论讨论.

师:谁愿意和同学一起分享你的思考?

逐题实物投影展示学生的图,学生结合自己画的图进行分析,教师演示课件,对知识点加以理解,并板书.

师(小结第 1 题):借助连线,四支球队之间,谁与谁比过,谁与谁没比过,看得清清楚楚.这种连线像网一样,我们就叫它网状关系图吧.这道题如果用上学期学过的列表也可以解决,但不如今天的连线来得简洁、快速.

师(小结第 2 题):先确定小亮的位置,借助实心圆点画出队伍的形状,一目了然看出队伍共有 7 行、5 列,所以一共有 35 人,采用的画图方法就是点子图.

师(小结第 3 题):这位同学分析得对吗?我们一起来看一看图.从图中你看出了什么?发现了什么?(周长增加 6 厘米,实质是原长方形的宽增加了 3 厘米)平面图画出来了,解题思路就有了.

师:同学们"画图"本领学得真好,不仅会画线段图,还能画网状图、平面图来分析.

设计分析：由基础的线段图，进而到网状图，点子图，长方形、正方形等平面图，体现了数→图、图→数的多向性，避免了学习的单一、呆板．虽然这些题对学生来说具有挑战性，但都是"画图"策略的具体再现．策略教学的根本目的不仅在于要让学生会做题，获得这些具体问题的结论，更重要的是让学生经历并体验策略的形成过程，获得对策略内涵的认识与理解，感受策略给解决问题带来的便利，真正形成策略意识，解决实际问题．有了策略意识，学生才能在解决实际问题时"以不变应万变"．这些题将数与形巧妙结合，点明了本课"画图"的宗旨——数形结合思想的运用．"画图"作为过程与方法，形象、直观，可以降低学生思考的难度，让复杂的数量关系变得更简明．学生学习策略是获得数学思想和积累数学活动经验，关键在"悟"，而不是教师的"教".

4　全课总结

师：学习了今天这节课，你对"画图"有什么感受？

生：合理的画图方法能直观、明了、简便、快捷地帮助我们解决生活中的数学问题.

设计分析：这种画龙点睛、统摄全课的总结，能让学生将知识点连成线、织成网，上升为系统，从而使学生进一步领略"数形结合"这一思想智慧.

5　思维拓展（机动题）

一根绳子，先剪下它的一半，再剪下剩下的一半还多 2 米，这时绳子长 3 米．这根绳子原来长多少米？（先画线段图，再解答）

师：一起来了解一下你们独立画图的情况．（实物投影展示学生作业）请你结合自己画的图说一说你是怎样想的.

师：老师也画图了．请同学们结合图说一说题中第一个"一半"是指谁的一半，第二个"一半"呢？

师（小结）：这么复杂的数量关系，图一画，就难不倒我们了.

设计分析：反省认知，超越策略．对解决问题策略的反思是一种很重要的数学活动，策略的有效形成必然伴随着对自己行为的不断反思．策略往往是在反省认知中形成的，经常反思自己的解题活动，策略自然就形成了．让学生多反思，是策略感悟的有效途径.

6　板书设计

画　图——学　数　学

实物图
符号图　　　黑兔白兔线段图
线段图
网状图　　　两天借书线段图
点子图
平面图

农村教师如何关爱留守儿童

达州市渠县青丝乡中心学校　龚德君

近年来,"留守儿童"问题成为社会关注的重点,关爱留守儿童成为当今社会的焦点,关于这方面的报道层出不穷. 作为一名农村一线教师,笔者从自己的角度来谈谈如何关爱留守儿童.

笔者所从教的学校是一个距离县城近三十公里的偏远山村学校,这里的居民大多是留守老人和留守儿童,一个家庭通常是由一两位年迈的老人带着两三个孩子一起生活(比如,笔者班里的 52 名孩子中,有 40 名留守儿童,几乎占总数的 80%). 这些留守老人大多没什么文化,有的甚至一字不识,带孩子只管吃饱穿暖,对于孩子的学习、思想、品行,除了学校的课堂教育外,几乎处于一种放任自流的状态. 针对这种现象,作为一线教师,我们可以从以下几方面去关注留守儿童的成长.

1 倾注爱心,真诚沟通

德国教育家雅斯贝尔斯在《什么是教育》一书中说过:"教育是一棵树摇动另一棵树,一朵云推动另一朵云,一个心灵震撼另一个心灵."农村留守儿童长期与父母分离,父爱、母爱严重缺失,情感上长期得不到交流和温暖,一部分孩子性格内向、自卑、敏感,甚至逃学上网、吸烟、喝酒. 如果不正确引导,这些孩子今后可能蛮横自私、孤僻暴躁、沉溺网络,养成不良嗜好. 作为孩子最信任、最依赖的老师,我们应当给他们父母般的关爱,像朋友一样敞开心扉与他们交流、沟通,走进他们的情感世界,用真诚、真情、真心去关注他们的内心变化,了解他们内心最真实的想法,正确引导他们走出迷茫.

笔者班上有个叫小潇的孩子,他的父母常年在外打工,生活起居便由奶奶照顾. 小潇平常表现得老实内向,成绩一般. 可有一次,因为贪玩没完成作业,竟逃学撒谎,躲在网吧玩了两天,奶奶拿他没办法,便向老师求助. 笔者找到小潇,并没有批评他,而是摸着他的头,亲切地对他说:"你这两天不来学校,让老师好着急,有个好消息无法告诉你,你的数学考试比前一次进步了许多，得了 85 分."他疑惑地望着笔者，眼里分明有激动和兴奋. 笔者又使劲点点头："真的，你不信，跟我来."于是，笔者把他带到办公室看了试卷，然后又与他交流了很久，他终于承认自己错了，流着泪说以后再也不这样了. 笔者再次抚摸着他的头说相信他. 从那以后，小潇再也没逃过学，慢慢变得开朗、自信，成绩也上升了不少. 笔者感到无比欣慰，因为班里又多了一个阳光、积极的孩子.

2　表扬激励，呵护心灵

俗话说："良言一句如春来，恶语一声如冬至."看似平常的一句赞美的话语、一个激励的眼神、一个轻轻的抚摸，对孩子来说，都像冬天里的一缕阳光，温暖着他们幼稚的小心灵. 每个人的成长过程中都需要鲜花与掌声，需要支持和鼓励，尤其是从小缺少父母陪伴与赞扬的留守儿童，我们更应该小心翼翼地呵护他们敏感的内心. "人无完人，金无足赤"，当这些孩子犯错时，我们即使有千万次想要发泄的冲动，也要克制住情绪. 要知道，那些不留情面、刻薄伤人的话一旦说出口，对孩子的伤害是永远无法弥补的. 曾经有一位教育家说过："当我们面前放着半杯水时，我们应该看到盛满清水的那一半，而不是空着的那一半."我们不要总是纠结于孩子的短处和缺点，要善于发现他们的闪光点.

笔者班上有一个叫鹏鹏的孩子，因为成绩差、习惯差，被迫转学到笔者班里. 当时笔者也极不情愿收他，但看到家长恳求的眼神，笔者也无法拒绝. 鹏鹏属于最令人头疼的一类学生：从不完成作业，写的字没人认识，经常与同学打架，上课干扰其他同学……冥思苦想了好久，笔者也没找到"治"他的办法. 偶然在一次清洁卫生扫除中，笔者让劳动委员把墙角的蜘蛛网清除掉，他却愣住了——不会. 这时，鹏鹏自告奋勇地冲上来说："这都不会，我来."他找来一根插彩旗的竹竿，用绳子绑上一个扫帚，高举到墙角，几下就扫走了那些蜘蛛网. 笔者心里一阵惊喜：机会来了！于是，当全班同学整齐地坐在教室里时，笔者对鹏鹏大肆赞扬了一番，还让全班同学为他鼓掌一分钟. 从他的眼里，笔者看到了羞涩与自豪. 放学后，笔者又搂着鹏鹏的肩膀来到办公室，夸他是个能干的孩子，如果能够完成作业，认真写字的话就会更棒. 那天晚上，鹏鹏真的完成了作业，虽然仍有许多错误，但看得出来，他比以前认真了许多. 后来，每当鹏鹏有一丁点儿好的表现，笔者都会表扬他、激励他. 慢慢地，笔者发现他变了：很少与同学打架了，字也比以前工整了许多. 笔者想，这应该就是赞美的力量吧，它能使孩子受到鼓舞，增强自信心，激发孩子的荣誉感，促进孩子不断进步.

3　同伴互助，共同成长

著名作家萧伯纳说过："如果两个人各有一个苹果，交换之后仍是每个人拥有一个苹果. 如果两个人各有一种思想，交流后每个人至少拥有两种思想." 世界上没有两片完全相同的树叶，人也一样. 无论是在思维能力，还是在操作技能上，每个孩子的水平肯定高低不同. 由于孩子年龄相同，成长经历相似，接触时间多，彼此之间的交流会比师生之间的交流更轻松、更顺畅，他们如果互相帮助，互相学习，会有很明显的效果.

因此，笔者根据班里学生的具体情况，遵循自愿原则，让他们结成对子互帮互学. 一般采用"优差结合""同桌结合""同路结合"等方式. 同时，笔者还制定了加分制. 比如，考试时小组总分高会加分，进步大会加分；清洁卫生做得好会加分；好人好事会加分. 相反，若违反纪律，则要扣分. 然后定期评比，给予奖励. 通过观察，笔者发现：平常在学校，如果哪个孩子上课听讲不认真，同伴会悄悄提醒；如果不按时完成作业，同伴会督促完成；学习上遇到困难，成绩好一点的孩子会充当"小老师"，辅导同伴学习，有时还会互相探讨. 这样坚持下来，在同伴的影响下，每个孩子都取得了进步，体验到互学互助带来的成功与喜悦. 这样的成长经历，不但在孩子的学生时代很重要，就算今后进入社会，在复杂的人际交往中也同样有助于其与他人和谐相处. 笔者想，这才是教育的真正目的，更是我们教师价值的最好体现.

4　家校共管，温暖童年

一个有着美好幸福童年的人，他的人生一定是积极健康、乐观向上的. 孩子的成长，从来都不是只依靠家庭教育，也不是只依靠学校教育，而是要家庭、学校、社会三方面的有效结合. 对于农村留守儿童来说，他们的家庭教育严重缺失. 面对这种情况，我们不能坐视不理、听之任之. 相反，我们应该竭尽所能，想尽一切办法与孩子的家长取得联系，跟他们交流孩子的情况，让他们主动积极地参与到教育孩子的活动中来，给孩子一个温暖、快乐的童年.

四年前，笔者班里孩子刚进入一年级时，笔者就建立了一个班级家长QQ群，要求每位家长必须进群. 每天，笔者会在群里发布学生的学习、生活动态. 班级里有任何活动，家长们的积极性都很高，聊到自己的孩子，总是那么兴奋. 并且每到父母的生日或者节日，笔者都要求学生主动给父母打电话，为父母送上祝福，和父母聊聊天，说说自己的心里话，从而增进了孩子与父母之间的情感交流. 这样, 家长在掌握了孩子在学校和家里的状况后, 再跟孩子进行交流、教育, 就不再漫无目的了, 而是变得有针对性, 也更加轻松愉快.

另外, 笔者还建议家长尽量安排一个人在家照顾孩子, 有些家长也采纳了笔者的建议, 小江就是其中一个. 一年级上期, 小江随爷爷在家生活, 很挑食, 个子又瘦又小, 学习注意力也不集中. 过年时小江妈妈和笔者交流之后, 决定留在家里陪伴小江, 半学期过后, 小江明显比以前壮了许多, 学习成绩也由以前的中下水平跃居班级前十名, 并且一直保持到现在.

总之, 农村留守儿童的教育是一项长期的、艰辛的、具有挑战性的工作. "路漫漫其修远兮", 对农村留守儿童的教育, 需要我们坚持不懈的努力. "精诚所至, 金石为开", 笔者相信, 只要我们倾注更多的爱心, 多给孩子一些温暖, 多抛洒一些汗水, 多牺牲一些自我, 这些留守儿童一定会收获精彩的明天!

数学教学因学生而精彩

达州市渠县万寿乡中心学校　苗　珍

黄金有价,生命无价.人的生命是有限的,为人民服务却是无限的.作为教师,其生命的价值总是与学生的成长分不开,生命因学生而精彩.

有人说:"明天是童话,明天是梦幻的,明天是神秘的,明天是今天的海市蜃楼……"可笔者认为:明天是火,明天是光,明天是乳白色的晨曦,明天是新征途的起点.从笔者选择教师这个职业开始,就选择了一个属于自己的明天.想到自己将影响无数孩子的未来,笔者不禁感到任重而道远,丝毫不敢懈怠.于是,笔者风雨兼程,开始前行.

当笔者登上讲台,不,应当是舞台,似乎觉得两侧的紫色帷幕正缓缓拉开——最富有生气的"表演"就要开始了.令笔者兴奋的是,拥有了一群"痴迷"于自己角色的"观众"——学生.笔者想,老师应该是一名合格的导演,学生充当主角,笔者应当是他们最虔诚的观众,为他们精彩的演出流泪、鼓掌、欢呼.初为人师的笔者站在讲台上,板着脸,装出一副严肃的样子,面对学生四十多双明亮的大眼睛,笔者的心在颤动.那四十多双眼睛传递着好奇、信任与敬佩,这一切让笔者暗暗地松了口气,先前的担心一扫而去.多可爱的孩子!笔者释怀地笑了,并坚信:梦想就从这里开始.

梦想都是美好的,明天也会更好,但明天的历程同样艰辛.作为一名乡村教师,远离城市的繁华、热闹,每天面对一座座寂寞的山峰,一条条弯弯曲曲的乡间小路,还有那还略显贫瘠的土地.靠着一份微薄的工资,每天按时而有规律的一日三餐、上班、下班,心中除了工作,似乎没有别的什么.今年五月,笔者陪父亲到重庆西南医院看病,为了不耽误学生的课程,凌晨一点便抵达重庆.当父亲被确诊为食道癌时,笔者一下子瘫软了.第二天来到学校,学生看到笔者红肿的眼眶,都关心地围了上来:"老师,你怎么了?"笔者笑着说:"老师昨晚感冒了,没睡好."那段时间,唯一能带来快乐的还是这群天真可爱的孩子.孩子的心灵是纯净透明的,他们能感受的忧伤也太少.笔者无法向他们倾诉,只能更加努力地工作,用他们更优异的成绩来抚平自己内心的忧伤.学生需要笔者,笔者也需要他们,因为笔者爱上了他们,他们那天真可爱的笑容和求知若渴的眼睛令人无法拒绝.

不为当名师,也不为社会、家长的称誉,笔者只坚信:最美的世界在孩子的眼睛里.置身在这清澈如山泉的真、善、美的世界里,虽然整天忙忙碌碌,但工作着就永远是快乐的.笔者感到一种前所未有的富足.记得笔者怀孕那年,即将分娩,站着上课非常吃力,一些家长心疼地劝笔者坐着上课,我收下大家的好意,坚持站着讲课,一堂课下来,汗水如粒,脚也浮肿了,但看到学生灿烂的笑容,个人的痛苦一下子一扫而净.

有人曾这样描述过老师的工作:当每个小生命来到这个世界上时,他们心中都有一块空白的土地.很多爸爸妈妈往往只是细心地给它浇水、施肥,唯独忘了播下种子,于是他们就带着这块空白的沃土来到学校,老师们便大把大把地将种子撒向他们的心田.老师的关爱,在他们心中播下了热爱生命的种子;老师的宽容,在他们心中播下了善待生活的种子;老师的才华,在他们心中播下了渴求知识的种子;老师的期待,在他们心中播下了充满希望的种子……当这些种子结出果实时,老师却已在很远的地方了.是啊,我们所从事的工作,没有什么惊人之举,有的只是在平凡的岗位上默默地为学生做着该做的一切:备课、上课、批改作业、学习、谈心、家访……并在这份工作中享受着快乐;有的只是要求自己努力去做一名优秀的老师,以教为乐,育人为本.笔者想:教育事业也许拥有着世界上最高的回报,我们付出自己的青春,却赢得了学生整个美丽的人生,这是我们永远也品味不尽的财富.这难道不是一种在平凡中见证的伟大吗?

哲人说,没有爱就没有教育.近十年的教学生涯,让笔者体会到教师是一份以爱为主题的职业.爱是整个教育的灵魂,爱是一种发自灵魂的芬芳,一种深入骨髓的甜蜜!笔者最大的愿望就是用爱滋润每个孩子的心田.当与同学们朝夕相处时,想到自己的孩子在学校里快乐、自由地学习、玩耍,心里总是会冒出这两句话:"假如我是孩子""假如是我的孩子".这样的情感,使我在平时的教育教学中,少了些苛求,多了些宽容;少了些指责,多了些尊重;少了些急躁,多了些耐心.看到学生被我责备后伤心的样子,我莫名地感到心疼.我们教育的目的不仅仅是让学生悔过,更重要的是让学生真诚地改过.

有这样一个故事:"智慧""成功"和"爱"三位天使来到人间.一位母亲请他们到家中作客,天使们对那位母亲说:"我们只能去一个,你回家商量一下,再做选择."母亲最后决定把"爱"请回家.奇怪的是,另外两位也跟着进了屋.母亲惊讶地问:"你们两位怎么也来了?"他们回答:"哪里有'爱',

哪里就有'智慧'和'成功'."有爱就有一切,在故事中如此,在生活中更是如此.有人说过,疼爱自己的孩子是一种本能,而热爱别人的孩子是神圣的.老师对学生就需要一种神圣的爱,不求回报,严慈相济,这种爱是学生接受教育的情感基础.在平时班主任工作中,笔者始终不忘树立良师形象,严格要求自己,时刻为人师表,坚持身教重于言教,努力成为学生的楷模,成为学生的好朋友.笔者还重视学生各方面能力的培养,积极创造条件,利用班队活动课等开展各类实践性、操作性强的教育活动,培养学生的自理、动手、实践能力,发展学生的个性特长.例如,一年级个别学生不会梳头、洗脸和穿衣服,笔者便在班上组织一个与此有关的比赛,并让学生踊跃报名.学生在这次比赛中展示出了极强的领导能力、自主能力,一些学生也受到了深刻的教育,并开始学着自己的事情自己做.

为了实现教育的公正,笔者努力做到平等地对待每一位学生,充分尊重、信任、赏识他们.鼓励学生在哪儿跌倒就从哪儿爬起来.对于个别学习困难的学生,笔者注意多给他们一点关注,对他们的点滴成功都采用一些激励的语言鼓励,对他们说:"你真棒!""老师知道你一定行的!"让每个孩子在集体中快乐地学习、成长.

山里的孩子大多是留守学生,父母往往都在外打工或做生意,家里陪伴他们的常常只有爷爷、奶奶、外公、外婆或亲戚朋友,他们缺少父母的关爱.笔者所任教的班级里超过半数的孩子都是留守儿童,还有四个孩子生长在单亲家庭.有个男孩的母亲在生下他不久后就离家出走,父亲为形势所迫外出打工,留下年迈的爷爷照顾兄弟俩.尽管学校为他减免了学杂费、课本费,但父亲打工挣来的钱仍然难以支撑这个家.这个男孩曾在一次说话练习中说出了自己真实的想法:我多想吃一顿肉啊!当时,其他同学都笑了,可笔者听着却是那么的心酸.笔者常常给这个孩子送一些衣物,帮他买一些学习用品,还请他到家里吃饭.每次他狼吞虎咽吃饭的样子,都让女儿目瞪口呆.每当这时,笔者总是哽咽,说不出话来.

笔者喜欢教师这个职业,也喜欢自己工作的地方.虽然这里并不富裕,教学任务也很重,但山里孩子那双忧郁而充满期盼的眼睛,总是一次又一次地打动着笔者的心.笔者目睹了老师们的爱岗、敬业,亲耳聆听了他们不畏艰苦、孜孜不倦、潜心育人的感人事迹.

久居乡村,耳濡目染.山里人的那份朴实和真诚打动着笔者,也时刻影响着笔者.年复一年,岁月轮回,笔者能想到更多的便是好好地教这些孩子.若干年后,笔者将不再年轻,但想到因为自己的付出,有更多的孩子能走出大山，走向外面的世界，也就不再有什么遗憾了.

　　一滴汗水，一级台阶；一分耕耘，一成秋色. 教育凭开拓而辉煌，事业靠执着而灿烂，教师因付出的潇洒，生命因学生而精彩.

"分数的初步认识"教学设计[1]

达州市渠县清溪场镇第一中心小学 唐双岚

【教学内容】

西师大版小学数学教科书三年级第84～85页例1～例3，第85页课堂活动第1～2题以及第86页练习二十第1～4题.

【教学目标】

1. 进一步理解平均分的含义，初步认识分数，会读写几分之一和几分之几，用分数表示图中一份或几份占整体的几分之几.
2. 在想一想、分一分、看一看、说一说的学习活动中，培养学生的观察能力、动手操作能力和表达能力.
3. 通过小组的合作学习活动，培养互助、合作的意识.

【教学重、难点】

1. 初步认识分数，会认、读简单的分数.
2. 理解分数的意义.

【教学准备】

教具：多媒体课件，长方形和正方形纸片.
学具：长方形和正方形纸片，水彩笔.

---

[1] 本文是2016年10月渠县送教下乡培训教学观摩课的内容.

【教学过程】

1　创设情境，引出问题

师：老师想问同学们一个问题，在生活中，你分过东西吗？（学生回答）看来同学们都有分东西的经历，现在，请你们帮我分一分东西，请看大屏幕.

课件出示6个苹果和3个盘子.

师：从图中你知道了什么？你能提出什么数学问题？你是怎样分的？如果每个盘子中的苹果一样多，我们把这种分法称作什么？（引导学生说出平均分）

课件出示4个苹果和2个盘子.

师：把4个苹果平均装在2个盘子里，每盘装几个？用击掌的方法告诉老师好不好？

课件出示1个苹果和2个盘子.

师：把1个苹果平均装在2个盘子里，每盘装几个？也请你用击掌的方法告诉老师.

师：怎么不拍了？还能用我们以前学的数表示吗？

师：那么，用一个什么样的数来表示呢？这就是我们今天要认识的一个新朋友——分数.

板书：　　　　　　　　分数的初步认识

2　动手操作，探索交流

2.1　教学例1

师：今天有两位同学在分月饼时也同样遇到了这样的问题. 请同学们看屏幕，看电脑博士是怎么分的？（出示课件，平均分）

师：每份是它的一半，这样的一半怎么表示呢？

教师让学生说一说"一人一半"是什么意思.

师："一半"用分数怎样表示呢？把1块月饼平均分成2份，其中1份就是这块月饼的$\frac{1}{2}$.

（教师强调：只有平均分，每份才是$\frac{1}{2}$.）

师：把一张长方形纸片平均分成2份，可以怎么分？

学生折出$\frac{1}{2}$，教师让学生展示折的方法，并说说表示的意思.

2.2 教学例 2

师：刚才同学们通过电脑博士分月饼，知道了把 1 块月饼平均分成 2 份，其中 1 份就是这块月饼的 $\frac{1}{2}$，还用长方形纸片折出了它的 $\frac{1}{2}$．现在，请同学们把这张正方形纸片平均分成 4 份，并给其中的一份涂上颜色．（在你喜欢的那几份里涂上喜欢的颜色）

教师鼓励学生平均分时要折出不同形状．学生可能出现 3 种折法（图形略）．

师：你发现了什么？它们表示什么？（引导学生初步理解分数的意义）

师：涂色部分可以用几分之几表示？是什么意思？（引导学生说出把一张纸平均分成 4 份，每份是它的 $\frac{1}{4}$）

师：猜猜剩下的部分又占这张纸的几分之几呢？（引导学生说一说、写一写、读一读）

2.3 及时巩固

针对第 85 页课堂活动第 1 题，教师要求学生先动手折一折，再与同桌互相说一说，最后独立填一填．

2.4 教学例 3

（1）多媒体出示例 3．

让学生观察有哪些图形，并说明 1 个长方形、1 条线段、1 个圆都可以看作一个物体，并对其进行平均分．

①学生独立填出分数，全班交流，说说每个分数表示的意思．

②完成例 3 后面的填空题，说说自己的想法．

引导学生小结：像这样的数都是分数．

（2）教学分数各部分名称及写法．

师：刚才我们认识了分数，分数的每一个部分都有它们自己的名称．下面以四分之三为例，说明各部分的名称．

师（边说边板书）：请同学们举起右手和老师一起在空中写，先画一条短横线，表示平均分，它叫分数线．平均分成 4 份，就在分数线的下面写"4"，我们叫它"分母"；表示其中的 3 份，就在分数线上面写"3"，我们叫它"分子"．

板书：

$$\frac{3}{4}\quad\begin{matrix}\longrightarrow 分子\\ \longrightarrow 分数线\\ \longrightarrow 分母\end{matrix}\quad 读作：四分之三$$

教师让学生在空中书写四分之三，并与同桌互相说一说分数各部分的名称．

小结：写分数时，要先写分数线，再写分母，最后写分子．读分数时，先读分母，再读分子．

教师组织学生完成第 85 页课堂活动第 2 题（同桌互相合作，一人读分数，一人写分数）．

3 巩固练习，加深理解

(1) 理解题意，明确分数表示的是图中的涂色部分．

①学生独立解决问题．

②教师组织学生进行全班交流．

(2) 尝试解决教科书第 86 页练习二十第 2 题．

①理解题意，明确根据已有分数在图中涂上颜色．

②学生独立解决问题．

③教师组织学生进行全班交流．

(3) 尝试解决教科书第 86 页练习二十第 3 题．

引导学生说说哪些图形可以用分数表示其涂色部分，并解释为什么．

(4) 尝试解决教科书第 86 页练习二十第 4 题．

①说一说每幅图的分数单位．

②学生独立解决问题．

③同桌进行交流．

4 全课小结，拓展运用

师：通过今天的学习，你们有什么收获？有了这些知识，你们能结合生活实际，说说自己身边有关分数的一些例子吗？

板书设计：

分数的初步认识
平均分

把一个月饼平均分成 2 份，每份占月饼的一半．写作：$\frac{1}{2}$；读作：二分之一．

$\frac{1}{2}$，$\frac{2}{3}$，$\frac{3}{4}$，$\frac{3}{5}$，$\frac{1}{10}$ ——→ 分数

3　——→ 分子（取的份数）

— 　——→ 分数线（平均分）　　读作：四分之三

4　——→ 分母（平均分的份数）

【教学反思】

分数是小学数学教学中的难点，是一个含义丰富的概念．从操作上讲，它是一个"均分、拿取"的操作过程；从关系上讲，它表现为部分与整体之间的关系，是一个相对量，依赖于整体"单位 1"的存在而存在；从实体上讲，它是在"单位 1"确定的情况下，表现为静态的可供操作的概念．笔者采用折叠、涂色的办法来表现均分、拿取的过程，也就是通过操作活动来理解分数的意义．

本次教学设计的不足之处有以下两点：

（1）正方形平均分成 4 份，分法没展示，还有一种更简单的分法没展示给学生看．

（2）课件和笔者的说法不一样，课件上是把正方形平均分成 4 份，给其中的一份涂上颜色，笔者说的是"在你喜欢的那几份里涂上喜欢的颜色"．

第4篇
本科生与国培学员合写论文选

由"三个数之和与其乘积相等"引出的问题

内江师范学院数学与信息科学学院 2013 级　唐　俊
内江市资中县教研室　杨正义

本文以"三个数之和与其乘积相等（即 $x+y+z=xyz$）"为条件，引出了三种类型的竞赛题，并将其推广到类似的不定方程以及多元函数零点求解等问题. 本着抛砖引玉的态度，本文从"条件引发的问题"和"条件的推广"两方面进行研究，希望对研究数学竞赛以及热衷于变式教学的读者有所帮助.

类型一　证明等式恒成立问题

情形 1　直接推导法

例 1　（选自《多功能题典·初中数学竞赛》（第三版））已知 x，y，z 满足 $x+y+z=xyz$，求证：

$$x(1-y^2)(1-z^2)+y(1-x^2)(1-z^2)+z(1-x^2)(1-y^2)=4xyz$$

证明：左边 $=x(1-z^2-y^2+y^2z^2)+y(1-z^2-x^2+x^2z^2)+z(1-y^2-x^2+x^2y^2)$

$$=x+y+z-xz^2-xy^2-yz^2-yx^2-zy^2-zx^2+xy^2z^2+yx^2z^2+zx^2y^2,$$

又因为 $x+y+z=xyz$，

所以，上式 $=xyz-xy(x+y)-xz(x+z)-yz(y+z)+xyz(xy+xz+yz)$

$$=xyz-xy(xyz-z)-xz(xyz-y)-yz(xyz-x)+xyz(xy+xz+yz)$$

$$=xyz+xyz+xyz+xyz$$

$$=4xyz.$$

点评：学习者平时练习中应多注意反思总结，分析条件与问题之间的联系. 竞赛试题往往都是根据竞赛培训试题或模拟试题改编而得. 将此题稍加改编，把条件和结论互换，便可得到 2016 年全国初中数学联合竞赛（决赛）试题：

已知正实数 x, y, z 满足：$xy+yz+zx \neq 1$，且 $\dfrac{(x^2-1)(y^2-1)}{xy} + \dfrac{(y^2-1)(z^2-1)}{yz} + \dfrac{(z^2-1)(x^2-1)}{zx} = 4$.

(1) 求 $\dfrac{1}{xy} + \dfrac{1}{yz} + \dfrac{1}{zx}$ 的值.

(2) 证明：$9(x+y)(y+z)(z+x) \geqslant 8xyz(xy+yz+zx)$.

问题（1）的解法与例 1 互为逆运算，问题（2）正是利用例 1 中的条件解答，这里把解题过程留给有兴趣的读者.

情形 2　三角代换法

例 2　（选自《数学方法论与解题研究》）已知 x, y, $z \in \mathbf{R}$, $x+y+z = xyz$，求证：
$$\dfrac{2x}{1-x^2} + \dfrac{2y}{1-y^2} + \dfrac{2z}{1-z^2} = \dfrac{8xyz}{(1-x^2)(1-y^2)(1-z^2)}$$

分析：根据题意，联想三角公式：$\tan A + \tan B + \tan C = \tan A \tan B \tan C$，其中 $A+B+C=k\pi$. 又由倍角公式 $\tan 2A = \dfrac{2\tan A}{1-\tan^2 A}$，于是可利用三角代换法将此题简单处理.

证明：令 $x=\tan A$, $y=\tan B$, $z=\tan C$，于是原命题可转化为证明等式：
$$\dfrac{2\tan A}{1-\tan^2 A} + \dfrac{2\tan B}{1-\tan^2 B} + \dfrac{2\tan C}{1-\tan^2 C} = \dfrac{8\tan A \tan B \tan C}{(1-\tan^2 A)(1-\tan^2 B)(1-\tan^2 C)}$$
通分即可证明.

类型二　证明（含参）不等式问题

情形 1　配凑法（利用 Schur 不等式）

例 3　已知 x, y, $z \in \mathbf{R}^+$，且 $x+y+z=xyz$，求证：
$$x^2+y^2+z^2 - 2(xy+yz+zx) + 9 \geqslant 0$$

证明：因为 $x+y+z=xyz$，则 $x^2+y^2+z^2-2(xy+yz+zx)+9 \geqslant 0$ 的等价命题为：
$$(x^2+y^2+z^2)(x+y+z) - 2(xy+yz+zx)(x+y+z) + 9xyz \geqslant 0$$
将其化简后，变形为
$$x^3+y^3+z^3+3xyz \geqslant xy(x+y)+yz(y+z)+zx(z+x)$$
这就是 1975 年全苏数学奥林匹克十年级竞赛试题，解法可利用苏尔（Schur）不等式中当 $r=1$ 时的证明方法，请读者自证.

情形 2　不等式法

例 4　已知 x，y，z 满足 $x+y+z=xyz$，且不等式 $\dfrac{1}{x+y}+\dfrac{1}{y+z}+\dfrac{1}{z+x} \leqslant \lambda$ 恒成立. 求 λ 的取值范围.

解：由二元均值不等式及柯西不等式，得

$$\frac{1}{x+y}+\frac{1}{y+z}+\frac{1}{z+x} \leqslant \frac{1}{2\sqrt{xy}}+\frac{1}{2\sqrt{yz}}+\frac{1}{2\sqrt{zx}}$$

$$=\frac{1}{2}\left(1\cdot\sqrt{\frac{z}{x+y+z}}+1\cdot\sqrt{\frac{x}{x+y+z}}+1\cdot\sqrt{\frac{y}{x+y+z}}\right)$$

$$\leqslant\frac{1}{2}\left[(1^2+1^2+1^2)\left(\frac{z}{x+y+z}+\frac{y}{x+y+z}+\frac{x}{x+y+z}\right)\right]^{\frac{1}{2}}$$

$$=\frac{\sqrt{3}}{2}.$$

故 λ 的取值范围为 $\left[\dfrac{\sqrt{3}}{2},+\infty\right)$.

例 5　(1998 年韩国数学奥林匹克竞赛试题) 设正数 x，y，z 满足 $x+y+z=xyz$，证明：

$$\frac{1}{\sqrt{1+x^2}}+\frac{1}{\sqrt{1+y^2}}+\frac{1}{\sqrt{1+z^2}} \leqslant \frac{3}{2}$$

分析：证法同例 2，请读者自证.

类型一和类型二以"$x+y+z=xyz$"为条件，依托例 1～5 引发了三种类型的竞赛试题，往几个不同方向设置问题，从试题归类的角度来看，给人以"如沐春风"之感. 所以，只要学习者在平常的学习生活中，多注意归类总结，定能起到事半功倍的效果.

类型三　其他问题

情形 1　结合不定方程推广运用

推广 1　推广至 5 项

例 6　(选自《多功能题典·初中数学竞赛》(第三版)) 设 x_1，x_2，x_3，x_4，x_5 是正整数，且满足 $x_1+x_2+x_3+x_4+x_5=x_1x_2x_3x_4x_5$，求 x_5 的最大值.

解：因为 $x_1+x_2+x_3+x_4+x_5=x_1x_2x_3x_4x_5$，其中 x_1，x_2，x_3，x_4，x_5 是正整数，所以

$$1=\frac{1}{x_2x_3x_4x_5}+\frac{1}{x_1x_3x_4x_5}+\frac{1}{x_1x_2x_4x_5}+\frac{1}{x_1x_2x_3x_5}+\frac{1}{x_1x_2x_3x_4}$$

$$\leqslant \frac{1}{x_4 x_5} + \frac{1}{x_4 x_5} + \frac{1}{x_4 x_5} + \frac{1}{x_5} + \frac{1}{x_4}$$

$$= \frac{3 + x_4 + x_5}{x_4 x_5}$$

所以$(x_4-1)(x_5-1) \leqslant 4$.

要使x_5取最大值,则x_4-1应取最小值,因此,可令$x_4-1=1$,即$x_4=2$,此时$x_5-1\leqslant 4$,即$x_5\leqslant 5$,从而x_5取最大值5,此时对应的$x_1=x_2=x_3=1$. 同理易得,当x_4-1取其他数值时,不合题意,舍去.

推广2 推广至n项

例7 设$x_1, x_2, x_3, \cdots, x_{n-1}, x_n$是正整数,且满足$x_1+x_2+x_3+\cdots+x_{n-1}+x_n = x_1 x_2 x_3 \cdot \cdots \cdot x_{n-1} x_n$,求$x_n$的最大值.

分析:解法同例6,x_n的最大值为n.

例8 证明:方程$x_1+x_2+x_3+\cdots+x_{n-1}+x_n = x_1 x_2 x_3 \cdot \cdots \cdot x_{n-1} x_n$一定有一组自然数解.

分析:当$n=2$时,$x_1=x_2=2$;当$n=3$时,$x_1=1, x_2=2, x_3=3$;当$n=4$时,$x_1=1, x_2=1, x_3=2, x_4=4$. 由不完全归纳法知,当$n\geqslant 2$时,$x_1=x_2=x_3=\cdots=x_{n-2}=1, x_{n-1}=2, x_n=n$. 所以当$n\geqslant 2$时,将其代入原式即$n-2+2+n=1\cdot 1\cdot\cdots\cdot 2\cdot n=2n$. 故对于任意大于等于2的正整数$n$,方程一定有自然数解.

情形2 多元函数问题探究

对于形如$f(x) = \sum\limits_{i=1}^{n} x_i - \prod\limits_{i=1}^{n} x_i$型函数的正整数零点的问题,可先考虑$n=2$, $n=3$的情形,转化为情形1中不定方程解法,进而探究一般性求解方法. 另外,此处还可利用黑塞矩阵(Hessian Matrix)求解该函数的极值,解答过程留给有兴趣的读者.

参考文献

[1] 熊斌,田延彦. 多功能题典·初中数学竞赛[M]. 3版. 上海:华东师范大学出版社,2013.

[2] 张雄,李得虎. 数学方法论与解题研究[M]. 2版. 北京:高等教育出版社,2013.

函数思想与应用

内江师范学院数学与信息科学学院 2014 级 　王先义
达州市渠县中小学教学研究室　　龙　林

函数思想是高中重要的数学思想之一. 函数思想就是用运动和变化的观点分析和研究数学中的数量关系，建立函数关系或构造函数，运用函数的图象和性质（定义域、值域、单调性、周期性、奇偶性、最值、极值等）去分析问题、转化问题，从而使问题得到解决. 应用函数思想解决许多非直观的非函数问题时，最重要的是理解题意，寻求其中的"运动"和"变化"，从而建立有效的数量关系进行求解. 下面对方程、不等式、数列、向量等方面的问题从函数的视角进行剖析求解，展示函数思想的实用性.

1 函数思想在解方程中的应用

例 1　解方程：$\log_a(\sqrt{x^2+1}+x)+\log_a(\sqrt{x^2+4}+x)=\log_a 2$，其中 $a>0$，且 $a\neq 1$.

分析：初看此题，由于含有对数形式以及其底数未知，想要简单地利用等式的恒等变换分离未知量求解方程的方法不能实现. 此时，我们需要在对方程进行恒等变化的过程中寻求突破口，而此题在变形过程中很容易得到函数模型，从而启发学生联想利用函数思想来求解.

解：原方程可变形为

$$\log_a(\sqrt{x^2+1}+x)+\log_a(\sqrt{\frac{x^2}{4}+1}+\frac{x}{2})=0$$

令 $f(x)=\log_a(\sqrt{x^2+1}+x)$，则有 $f(x)=-f(\frac{x}{2})$.

又 $f(-x)=\log_a(\sqrt{x^2+1}-x)=-\log_a(\sqrt{x^2+1}+x)=-f(x)$，

所以 $f(x)$ 是奇函数且在 **R** 上是单调函数.

从而 $f(x)=-f(\frac{x}{2})=f(-\frac{x}{2})$，则 $x=-\frac{x}{2}$，

---

① 通讯作者：赵思林.

所以 $x=0$.

即原方程的解是 $x=0$.

评注：由上可知，在代数领域中，函数形式是代数呈现的基本形式. 在面对许多非常规的方程时，可以将代数问题转化为函数问题，进而利用函数思想解决问题.

2 函数思想在不等式中的应用

例2 已知 $a,b\in \mathbf{R}^+$，且满足 $1\leqslant b\leqslant a\leqslant \sqrt{3}$，求证：$\dfrac{a^2+b^2-1}{ab}\leqslant \sqrt{3}$.

分析：这是一道二元不等式问题，变量 a，b 并无等量关系，因此利用基本不等式很难解决. a，b 都在"运动"，所给的分式的值随着"变化"，具有函数的特征. 在中学阶段，对于双变量问题尚不能直接分析，此时我们可以将其中一个变量 a 作为主元，建立"运动"和"变化"的单一关系，即构建函数.

解：由以上分析可构建函数：$f(a)=\dfrac{1}{b}(a+\dfrac{b^2-1}{a})$，其中 b 为参数. 对参数 b 进行如下讨论：

(1) 当 $b=1$ 时，$f(a)=a$，又 $1\leqslant b\leqslant a\leqslant \sqrt{3}$，所以 $f(a)_{\max}\leqslant \sqrt{3}$.

(2) 当 $b\neq 1$ 时，$f(a)=\dfrac{1}{b}(a+\dfrac{b^2-1}{a})$ $(1<b\leqslant \sqrt{3})$ 是"双勾函数".

由"双勾函数"图象知：$f(a)$ 在 $[\sqrt{b^2-1},+\infty)$ 上单调递增，而 $\sqrt{b^2-1}\leqslant b$，即当 $a=\sqrt{3}$ 时，$f(a)_{\max}=\dfrac{1}{b}(\sqrt{3}+\dfrac{b^2-1}{\sqrt{3}})=\dfrac{\sqrt{3}}{3}(b+\dfrac{2}{b})$.

再设 $g(b)=\dfrac{\sqrt{3}}{3}(b+\dfrac{2}{b})$ $(1<b\leqslant \sqrt{3})$，仍然是"双勾函数"，$g(b)$ 在 $[1,\sqrt{2}]$ 上单调递减，在 $[\sqrt{2},\sqrt{3}]$ 上单调递增，即 $g(b)_{\max}=\max\{g(1),g(\sqrt{3})\}=\sqrt{3}$.

综上可得 $\dfrac{a^2+b^2-1}{ab}\leqslant \sqrt{3}$，即得证.

评注：在本题中，函数思想贯穿始终，并达到证明结论的目的. 因此，对于不等式问题，不仅可以应用基本不等式和重要不等式结论的相关知识求解，巧妙地构建函数也是一种不可小觑的方法，数学思想的理解和掌握至关重要.

3 函数思想在数列中的应用

例 3 证明数列 $\{(x^n+y^n)^{\frac{1}{n}}\}$ ($x>0$, $y>0$) 单调递减.

证明：(1) 当 $x=y$ 时，$(x^n+y^n)^{\frac{1}{n}}=x\cdot 2^{\frac{1}{n}}$，而 $\{x\cdot 2^{\frac{1}{n}}\}$ ($x>0$) 显然单调递减（对 n 来说），即 $\{(x^n+y^n)^{\frac{1}{n}}\}$ 单调递减.

(2) 当 $x\neq y$ 时，不妨设 $x<y$，令 $a=\dfrac{y}{x}>1$，$f(t)=(x^t+y^t)^{\frac{1}{t}}$，

则 $f(t)=x\left[1+\left(\dfrac{y}{x}\right)^t\right]^{\frac{1}{t}}=x(1+a^t)^{\frac{1}{t}}$，$t>0$.

令 $f_1(t)=(1+a^t)^{\frac{1}{t}}$，则 $f(t)=(x^t+y^t)^{\frac{1}{t}}=xf_1(t)$.

因为 $x\in \mathbf{R}^+$，所以要证明 $\{(x^n+y^n)^{\frac{1}{n}}\}$ ($x>0$, $y>0$) 单调递减，只需要证明 $f(t)=x(1+a^t)^{\frac{1}{t}}$ 在 $(0,+\infty)$ 内单调递减，最后转化为证明 $f_1(t)=(1+a^t)^{\frac{1}{t}}$ 在 $(0,+\infty)$ 内单调递减即可.

而 $f_1'(t)=(1+a^t)^{\frac{1}{t}}\cdot\dfrac{a^t\ln a^t-(1+a^t)\ln(1+a^t)}{t^2(1+a^t)}$.

由于 $a^t\ln a^t-(1+a^t)\ln(1+a^t)<0$，则 $f'(t)=xf_1'(t)<0$.

即 $f(t)=x(1+a^t)^{\frac{1}{t}}$ 在 $(0,+\infty)$ 内单调递减.

令 $t=n$，则数列 $\{(x^n+y^n)^{\frac{1}{n}}\}$ ($x>0$, $y>0$) 单调递减.

评注：对于数列而言，尽管它具有函数的特性，但由于其自变量是离散的，所以不能直接通过导数来研究它的性质，需要从数列中抽象出合理的函数模型，进而运用函数的思想进行研究.

4 函数思想在向量中的应用

例 4 (2013·浙江) 设 $\triangle ABC$，P_0 是边 AB 上一定点，满足 $P_0B=\dfrac{1}{4}AB$，且对于边 AB 上任意一点 P，恒有 $\overrightarrow{PB}\cdot\overrightarrow{PC}\geqslant\overrightarrow{P_0B}\cdot\overrightarrow{P_0C}$，则（   ）.

(A) $\angle ABC=90°$ 　　　　　 (B) $\angle BAC=90°$

(C) $AB=AC$ 　　　　　　　　 (D) $AC=BC$

分析：此题是关于向量数量积的不等式问题. 在运动中研究并推导不确定命题，仅运用向量知识去求解难度非常大. 仔细观察不等式，我们可以发现当 P 点运动到 P_0 时，不等式等号成立. 由于 P 点的"运动"产生"变化"而形成不等. 因此，我们可以从 P 点入手，设 $\overrightarrow{PB}=t\overrightarrow{AB}$ ($0\leqslant t\leqslant 1$)，再利用向量相关知识转化为函数最值问题求解即可.

解：设 $\vec{PB}=t\vec{AB}$ （$0\leqslant t\leqslant 1$），则 $\vec{PC}=\vec{PB}+\vec{BC}=t\vec{AB}+\vec{BC}$，

所以 $\vec{PB}\cdot\vec{PC}=(t\vec{AB})\cdot(t\vec{AB}+\vec{BC})=t^2\vec{AB}^2+t\vec{AB}\cdot\vec{BC}$，

由 $\vec{PB}\cdot\vec{PC}\geqslant\vec{P_0B}\cdot\vec{P_0C}$，及 $P_0B=\dfrac{1}{4}AB$，

得 $t^2\vec{AB}^2+t\vec{AB}\cdot\vec{BC}\geqslant\dfrac{1}{4}\vec{AB}\cdot(\dfrac{1}{4}\vec{AB}+\vec{BC})$

由于 $t=\dfrac{1}{4}$ 时，$\vec{PB}\cdot\vec{PC}$ 取最小值，令 $f(t)=t^2\vec{AB}^2+t\vec{AB}\cdot\vec{BC}$，

则当 $t=-\dfrac{\vec{AB}\cdot\vec{BC}}{2\vec{AB}^2}$ 时，$f(t)$ 取最小值.

所以 $-\dfrac{\vec{AB}\cdot\vec{BC}}{2\vec{AB}^2}=\dfrac{1}{4}$（*）.

在 $\triangle ABC$ 中，由（*）得：$-ac\cos(\pi-B)=\dfrac{1}{2}c^2$，即 $2a\cos B=c$.

由正弦定理得：$2\sin A\cos B=\sin C=\sin(A+B)$.

化简即得：$A=B$，故 $AC=BC$.

评注：本题重在寻求使向量形成的不等式成立的临界条件，从而启发获得"运动"和"变化"的联系，巧妙设立变量，建立函数，解题过程水到渠成.

参考文献

[1] 薛金星. 怎样解题[M]. 北京：北京教育出版社，2015.

巧用基本不等式的变形解题

内江师范学院数学与信息科学学院 2014 级　李小强

内江市威远县第一初级中学　吴伙兵

基本不等式 $a^2+b^2 \geqslant 2ab$ 及其变形是解决一些不等式和求最值问题的重要工具.

命题：若 $a,b \in \mathbf{R}$，则 $a^2+b^2 \geqslant 2ab$.

变形 1　若 $a>0,b>0$，则 $a+b \geqslant 2\sqrt{ab}$.

变形 2　若 $a,b \in \mathbf{R}$，则 $(a+b)^2 \geqslant 4ab$.

变形 3　若 $b>0$，则 $\dfrac{a^2}{b} \geqslant 2a-b$.

变形 4　若 $a>0$，则 $\dfrac{a}{b^2} \geqslant \dfrac{2}{b}-\dfrac{1}{a}$.

以上变形均在当 $a=b$ 时取等号.

变形 1 的应用

变形 1 是我们在高中阶段最为熟悉的基本不等式，也是高考必考的一个知识点，在使用基本不等式证明不等式和求最值问题时，要注意使不等式成立的条件，即"一正，二定，三相等"，求解时尽量将待证式子变形为可以使用基本不等式的形式.

例 1　(2010 四川卷文科 11 题) 设 $a>b>0$，则 $a^2+\dfrac{1}{ab}+\dfrac{1}{a(a-b)}$ 的最小值是 (　　).

(A) 1　　　　(B) 2　　　　(C) 3　　　　(D) 4

分析：由于基本不等式是关于和与积的不等式，左边是和的形式，但是看不出来有"积定"的特征，根据 $a^2+\dfrac{1}{ab}+\dfrac{1}{a(a-b)}$ 的特征，想办法凑积为定值的"和式"出来，对 $\dfrac{1}{ab}$ 加一个 ab、对 $\dfrac{1}{a(a-b)}$ 加一个 a^2-ab 即构造出两个积为定值的"和式",但是发现还多加了一个 a^2,刚好原式中就有一个 a^2,然后分别用基本不等式即可. 虽然此题技巧性强,但还是有规律可循的.

解:$a^2+\dfrac{1}{ab}+\dfrac{1}{a(a-b)}=(\dfrac{1}{ab}+ab)+\left[\dfrac{1}{a(a-b)}+a(a-b)\right]\geqslant 2+2=4.$

变形 2 的应用

例 2 已知 $x,y,z\in \mathbf{R}$,且 $x+y+z=8$,$x^2+y^2+z^2=24$.

求证:$\dfrac{4}{3}\leqslant x\leqslant 4$,$\dfrac{4}{3}\leqslant y\leqslant 4$,$\dfrac{4}{3}\leqslant z\leqslant 4$.

证明:因为 $x+y=8-z$,$x^2+y^2=24-z^2$,

所以 $xy=\dfrac{(x+y)^2-(x^2+y^2)}{2}=z^2-8z+20$.

又 $(x+y)^2\geqslant 4xy$,

从而 $(8-z)^2\geqslant 4(z^2-8z+20)$,

即 $3z^2-16z+16\leqslant 0$,则 $(3z-4)(z-4)\leqslant 0$,

即 $\dfrac{4}{3}\leqslant z\leqslant 4$.

同理也可得:$\dfrac{4}{3}\leqslant x\leqslant 4$,$\dfrac{4}{3}\leqslant y\leqslant 4$.

例 3 (1993年全国高中数学联赛)设 $x,y\in \mathbf{R}$,若 $4x^2-5xy+4y^2=5$,$S=x^2+y^2$,求 $\dfrac{1}{S_{\max}}+\dfrac{1}{S_{\min}}$ 的值.

分析:此题只需要求出 S 的最大值与最小值即可,又知 $S=x^2+y^2$,即"和式"的形式,因此我们可以选用变形 2 来解决此题,由已知条件可得"和式"与"积式"的等号关系,再将"和式"和"积式"代入变形 2 中就能求出 S 的取值范围.

解:因为 $S=x^2+y^2$,

将 S 代入 $4x^2-5xy+4y^2=5$ 中,得

$$xy=\dfrac{4}{5}S-1 \Rightarrow x^2y^2=\left(\dfrac{4}{5}S-1\right)^2$$

所以 $(x^2+y^2)^2\geqslant 4x^2y^2$.

即 $S^2-4\left(\dfrac{4}{5}S-1\right)^2\geqslant 0 \Rightarrow \dfrac{10}{13}\leqslant S\leqslant \dfrac{10}{3}.$

所以 $\dfrac{1}{S_{\max}}+\dfrac{1}{S_{\min}}=\dfrac{8}{5}.$

变形 3 的应用

从变形 3 的结构很容易看出,此变形可用于需要"降次"的不等式问题,许多高考题可以用变形 3 得到巧妙的解决,在数学竞赛中也有颇多应用.

例 4 (2013 全国卷理科 24 题) 设 a,b,c 均为正数,且 $a+b+c=1$,证明:

(Ⅰ) $ab+bc+ac \leqslant \dfrac{1}{3}$;

(Ⅱ) $\dfrac{a^2}{b}+\dfrac{b^2}{c}+\dfrac{c^2}{a} \geqslant 1$.

分析:我们主要看此题(Ⅱ)的证明,很明显证明(Ⅱ)就是变形 3 的直接应用. 即 $\dfrac{a^2}{b}+\dfrac{b^2}{c}+\dfrac{c^2}{a} \geqslant (2a-b)+(2b-c)+(2c-a)=a+b+c=1$.

证明:略.

例 5 (2009 江苏高考题) 设 $a \geqslant b > 0$,求证:$3a^3+2b^3 \geqslant 3a^2b+2ab^2$.

分析:观察不等式,发现不等式右边可以提取一个 ab 出来,然后不等式两边同除 ab,即只需证明 $3 \cdot \dfrac{a^2}{b}+2 \cdot \dfrac{b^2}{a} \geqslant 3a+2b$ 成立,再用变形 3 即得证.

证明:因为 $\dfrac{a^2}{b} \geqslant 2a-b$,$\dfrac{b^2}{a} \geqslant 2b-a$,

所以 $3 \cdot \dfrac{a^2}{b}+2 \cdot \dfrac{b^2}{a} \geqslant 3(2a-b)+2(2b-a)=4a+b$.

又 $a \geqslant b > 0$,即 $4a+b \geqslant 3a+2b$,

两边同乘 ab 得:$3a^3+2b^3 \geqslant 3a^2b+2ab^2$.

当且仅当 $a=b$ 时取等号.

变形 4 的应用

例 6 (第 20 届 IOM 试题) 设 $a_1,a_2,\cdots,a_n$ 是 n 个互不相同的自然数,证明:$\sum\limits_{k=1}^{n} \dfrac{a_k}{k^2} \geqslant \sum\limits_{k=1}^{n} \dfrac{1}{k}$.

分析:由变形 4 有 $\dfrac{a_k}{k^2} \geqslant \dfrac{2}{k}-\dfrac{1}{a_k}$,从而

$$\sum_{k=1}^{n} \dfrac{a_k}{k^2} \geqslant 2\sum_{k=1}^{n} \dfrac{1}{k} - \sum_{k=1}^{n} \dfrac{1}{a_k} \geqslant \sum_{k=1}^{n} \dfrac{1}{k}$$

此题同样也可以用变形 3 做出来，将 $\dfrac{a_k}{k^2}$ 写成 $\dfrac{\left(\dfrac{1}{k}\right)^2}{\dfrac{1}{a_k}}$ 即可.

巧妙地应用变形的思想，是一种重要的解题思想，又是一种化难为易的解题技巧，通过总结上述变形在高考题和竞赛数学当中的应用，发现一个简单、不起眼的二元均值不等式通过变形居然有这么多广泛的应用，所以只要我们平时多动脑、多思考，深入研究问题，就会发现许多有用的知识.

关于函数单调性的判定方法

内江师范学院数学与信息科学学院 2014 级　彭　彭

达州市开江中学实验学校　周　超

函数是研究数量之间的依赖关系的一种数学模型，而函数的单调性又是这种依赖关系中最基本、最重要的工具．在高中阶段，函数单调性为学生以后学习函数的其他性质起了铺垫作用．

函数单调性的判定方法有很多，常见的有定义法、图象法、反函数法、导数法、奇偶性法、复合函数法等．

1　定义法

根据函数单调性的定义，即设函数 $y=f(x)$ 的定义域为 I，如果对于定义域内 I 的某个区间 D 的任意两个自变量 x_1，x_2，当 $x_1<x_2$ 时，都有 $f(x_1)<f(x_2)$（$f(x_1)>f(x_2)$），那么就说 $f(x)$ 在区间 D 上是增函数（减函数）．如果 $y=f(x)$ 在某个区间 D 上是增函数或减函数，那么就说函数 $y=f(x)$ 在这一区间具有（严格的）单调性．区间 D 叫作 $y=f(x)$ 的单调区间．

判定单调性的一般步骤如下：

(1) 在定义域上设任意两个自变量 x_1，x_2．

(2) 根据题中所给条件判断 $f(x_1)$ 与 $f(x_2)$ 的大小．

(3) 根据单调性的定义判定 $f(x)$ 为增函数还是减函数，并且注意注明定义区间．

例 1　证明函数 $f(x)=-2x+1$ 在 **R** 上是减函数．

证明：略．

2　图象法

函数的基本特征之一是其变化规律可通过图形直观地表现出来，如气温的升降和股票的走势等，把某些抽象的数学问题具体化，数形结合是一种基本的数学思想．而在高考中，常以图象为载体考查函数的单调性．

例2 一些函数的图象如图1、图2所示.

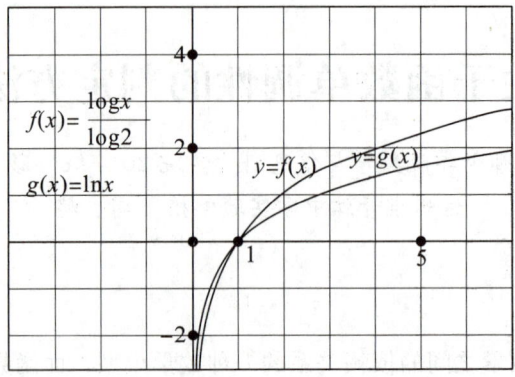

图1 对数函数

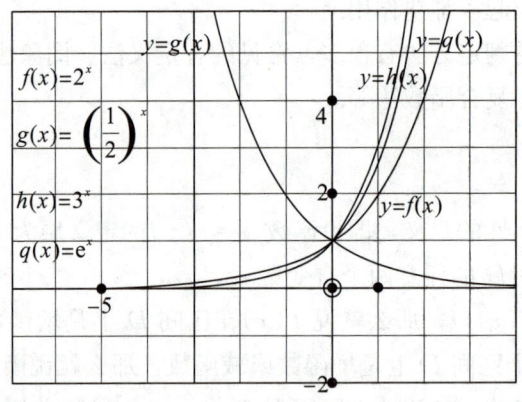

图2 指数函数

3 反函数法

例3 探究反正弦函数 $y=\arcsin x$ 的单调性.

解：因为 $y=\arcsin x$ 是正弦函数 $y=\sin x$ 在区间 $\left(-\dfrac{\pi}{2},\dfrac{\pi}{2}\right)$ 的反函数，而 $y=\sin x$ 在区间 $\left(-\dfrac{\pi}{2},\dfrac{\pi}{2}\right)$ 是增函数，故 $y=\arcsin x$ 在定义域 $[-1,1]$ 上为增函数.

我们可知，函数若为增（减）函数，则其反函数也为增（减）函数.

4 导数法

例4 （2015四川卷理科21题）已知函数 $f(x)=-2(x+a)\ln x+x^2-$

$2ax - 2a^2 + a$,其中 $a > 0$. 设 $g(x)$ 是 $f(x)$ 的导数,讨论 $g(x)$ 的单调性.

解:$g(x) = 2(f'(x)x - a) - 2\ln x - 2(1 + \dfrac{a}{x})$,

所以,$g'(x) = 2 - \dfrac{2}{x} + \dfrac{2a}{x^2} = \dfrac{2(x - \frac{1}{2})^2 + 2(a - \frac{1}{4})}{x^2}$.

当 $0 < a < \dfrac{1}{4}$ 时,$g(x)$ 在区间 $(0, \dfrac{1 - \sqrt{1 - 4a}}{2})$,$(\dfrac{1 + \sqrt{1 - 4a}}{2}, +\infty)$ 上单调递增,在区间 $(\dfrac{1 - \sqrt{1 - 4a}}{2}, \dfrac{1 + \sqrt{1 - 4a}}{2})$ 上单调递减.

当 $a \geqslant \dfrac{1}{4}$ 时,$g(x)$ 在区间 $(0, +\infty)$ 上单调递增.

本题通过对函数进行求导探讨单调性.

5 奇偶性法

例 5 下列函数中,既是偶函数又在 $(0, +\infty)$ 上单调递增的函数是( ).

A. $y = x^3$
B. $y = |x| + 1$
C. $y = -x^2 + 1$
D. $y = 2^{-|x|}$

解析:略. 选 B.

6 复合函数法

设函数 $y = f(u)$,$u = g(x)$,故函数 $y = f(g(x))$,那么我们把 $y = f(g(x))$ 称为复合函数,其中 x 称为自变量,u 为中间变量,y 为因变量,$u = g(x)$ 叫作复合函数的内函数,$y = f(u)$ 叫作复合函数的外函数.

若 $u = g(x)$ 和 $y = f(u)$ 同时为单调递增(减),则 $y = f(g(x))$ 为单调递增;反之,$y = f(g(x))$ 为单调递减.

例 6 求函数 $y = \log_4(x^2 - 4x + 3)$ 的单调性.

解:设 $y = \log_4 u$,$u = x^2 - 4x + 3$. 由 $u > 0$ 得到 $x < 1$ 或 $x > 3$.

当 $x \in (-\infty, 1)$ 时,$u = x^2 - 4x + 3$ 为减函数,而 $y = \log_4 u$ 为增函数,所以 $(-\infty, 1)$ 是复合函数 $y = \log_4(x^2 - 4x + 3)$ 单调减区间;

当 $x \in (3, +\infty)$ 时,$u = x^2 - 4x + 3$ 为增函数,而 $y = \log_4 u$ 为增函数,所以 $(3, +\infty)$ 是复合函数 $y = \log_4(x^2 - 4x + 3)$ 单调增区间.

高考最值问题的求解方法

内江师范学院数学与信息科学学院 2014 级　钱星利

达州市渠县汇南中心学校　廖劲松

高考题的最值问题是以最值为载体,可以考查中学数学中的很多知识,以及所有思想方法. 这就要求学生必须有坚实的数学基础,具有全面分析问题、综合解决问题的能力. 求解最值问题的方法有数形结合法、基本不等式法、函数单调性法、换元法、向量法、三角法等.

1　数形结合法

数形结合的思想将抽象问题直观化,这符合学生的思维习惯. 抽象的问题学生不易观察,但是在直观图形中,学生就可以从多角度进行观察,找出量与量之间的联系. 这样既可以直观地获取简捷的解法,又可减少因看漏条件而造成的失误. 数形结合是几何与代数之间的纽带,便于学生在解答题中产生知识的迁移,找到属于自己解决问题的角度,使数学问题简单化,产生"以形助数"的效果.

例1　(2015 年新课标 I 卷文科) 已知 F 是双曲线 $C: x^2 - \dfrac{y^2}{8} = 1$ 的右焦点,P 是 C 左支上的一点,$A(0, 6\sqrt{6})$,当 $\triangle APF$ 周长最小时,三角形的面积为_____.

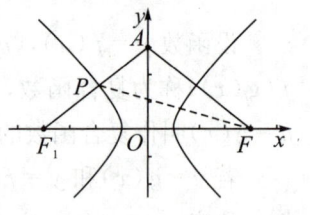

解:由双曲线的定义可得: $|PF| - |PF_1| = 2a = 2$.

所以 $\triangle APF$ 的周长 $L = |PA| + |AF| + |PF| = |PA| + |AF| + |PF_1| + 2$.

当 L 有最小值时,A,P,F_1 共线.

此时 AF_1 所在直线的解析式为 $y = 2\sqrt{6}(x + 3)$.

所以由 $\begin{cases} y = 2\sqrt{6}(x+3) \\ x^2 - \dfrac{y^2}{8} = 1 \end{cases}$ 得 $P(-2, 2\sqrt{6})$.

故 $S_{\triangle APF} = S_{\triangle AF_1 F} - S_{\triangle APF} = 12\sqrt{6}$.

评析：题目中的函数解析式具有明显的几何意义，故选用数形结合法并兼用一些几何知识（双曲线的性质、三点共线）进行解答．这样可以让已知条件变得更直观，利于学生运用自身的几何知识让已知条件之间产生联系．

2 基本不等式法

例 2 （2015 年福建卷理科）已知 $\vec{AB} \perp \vec{AC}$，$|\vec{AB}| = \dfrac{1}{t}$，$|\vec{AC}| = t$，若点 P 是 $\triangle ABC$ 所在平面内的一点，且 $\vec{AP} = \dfrac{\vec{AB}}{|\vec{AB}|} + \dfrac{4\vec{AC}}{|\vec{AC}|}$，则 $\vec{PB} \cdot \vec{PC}$ 最大值等于（ ）．

A. 13　　　　B. 15　　　　C. 19　　　　D. 21

解：由题意得 $t > 0$，又由于 $\vec{AB} \perp \vec{AC}$，可取 $\dfrac{\vec{AB}}{|\vec{AB}|}$，$\dfrac{\vec{AC}}{|\vec{AC}|}$ 为基向量，则 $\vec{AB}$，$\vec{AC}$，$\vec{AP}$ 在这组基向量下的坐标分别为 $(\dfrac{1}{t}, 0)$，$(0, t)$，$(1, 4)$．

从而，$\vec{PB} \cdot \vec{PC} = (\vec{AB} - \vec{AP}) \cdot (\vec{AC} - \vec{AP}) = 17 - (\dfrac{1}{t} + 4t)$．

故由基本不等式 $\dfrac{1}{t} + 4t \geqslant 2\sqrt{4} = 2$，得 $\vec{PB} \cdot \vec{PC} \leqslant 17 - 4 = 13$．

则当且仅当 $t = \dfrac{1}{2}$ 时等号成立．

评析：题目的条件中涉及很多有关向量的知识，采用向量法可以让条件更整体化．此过程思维量大，但计算量小，这个解法充分发挥了向量工具性的作用．

3 多种方法的综合运用

例 3 （2016 年高考四川卷文科）已知 $\triangle ABC$ 为正三角形，边长为 $2\sqrt{3}$，平面 ABC 内的动点 P，M 满足 $|\vec{AP}| = 1$，$\vec{PM} = \vec{MC}$，则 $|\vec{BM}|^2$ 的最大值为（ ）．

A. $\dfrac{43}{4}$　　B. $\dfrac{37 + 6\sqrt{3}}{4}$　　C. $\dfrac{49}{4}$　　D. $\dfrac{37 + 6\sqrt{33}}{4}$

分析：运用三角法和数形结合法．

解：以 A 点为直角坐标系的原点，BA 所在直线为 x 轴，建立直角坐标系．

A，B，C 三点的坐标分别为 $A(0, 0)$，$B(-2\sqrt{3}, 0)$，$C(-\sqrt{3}, 3)$．

由 $|\overrightarrow{AP}|=1$，可得点 P 的轨迹是以点 A 为圆心，半径为 1 的圆.

设 $P(\cos\theta,\sin\theta)$，其中 $\theta\in(0,2\pi]$，$\overrightarrow{PM}=\overrightarrow{MC}$，所以 M 是 PC 的中点.

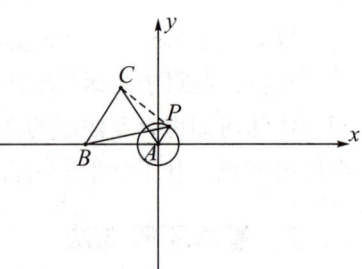

则 M 点的坐标为 $(\dfrac{-\sqrt{3}+\cos\theta}{2},\dfrac{3+\sin\theta}{2})$，

$\overrightarrow{BM}=(\dfrac{3\sqrt{3}+\cos\theta}{2},\dfrac{3+\sin\theta}{2})$.

$$|\overrightarrow{BM}|^2=\dfrac{1}{4}[(3\sqrt{3}+\cos\theta)^2+(3+\sin\theta)^2]$$

$$=\dfrac{1}{4}(37+6\sqrt{3}\cos\theta+6\sin\theta)$$

$$=\dfrac{1}{4}[37+12(\sin 60°\cos\theta+\cos 60°\sin\theta)]$$

$$=\dfrac{1}{4}[37+12\sin(60°+\theta)]$$

$$\leq\dfrac{49}{4}.$$

所以 $|\overrightarrow{BM}|^2$ 的最大值为 $\dfrac{49}{4}$.

评析：面对这些向量符号，一些学生可能会想到用向量法，但是对向量知识掌握得不好的学生，用这个方法是比较困难的. 所以此题可以采用从数形结合的思想出发，结合等边三角形和向量这些已知条件，用坐标法和三角法分析处理问题.

最值问题是高考中常见的题型，它涉及多种数学基础知识和数学基本思想方法. 多做此类题可以训练学生数学思维的灵活性、选择性，克服学生做题时的心理恐惧，增强学生学习数学的信心. 让学生体会数学知识的灵活性，数学思想方法在解题中的巨大价值.

参考文献

[1] 祁平，谭顶良. 三角函数的最值问题（高三复习）课例评析 [J]. 数学教学，2001（3）：6-9.

[2] 王卓明. 破解函数最值（值域）问题的十种策略 [J]. 高考，2008（9）：46-48.

斜三角形的四种类型

内江师范学院数学与信息科学学院 2014 级　胡　萍

内江市资中县教育局教研室　林中柱

在普通高中课程标准实验教科书《高中数学（必修5）》中，老师不断讲题，学生不断做题. 通过做题来提高学生对新知识的掌握固然是重要的，但大量的练习只是一种简单的重复. 实际上，斜三角形只有四种类型，只需用四道例题即可让学生轻松学习和理解解斜三角形的类型和方法.

解斜三角形的关键是正弦定理和余弦定理，以及它们的变形公式，我们可以通过这两个定理和已知量来得到三角形中的其他未知量. 题目只需给出任意三边和三个角中的任意三个量（但至少要知道一边），就可以解三角形了，按照三角形中题目的条件可以分为：①知三边；②知两边；③知一边（三个条件中的其余条件均为角是已知量）. 情况②又可分为知道已知边的夹角或对角. 我们又知道，在任意三角形中有大边对大角、小边对小角的对应关系，如果解三角形的答案不满足该条件，则该三角形不存在. 综上所述，在 $\triangle ABC$ 中，$\angle A$，$\angle B$，$\angle C$ 分别对应边 a，b，c，我们可将解三角形分成四种情况来讨论.

1 已知三角形的三边

这种情况下，由于我们知道边 a，b，c 的大小，所以宜用余弦定理. 由 $a^2=b^2+c^2-2bc\cos A$，得 $\cos A$ 的值，同理得 $\cos B$ 和 $\cos C$ 的值，再根据求出的余弦值即可得到三个角 A，B，C 的大小，在有解时有一解.

例 1　在 $\triangle ABC$ 中，$\angle A$，$\angle B$，$\angle C$ 分别对应边 a，b，c，已知 $B=C$，$2b=\sqrt{3}a$，求 $\cos A$ 的值.

解析：本题是已知三角形三边的情况，即已知 a，b，c 来解三角形.

由 $B=C$，$2b=\sqrt{3}a$，可得 $c=b=\dfrac{\sqrt{3}}{2}a$，

所以 $\cos A = \dfrac{b^2+c^2-a^2}{2bc} = \dfrac{\dfrac{3}{4}a^2+\dfrac{3}{4}a^2-a^2}{2\times\dfrac{\sqrt{3}}{2}a\times\dfrac{\sqrt{3}}{2}a} = \dfrac{1}{3}.$

2 已知三角形的两边及一角

这种情况又可分为知道已知边的夹角或对角.

(1) 已知三角形两边及夹角的情况.

设已知边 a, b 和 $\angle C$, 正弦定理是关于已知边和它对应角的关系, 这种情况不合适, 所以我们应选择余弦定理来解决. 由 $c^2=a^2+b^2-2ab\cos C$, 解出一边. 其余两角用正弦定理和余弦定理来解均可, 最后根据所求出的正弦值或余弦值即可求出 B, C 的大小, 在有解时有一解. 已知边 a, c 和 $\angle B$ 或已知 b, c 和 $\angle A$ 解三角形, 同理可求得.

例2 在 $\triangle ABC$ 中, $\angle A$, $\angle B$, $\angle C$ 分别对应的边为 a, b, c, 若 $\cos A = \dfrac{1}{3}$, $b=3c$, 求 $\sin C$ 的值.

解析：本题是已知三角形两边及夹角的情况, 即已知 a, b 和 $\angle C$ 解三角形.

因为 $\cos A = \dfrac{1}{3}$, $b=3c$.

所以 $a^2 = b^2+c^2-2bc\cos A = 8c^2$, $a=2\sqrt{2}c$.

由正弦定理得 $\dfrac{2\sqrt{2}c}{\sin A} = \dfrac{c}{\sin C}$.

而 $\sin A = \sqrt{1-\cos^2 A} = \dfrac{2\sqrt{2}}{3}$,

所以 $\sin C = \dfrac{1}{3}$.

(2) 已知三角形两边及对角的情况.

若已知边 a, b 和 $\angle A$, 余弦定理虽然也可以解, 但计算量更大, 学生容易出错, 所以我们选择正弦定理来解决. 由 $\dfrac{a}{\sin A} = \dfrac{b}{\sin B}$, 得 $\sin B = \dfrac{b}{a}\sin A$, 解出一角, 可有两解、一解或无解：①若 $a>b$, 则 $A>B$, 有唯一解；②若 $b>a$, 且 $b>a>b\sin A$, 有两解；③若 $a<b\sin A$, 则无解.

例3 已知 $\triangle ABC$ 中, $\angle A$, $\angle B$, $\angle C$ 分别对应边 a, b, c, $a=\sqrt{3}$, $b=\sqrt{2}$, $1+2\cos(B+C)=0$, 求 $\cos B$.

解析：化简 $1+2\cos(B+C)=0$，

得 $\cos(B+C)=-\dfrac{1}{2}$.

因为 $B+C=\pi-A$，

所以 $\cos(\pi-A)=-\dfrac{1}{2}$.

得 $\cos A=\dfrac{1}{2}$，$\sin A=\dfrac{\sqrt{3}}{2}$.

由此可见，本题是已知三角形两边及对角的情况，即已知 a，b 和 $\angle A$ 解三角形.

再由正弦定理，得 $\sin B=\dfrac{b\sin A}{a}=\dfrac{\sqrt{2}}{2}$.

由 $b<a$，知 $B<A$，所以 B 不是最大角，$B<\dfrac{\pi}{2}$，从而 $\cos B=\sqrt{1-\sin^2 B}=\dfrac{\sqrt{2}}{2}$.

3 已知三角形的一边及两角

根据三角形内角和为 $180°$，可求出第三个角. 由于余弦定理是关于三边一角的等式，在这种情况下不合适，所以我们应选择正弦定理来解决此类问题. 设已知边 a，根据正弦定理 $\dfrac{a}{\sin A}=\dfrac{b}{\sin B}=\dfrac{c}{\sin C}$，得 $b=a\cdot\dfrac{\sin B}{\sin A}$，$c=a\cdot\dfrac{\sin B}{\sin A}$. 在有解时，有一解. 已知边 b 和两角或边 c 和两角解三角形，同理可求得.

例 4 $\triangle ABC$ 中，若 $b=5$，$\angle B=\dfrac{\pi}{4}$，$\tan A=2$，则 $\sin A=$ _____；$a=$ _____.

解析：本题是已知三角形一边及两角的情况，即已知 b，$\angle B$ 和 $\angle A$ 解三角形.

根据题意得 $\tan A=2$.

因为 $\cos A=\dfrac{\sin A}{2}$，

所以 $\sin^2 A+\left(\dfrac{\sin A}{2}\right)^2=1$，

由于 $A\in(0,\pi)$，

所以 $\sin A = \dfrac{2\sqrt{5}}{5}$.

由正弦定理得，$\dfrac{a}{\dfrac{2\sqrt{5}}{5}} = \dfrac{5}{\dfrac{\sqrt{2}}{2}}$.

所以 $a = 2\sqrt{10}$.

通过归纳总结，将众多的解三角形的题目最后总结为四种题型，每种题型附一道例题与两道练习即可四题八练．一来老师轻松，将一周的课时量缩短到两节课；二来学生也轻松，几节的知识内容缩短为四种题型，清晰明了．学生既厘清了自己的思维逻辑，又能充分理解分析题目．学生容易接受了，学起来自然就更加轻松愉悦．而且老师在上课时，应有意识地让学生参与到这种归纳总结题型的过程中来，培养学生发现问题、总结规律的良好习惯，使这种"学习"习惯陪伴乃至影响他们的一生．同时，这也与新课标的数学理念不谋而合．

圆锥曲线中最值问题的研究

内江师范学院数学与信息科学学院 2014 级　辛　圆　陈召丽

内江市威远县东联镇中心学校　刘　骥

解析几何中的最值问题以直线或圆锥曲线作为背景，以函数和不等式等知识作为工具，具有较强的综合性，解决这类问题没有固定的模式，其解法一般灵活多样，且对于解题者有着相当高的能力要求．因此，这类最值问题成为数学高考中的热点和难点．最值问题几乎涉及高中数学的各个分支，在生产能力实践当中也有广泛的应用．圆锥曲线最值问题是综合性强、涉及知识面广而且常含有变量的一类难题，也是教学中的一个难点，所以学习如何利用一定的数学方法来解决这类问题就显得尤为重要．本文主要以分析圆锥曲线定义在解题中的运用为主线，深层次探究其在最值题型中的运用，结合数形结合的思想，协助学生在掌握圆锥曲线定义的基础上，灵活运用该定义来解决实际问题．下面笔者将针对圆锥曲线中不同类型的最值问题，介绍几种常见的求解方法．

第一类：求圆锥曲线中线段之和（差）最值

破解策略之一：几何法

将圆锥曲线的最值问题转化为平面几何问题中的最值问题，再利用平面几何知识，如对称点、三角形三边关系、平行线间距离等求解．

例 1　已知椭圆 $\dfrac{x^2}{25}+\dfrac{y^2}{9}=1$ 的右焦点 F，且有定点 $A(1,1)$，又点 M 是椭圆上一动点，问 $|MA|+|MF|$ 是否有最值？若有，求出最值，并指出点 M 的坐标．

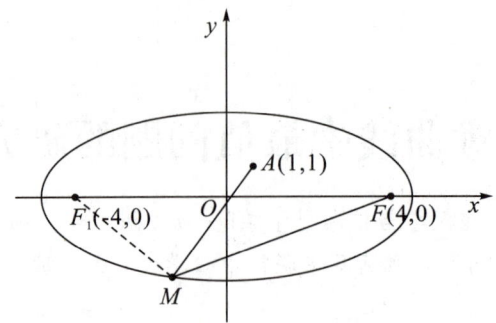

分析：椭圆左焦点设为 F_1，连接 MF_1，利用椭圆的定义以及三角形两边之差总是小于第三边，当 A，M，F_1 成一条直线时，$|MA|-|MF_1|$ 最大，又 $|MA|-|MF_1|\geqslant|AF_1|$，即可求出最值.

解：设椭圆左焦点为 $F_1(-4,0)$，连接 MF_1.

又因为 $|MA|+|MF|=|MA|+10-|MF_1|=10+|MA|-|MF_1|$，当 $|MA|-|MF_1|$ 最大时，$|MA|+|MF|$ 取最大值.

在 $\triangle AMF_1$ 中，任意两边之差小于第三边，当 A，M，F_1 成一条直线时，$|MA|-|MF_1|$ 最大，又 $|MA|-|MF_1|\geqslant|AF_1|$，所以当 $|MA|-|MF_1|=|AF_1|=\sqrt{26}$ 时，$|MA|+|MF|$ 取最大值 $10+\sqrt{26}$. 同理，$|MA|-|MF_1|=-\sqrt{26}$ 时，$|MA|+|MF|$ 取最大值 $10-\sqrt{26}$.

评注：在圆锥曲线中涉及求解线段之和（差）的最值问题时，用代数方法比较复杂，因此常常转化为平面几何问题来求解，其中"三角形两边之和大于第三边，两边之差小于第三边"是在解题过程中常用的定理，并进一步运用更多的平面几何知识来解决问题.

第二类：求圆锥曲线中的面积最值

破解策略之二：参数法

根据曲线方程的特点，用适当的参数表示曲线上点的坐标，把所求的最值归结为求解关于这个参数的函数最值的方法.

例2 （2014年四川卷理科）已知 F 为抛物线 $y^2=x$ 的焦点，点 A，B 在抛物线上且位于 x 轴两侧，$\overrightarrow{OA}\cdot\overrightarrow{OB}=2$（$O$ 为坐标原点），求 $\triangle ABO$ 与 $\triangle AFO$ 面积之和的最小值.

分析：可先设直线方程和点的坐标，联立直线与抛物线的方程得到一个一元二次方程，再利用韦达定理及 $\overrightarrow{OA}\cdot\overrightarrow{OB}=2$ 消元，最后将面积之和表示出来，探求最值问题.

解：设 A，B 坐标分别为 (x_1, y_1)，(x_2, y_2)，由 $\overrightarrow{OA} \cdot \overrightarrow{OB} = 2$ 可得 $x_1 x_2 + y_1 y_2 = 2$.

根据题意有 $y_1 y_2 = -2$.

令 AB 所在直线方程为 $x = my + t$，从而联立所设直线方程与抛物线方程得 $y^2 - my - t = 0$，根据韦达定理可解得 $t = 2$.

所以 $S_{\triangle ABO} + S_{\triangle AFO} = \dfrac{1}{2} \times 2 \times y_1 + \dfrac{1}{2} \times 2 \times y_2 + \dfrac{1}{2} \times \dfrac{1}{4} \times y_1$

$$= \dfrac{9}{8} y_1 + (-y_2) \geqslant 2\sqrt{\dfrac{9}{8} y_1 \times (-y_2)} = 3.$$

评注：本题是向量与解析几何的结合，主要是如何选择一个适当的面积计算公式来简化运算过程，并结合分类讨论与求最值的思想．在坐标与直线方程未知的情况下，可引入参数表示未知，使得解题过程更有逻辑性，从而更敏捷地求出最值．

第三类：求圆锥曲线中角的最值

破解策略之三：函数法

把所求最值目标表示为关于某个变量的函数，如二次函数最值问题，再利用配方或均值不等式或判别式等方法求解，或转化为三角函数，函数法是求各类最值最普遍的方法．

例3 M，N 分别是椭圆 $\dfrac{x^2}{4} + \dfrac{y^2}{2} = 1$ 的左、右焦点，l 是椭圆的一条准线，点 P 在 l 上，求 $\angle MPN$ 的最大值．

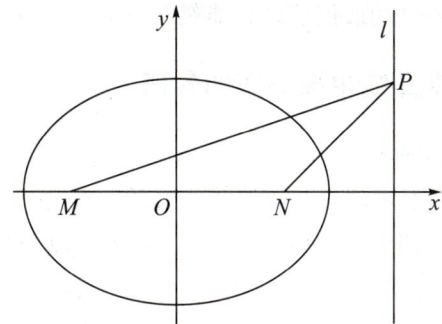

分析：根据椭圆的标准方程确定两个焦点坐标、准线方程，从而假设点 P 坐标，求出相应直线的斜率，利用差角的正切公式，借助基本不等式，即可求出角的最大值．

解：设 l 为椭圆的右准线，其方程是 $x = 2\sqrt{2}$，点 $P(2\sqrt{2}, y_0)(y_0 > 0)$，

直线 PM 和 PN 的倾斜角分别为 α 和 β.

又已知 $M(-\sqrt{2},0)$，$N(\sqrt{2},0)$.

所以 $k_{PM}=\tan\alpha=\dfrac{y_0-0}{2\sqrt{2}+\sqrt{2}}=\dfrac{y_0}{3\sqrt{2}}$，$k_{PN}=\tan\beta=\dfrac{y_0-0}{2\sqrt{2}-\sqrt{2}}=\dfrac{y_0}{\sqrt{2}}$.

于是 $\tan\angle MPN=\tan(\beta-\alpha)$

$$=\dfrac{\tan\beta-\tan\alpha}{1+\tan\beta\tan\alpha}=\dfrac{\dfrac{y_0}{\sqrt{2}}-\dfrac{y_0}{3\sqrt{2}}}{1+\dfrac{y_0}{\sqrt{2}}\cdot\dfrac{y_0}{3\sqrt{2}}}$$

$$=\dfrac{2\sqrt{2}\,y_0}{6+y_0^{\,2}}=\dfrac{2\sqrt{2}}{\dfrac{6}{y_0}+y_0}\leqslant\dfrac{\sqrt{3}}{3}.$$

又因为 $\angle MPN\in\left[0,\dfrac{\pi}{2}\right)$，

所以 $\angle MPN\leqslant\dfrac{\pi}{6}$.

即解得 $\angle MPN$ 的最大值为 $\dfrac{\pi}{6}$.

评注：审题时要注意把握 $\angle MPN$ 与 PM 和 PN 的倾斜角之间的内在联系. 在此类求角的最值问题中，多将问题转化为求三角函数的最值：首先建立目标函数，再运用三角函数的性质进行恒等变换求最值. 函数法是我们在求解最值问题中常用的一种方法，其中所涉及的常见函数为二次函数与三角函数，但需要注意的是，自变量的取值范围不能忽略.

第四类：求圆锥曲线中离心率的最值

破解策略之四：切线法

当所求的最值是圆锥曲线上点到某条直线的距离的最值时，可以作与这条直线平行的圆锥曲线的切线，则两平行线之间的距离就是所求的最值，切点就是曲线上取最值时的点.

例4 已知椭圆 C_1：$\dfrac{x^2}{a^2}+\dfrac{y^2}{b^2}=1\ (a>b>0)$ 与圆 C_2：$x^2+y^2=b^2$，若在椭圆 C_1 上存在点 P，过 P 作圆的切线 PA，PB，切点为 A，B，使得 $\angle BPA=\dfrac{\pi}{3}$，求椭圆 C_1 的离心率的最小值.

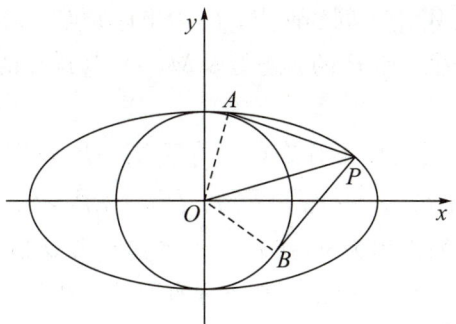

分析：利用 O，P，A，B 四点共圆的性质及椭圆离心率的概念，综合分析即可求得椭圆的离心率的最小值.

解：连接 OA，OB，OP，由题得 $\angle BPO = \angle APO = \dfrac{\pi}{6}$，即在 $\triangle OAP$ 中有 $\angle AOP = \dfrac{\pi}{3}$，故 $|OP| = 2b$.

由 $b < |OP| \leqslant a$，可得 $2b \leqslant a$，

又 $a^2 = b^2 + c^2$，所以 $4(a^2 - c^2) \leqslant a^2$.

故 $3a^2 \leqslant 4c^2$，即 $\dfrac{c^2}{a^2} \geqslant \dfrac{3}{4}$.

所以离心率 $e = \dfrac{c}{a} \geqslant \dfrac{\sqrt{3}}{2}$.

从而可知椭圆离心率的最小值为 $\dfrac{\sqrt{3}}{2}$.

评注：在涉及圆与圆锥曲线共题的情况下，利用切线法解决最值问题，大多会求圆心到切线的距离，再利用直角三角形的性质以及解析几何的相关知识进行解题. 在此类题中需要注意圆与圆锥曲线之间的联系，求离心率最值问题的关键是如何建立 a，b，c 之间的关系，掌握数形结合的方法进行求解.

第五类：求圆锥曲线中向量乘积最值

破解策略之五：判别式法

利用已知条件构造一个含有某一变量的一元二次方程，通过判断方程的判别式寻求题目的答案.

例 5 已知点 $M(-2, 0)$，$N(2, 0)$，动点 P 满足条件 $|PM| - |PN| = 2\sqrt{2}$，记动点 P 的轨迹为 W.

(1) 求 W 的方程.

(2) 若 A，B 是 W 上不同的两点，O 为坐标原点，求 $\overrightarrow{OA} \cdot \overrightarrow{OB}$ 的最小值.

分析：(1) 依题意，点 P 的轨迹是以 M，N 为焦点的双曲线的右支，由此能求出其方程.

(2) 当直线 AB 的斜率不存在时，设直线 AB 的方程为 $x=x_0$，此时 $A(x_0, \sqrt{x_0^2-2})$，$B(x_0, -\sqrt{x_0^2-2})$，$\overrightarrow{OA} \cdot \overrightarrow{OB}=2$，当直线 AB 的斜率存在时，设直线 AB 的方程为 $y=kx+b$，将其代入双曲线方程中，得 $(1-k^2)x^2-2kbx-b^2-2=0$. 依题意可知方程有两个不相等的正数根，由此入手能求出 $\overrightarrow{OA} \cdot \overrightarrow{OB}$ 的最小值.

解：(1) 由题可得点 P 的轨迹是以 M，N 为焦点的双曲线的右支，即所求 W 的方程为 $\dfrac{x^2}{2}-\dfrac{y^2}{2}=1\ (x>0)$.

(2) 点 A，B 是 W 上不同的两点，连接 AB，当直线 AB 的斜率不存在时，设直线 AB 的方程为 $x=x_0$，此时 $A(x_0, \sqrt{x_0^2-2})$，$B(x_0, -\sqrt{x_0^2-2})$.

故有：$\overrightarrow{OA} \cdot \overrightarrow{OB}=2$.

当直线 AB 的斜率存在时，设直线 AB 的方程为 $y=kx+b$，将其代入双曲线方程中，得 $(1-k^2)x^2-2kbx-b^2-2=0$.

由 (1) 可知二次方程有两个不相等的正数根，可以设 $A(x_1, y_1)$，$B(x_2, y_2)$，则：

$$\begin{cases} \Delta=4k^2x^2-4(1-k^2)\cdot(-b^2-2)>0 \\ x_1+x_2=\dfrac{2kb}{1-k^2}>0 \\ x_1x_2=\dfrac{b^2+2}{k^2-1}>0 \end{cases}, \text{解得}\ |k|>1.$$

所以 $\overrightarrow{OA} \cdot \overrightarrow{OB}=x_1x_2+y_1y_2=x_1x_2+(kx_1+b)(kx_2+b)$

$=(1+k^2)x_1x_2+kb(x_1+x_2)+b^2=\dfrac{2k^2+2}{k^2-1}$

$=2+\dfrac{4}{k^2-1}>2$.

综上可知，$\overrightarrow{OA} \cdot \overrightarrow{OB}$ 的最小值为 2.

评注：利用判别式求最值要有转化变元的思想，且原方程必须存在实数解，即问题中的最值是存在的.

第六类：求圆锥曲线中距离最值

破解策略之六：定义转换法

根据圆锥曲线的定义，把所求的最值转化为平面上两点之间的距离、点线之间的距离等，这是求圆锥曲线最值的基本方法.

例 6.1 设 AB 为抛物线 $y=x^2$ 的一条弦，若 $AB=4$，求 AB 的中点 M 到直线 $y+1=0$ 的最短距离.

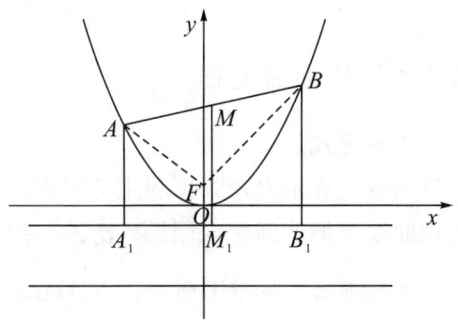

解：由题可知抛物线 $y=x^2$ 的焦点为 $F(0, \frac{1}{4})$，准线为 $y=-\frac{1}{4}$，过 A，B，M 作准线 $y=-\frac{1}{4}$ 的垂线，垂足分别为 A_1，B_1，M_1，则所求距离 $d = MM_1 + \frac{3}{4}$.

所以 $d = \frac{1}{2}(AA_1 + BB_1) + \frac{3}{4}$

$= \frac{1}{2}(AF + BF) + \frac{3}{4}$

$\geq \frac{1}{2}AB + \frac{3}{4} = \frac{1}{2} \times 4 + \frac{3}{4} = \frac{11}{4}$.

例 6.2（2014 年福建卷理科）设 P，Q 分别为圆 $x^2+(y-6)^2=2$ 和椭圆 $\frac{x^2}{10}+y^2=1$ 上的点，求 P，Q 两点间的最大距离.

分析：求出椭圆上的点与圆心的最大距离，加上半径，即可得出两点间最大距离.

解：由题已知圆 $x^2+(y-6)^2=2$ 的圆心为 $(0,6)$，半径为 $\sqrt{2}$，设椭圆上点 Q 的坐标为 (x,y)，则点 Q 到圆心 $(0,6)$ 的距离为

$$d = \sqrt{x^2+(y-6)^2} = \sqrt{10(1-y^2)+(y-6)^2}$$

$$=\sqrt{-9\left(y+\frac{2}{3}\right)^2+50} \leqslant 5\sqrt{2}$$

所以 P，Q 两点间的最大距离是 $5\sqrt{2}+\sqrt{2}=6\sqrt{2}$.

评注：在圆锥曲线的最值问题中涉及圆锥曲线的焦点或准线时，常常采用曲线的定义与性质进行求解，若引入变量求最值，往往会陷入复杂的运算，然而从定义入手，可大大简化运算. 因此遇到这类问题时，注意画图分析，利用图形的形象性及直观性，借助圆锥曲线定义把线段进行转化，再结合平面几何知识加以解决，而所求点就是相应线段与圆锥曲线的交点.

第七类：最值条件下的曲线方程

破解策略之七：基本不等式法

先将所求最值的量用变量表示出来，再利用基本不等式求这个表达式的最值. 这种方法是求圆锥曲线中最值问题应用最广泛的一种方法.

例7 （2013年浙江卷理科）如下图所示，点 $P(0,-1)$ 是椭圆 $C_1：\frac{x^2}{a^2}+\frac{y^2}{b^2}=1(a>b>0)$ 的一个顶点，C_1 的长轴是圆 $C_2：x^2+y^2=4$ 的直径，l_1，l_2 是过点 P 且相互垂直的两条直线，其中 l_1 交圆 C_2 于两点，l_2 交椭圆 C_1 于另一点 D.

(1) 求椭圆 C_1 的方程.

(2) 求 $\triangle ABD$ 面积最大时直线 l_1 的方程.

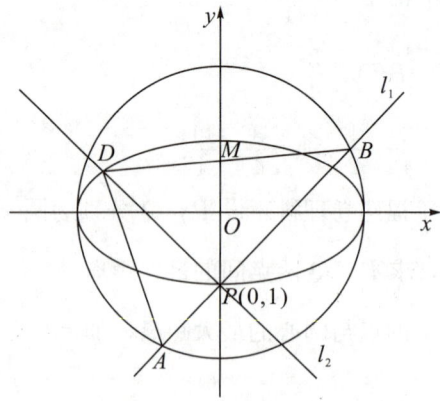

分析：(1) 求出椭圆的几何量，然后求解椭圆的方程.

(2) 设 $A(x_1, y_1)$，$B(x_2, y_2)$，$D(x_0, y_0)$，直线 l_1 的方程为 $y=kx-1$. 求出点 O 到直线 l_1 的距离，再利用直线与椭圆联立方程组，通过韦达定理求

出 PD，表示出 $\triangle ABD$ 的面积为 S. 利用基本不等式求出最值. 最后求解直线方程.

解：(1) 由题意可得椭圆方程：$\dfrac{x^2}{4}+y^2=1$.

(2) 根据题可设 $A(x_1,y_1)$，$B(x_2,y_2)$，$D(x_0,y_0)$，由题可知直线 l_1 的斜率存在，于是设直线 l_1 的方程为 $y=kx-1$，又由于原点到直线 l_1 的距离为 $d=\dfrac{1}{\sqrt{k^2+1}}$.

所以 $|AB|=2\sqrt{4-d^2}=2\sqrt{\dfrac{4k^2+3}{k^2+1}}$.

又因为 $l_1\perp l_2$，故直线 l_2 的方程为 $x+ky+k=0$，联立直线 l_2 的方程与椭圆方程，可得：

$$(k^2+4)x^2+8kx=0$$

故 $x_0=\dfrac{-8k}{k^2+4}$，即 $|PD|=\dfrac{8\sqrt{k^2+1}}{k^2+4}$.

所以 $S_{\triangle ABD}=\dfrac{1}{2}|AB|\times|PD|=\dfrac{8\sqrt{k^2+3}}{k^2+4}$

$$=\dfrac{32}{\sqrt{4k^2+3}+\dfrac{13}{\sqrt{4k^2+3}}}\leqslant\dfrac{32}{2\sqrt{\sqrt{4k^2+3}\cdot\dfrac{13}{\sqrt{4k^2+3}}}}$$

$$=\dfrac{16\sqrt{13}}{13}.$$

当且仅当 $k=\pm\dfrac{\sqrt{10}}{2}$ 时取等号，即所求直线方程为 $y=\pm\dfrac{\sqrt{10}}{2}x-1$.

评注：这类最值问题巧妙引入基本不等式，在运用不等式时大多需要进行配凑，进行代数式的转换，取得事半功倍的效果. 但在使用均值不等式时需要注意：不等式中每一项都要取正值，不等式的一边为常数，并能取得等号.

综上所述，圆锥曲线最值问题除了是数学中的重要知识点外，还容易与其他数学知识建立联系，题目灵活多变，综合性强，问题的求解需要灵活运用函数、方程及图形变化和不等式关系等. 遇到这类问题，注意画图分析，利用图形的形象性、直观性，以及转化等典型数学思想方法，让学生在对基本原理、规律的探究、发现、归纳和应用的过程中，总结规律，"知其然"，更"知其所以然"，在解决问题的过程中培养学生运用数学思想方法去分析问题和解决问题的能力、探究问题的能力以及灵活多变的思维能力. 学生在分析该类问题时一定要仔细审题，挖掘隐含条件，灵活推导转化，从而恰当地确立解题思路和方法．只有在学习实践过程中善于总结积累经验，才能在遇到此类问题时做到心中有数，有章可循，有法可依．

参考文献

[1] 关雅南. 与圆锥曲线有关的几个最值问题 [J]. 上海中学数学，2010（9）：4-6.

[2] 潘广英. 例析圆锥曲线中的最值问题 [J]. 中学生数理化（高二版），2010（11）：15.

[3] 朱兴萍. 圆锥曲线定义在解题中的应用 [J]. 林区教学，2011（8）：109-110.

[4] 李红春. 求解圆锥曲线范围和最值问题的策略 [J]. 数理化学习（高三），2012（4）：4-6.

[5] 郑日峰. 多元条件最值问题的常见策略 [J]. 新高考，2007（5）：42-44.

[6] 王希明. 解析几何中最值问题的常用方法 [J]. 教育观察，2012（5）：47.

[7] 任春玲. 巧用圆锥曲线定义解决有关最值问题 [J]. 试题与教研，2012（7）：57.

[8] 陈宪平. 圆锥曲线最值问题初探 [J]. 数学学习与研究，2013（13）：135.

[9] 王成喜. 圆锥曲线中最值问题的类型与解法 [J]. 科技信息，2009（35）：684.

圆锥曲线中与斜率有关的优美定值①

西华师范大学 2016 级研究生　陈　莲

内江市隆昌县教育局教研室　郭宗芳

圆锥曲线中的定值问题是近年来全国各省市命题的热点和难点，在圆锥曲线背景下有关斜率的定值问题出现的频率较高，本文就某些与斜率有关的定值问题进行推广并证明.

定理 1　椭圆 $\dfrac{x^2}{a^2}+\dfrac{y^2}{b^2}=1$ $(a>b>0)$ 上一定点 $M(x_0,y_0)$，与椭圆上异于点 M 的两动点 P,Q 连线的斜率互为相反数，则直线 PQ 的斜率为定值 $\dfrac{b^2 x_0}{a^2 y_0}$.

证明：设直线 MP 的方程为 $y=k(x-x_0)+y_0$，设 $P(x_1,y_1)$，$Q(x_2,y_2)$.

联立 $\begin{cases} y=k(x-x_0)+y_0 \\ \dfrac{x^2}{a^2}+\dfrac{y^2}{b^2}=1 \end{cases}$，得

$(b^2+a^2k^2)x^2+(2a^2ky_0-2a^2k^2x_0)x+a^2k^2x_0^2-2ka^2y_0x_0+a^2y_0^2-a^2b^2=0$，

从而有 $x_1+x_0=-\dfrac{2a^2ky_0-2a^2k^2x_0}{b^2+a^2k^2}$，

即 $x_1=-\dfrac{2a^2ky_0-2a^2k^2x_0}{b^2+a^2k^2}-x_0$，$y_1=k(x_1-x_0)+y_0$.

由于 k_{MP} 与 k_{MQ} 互为相反数，所以 $k_{MQ}=-k$，将上式中的 k 换为 $-k$ 得到

$x_2=\dfrac{-2a^2ky_0+2a^2k^2x_0}{b^2+a^2k^2}-x_0$，$y_2=-k(x_2-x_0)+y_0$.

直线 PQ 的斜率 $k_{PQ}=\dfrac{y_2-y_1}{x_2-x_1}=\dfrac{-k(x_1+x_2)+2kx_0}{x_2-x_1}=\dfrac{b^2 x_0}{a^2 y_0}$.

---

① 内江师范学院 2012 级本科学生.
通讯作者：潘超.

可以证明在双曲线中也有类似的性质，只需将结论中的 b^2 换成 $-b^2$ 即可，叙述如下：

双曲线 $\dfrac{x^2}{a^2}-\dfrac{y^2}{b^2}=1$（$a>0$，$b>0$）上一定点 $M(x_0,y_0)$，与双曲线上异于点 M 的两动点 P，Q 连线的斜率互为相反数，则直线 PQ 的斜率为定值 $-\dfrac{b^2 x_0}{a^2 y_0}$.

定理 2 A，B 是椭圆 $\dfrac{x^2}{a^2}+\dfrac{y^2}{b^2}=1$（$a>b>0$）的左、右顶点，$O$ 为坐标原点，l_1 是左顶切线，l_2 是右准线，P 是椭圆上异于 A，B 的动点，直线 BP 与 l_1 交于点 M，AP 与 l_2 交于点 N，则

(1) 直线 OM 与 AP 的斜率之积为定值 $-\dfrac{2b^2}{a^2}$.

(2) 直线 ON 与 BP 的斜率之积为定值 $-\dfrac{b^2(a^2+ac)}{a^4}$.

证明：(1) 设点 $P(x_0,y_0)$（$y_0\neq 0$），$A(-a,0)$，$B(a,0)$，直线 BP 的方程为 $y=\dfrac{y_0}{x_0-a}(x-a)$.

令 $x=-a$，得 $M(-a,\dfrac{-2ay_0}{x_0-a})$. 直线 OM 的斜率 $k_{OM}=\dfrac{2y_0}{x_0-a}$，直线 AP 的斜率 $k_{AP}=\dfrac{y_0}{x_0+a}$.

$k_{OM}\cdot k_{AP}=\dfrac{2y_0}{x_0-a}\cdot\dfrac{y_0}{x_0+a}=\dfrac{2y_0^2}{x_0^2-a^2}$，由于 P 在椭圆上，故有 $\dfrac{x_0^2}{a^2}+\dfrac{y_0^2}{b^2}=1$，即 $y_0^2=\dfrac{b^2}{a^2}(a^2-x_0^2)$，所以 $k_{OM}\cdot k_{AP}=-\dfrac{2b^2}{a^2}$.

(2) 直线 AP 的方程为 $y=\dfrac{y_0}{x_0+a}(x+a)$，令 $x=\dfrac{a^2}{c}$，得 $N(\dfrac{a^2}{c},\dfrac{a^2+ac}{cx_0+ac}y_0)$. 直线 ON 的斜率 $k_{ON}=\dfrac{(a^2+ac)y_0}{a^2(x_0+a)}$，直线 BP 的斜率 $k_{BP}=\dfrac{y_0}{x_0-a}$.

$k_{ON}\cdot k_{BP}=\dfrac{(a^2+ac)y_0}{a^2(x_0+a)}\cdot\dfrac{y_0}{x_0-a}=\dfrac{(a^2+ac)y_0^2}{a^2(x_0^2-a^2)}$，

由于 P 在椭圆上，故有 $\dfrac{x_0^2}{a^2}+\dfrac{y_0^2}{b^2}=1$，即 $y_0^2=\dfrac{b^2}{a^2}(a^2-x_0^2)$，所以 $k_{ON}\cdot k_{BP}=-\dfrac{b^2(a^2+ac)}{a^4}$.

可以证明在双曲线中也有类似的性质，只需将结论中的 b^2 换成 $-b^2$ 即可，叙述如下：

A，B 是双曲线 $\dfrac{x^2}{a^2}-\dfrac{y^2}{b^2}=1(a>0,b>0)$ 的左、右顶点，O 为坐标原点，l_1 是左顶切线，l_2 是右准线，P 是双曲线上异于 A，B 的动点，直线 BP 与 l_1 交于点 M，AP 与 l_2 交于点 N，则

(1) 直线 OM 与 AP 的斜率之积为定值 $\dfrac{2b^2}{a^2}$.

(2) 直线 ON 与 BP 的斜率之积为定值 $\dfrac{b^2(a^2+ac)}{a^4}$.

定理 3 过原点的直线与椭圆 $\dfrac{x^2}{a^2}+\dfrac{y^2}{b^2}=1$ $(a>b>0)$ 交于 A，B 两点 (非椭圆顶点). 点 D 在椭圆上，且 $AD\perp AB$，直线 BD 与 x 轴交于点 M. 设直线 BD，AM 的斜率分别为 k_1，k_2，则 $\dfrac{k_1}{k_2}$ 为定值 $\dfrac{2b^2-a^2}{a^2}$.

证明：设 $A(x_1,y_1)(x_1\cdot y_1\neq 0)$，$D(x_2,y_2)$，则 $B(-x_1,-y_1)$，直线 AB 的斜率 $k_{AB}=\dfrac{y_1}{x_1}$.

因为 $AD\perp AB$，所以直线 AD 的斜率 $k=-\dfrac{x_1}{y_1}$.

设直线 AD 的方程为 $y=kx+m$ $(k\neq 0,m\neq 0)$，

由 $\begin{cases} y=kx+m \\ \dfrac{x^2}{a^2}+\dfrac{y^2}{b^2}=1 \end{cases}$，得 $(b^2+a^2k^2)x^2+2kma^2x+a^2m^2-a^2b^2=0$，

所以 $x_1+x_2=-\dfrac{2kma^2}{b^2+a^2k^2}$，$y_1+y_2=k(x_1+x_2)+2m=\dfrac{2mb^2}{b^2+a^2k^2}$，$k_1=\dfrac{y_1+y_2}{x_1+x_2}=-\dfrac{b^2}{ka^2}=\dfrac{y_1b^2}{x_1a^2}$.

直线 BD 的方程为 $y=\dfrac{y_1b^2}{x_1a^2}(x+x_1)-y_1$.

令 $y=0$，得 $M\left(\dfrac{a^2-b^2}{b^2}x_1,0\right)$，$k_2=\dfrac{y_1}{x_1-\dfrac{a^2-b^2}{b^2}x_1}=\dfrac{b^2y_1}{(2b^2-a^2)x_1}$，

即 $\dfrac{k_1}{k_2}=\dfrac{2b^2-a^2}{a^2}$.

可以证明在双曲线中也有类似的性质，叙述如下：

过原点的直线与双曲线$\frac{x^2}{a^2}-\frac{y^2}{b^2}=1(a>0,b>0)$交于$A$，$B$两点（非椭圆顶点）. 点$D$在双曲线上，且$AD\perp AB$，直线$BD$与$x$轴交于点$M$. 设直线$BD$，$AM$的斜率分别为$k_1$，$k_2$，则$\frac{k_1}{k_2}$为定值$-\frac{2b^2-a^2}{a^2}$.

定理4 点P是椭圆$\frac{x^2}{a^2}+\frac{y^2}{b^2}=1$ $(a>b>0)$上除顶点外的任意一点，M，N为x轴上关于原点对称的两点，过点P的切线斜率为k，则有$\frac{1}{kk_{MP}}+\frac{1}{kk_{NP}}$为定值$-\frac{2a^2}{b^2}$.

证法1：设过点P的切线方程为$y=kx+m$，联立$\begin{cases}y=kx+m\\ \frac{x^2}{a^2}+\frac{y^2}{b^2}=1\end{cases}$，得

$$(b^2+a^2k^2)x^2+2kma^2x+a^2m^2-a^2b^2=0 \quad ①式$$

所以$\Delta=4k^2m^2a^4-4(b^2+a^2k^2)(a^2m^2-a^2b^2)=0$，即有$a^2k^2-m^2+b^2=0$，将其代入①式解得$P(-\frac{a^2k}{m},\frac{b^2}{m})$，$k_{MP}=\dfrac{\frac{b^2}{m}}{-\frac{a^2k}{m}+t}$，$k_{NP}=\dfrac{\frac{b^2}{m}}{-\frac{a^2k}{m}-t}$，

所以$\frac{1}{kk_{MP}}+\frac{1}{kk_{NP}}=-\frac{2a^2}{b^2}$.

证法2：设$P(x_0,y_0)$ $(x_0\cdot y_0\neq 0)$，$M(-t,0)$，则$N(t,0)$，过点P的切线方程为$\frac{xx_0}{a^2}+\frac{yy_0}{b^2}=1$，由导数法可求得斜率$k=-\frac{b^2x_0}{a^2y_0}$.

而$k_{MP}=\frac{y_0}{x_0+t}$，$k_{NP}=\frac{y_0}{x_0-t}$，所以$\frac{1}{kk_{MP}}+\frac{1}{kk_{NP}}=\frac{1}{k}\cdot(\frac{x_0+t}{y_0}+\frac{x_0-t}{y_0})=$

$-\frac{a^2y_0}{b^2x_0}\cdot\frac{2x_0}{y_0}=-\frac{2a^2}{b^2}$.

可以证明在双曲线中也有类似的性质，只需将结论中的b^2换成$-b^2$即可，叙述如下：

点P是双曲线$\frac{x^2}{a^2}-\frac{y^2}{b^2}=1$ $(a>0,b>0)$上除顶点外的任意一点，M，N为x轴上关于原点对称的两点，过点P的切线斜率为k，则有$\frac{1}{kk_{MP}}+\frac{1}{kk_{NP}}$为定值$\frac{2a^2}{b^2}$.

参考文献

[1] 莫成立. 圆锥曲线中与斜率切线相关的定点、定值问题探讨 [J]. 数理化学习（高中版），2012（11）：6-7.

[2] 黄卫平. 与有心圆锥曲线顶切线相关的定性问题 [J]. 中学数学研究，2014（10）：25.

[3] 蒋振滨. 与圆锥曲线切线相关的两个定值 [J]. 数学教学通讯（中等教育），2014（18）：49-50.

2016年高考函数型不等式恒成立问题的求解策略

内江师范学院数学与信息科学学院2015级 徐 倩 苏 鹏

函数—不等式恒成立问题是中学数学的重要内容，也是历年高考的一个热点问题. 研究高考试题不难发现，函数—不等式问题立意深刻，解法灵活，是有效地甄别学生能力的一类好题. 下面以2016年高考中函数—不等式恒成立问题为例，给出6种常见的求解策略.

1 直接法

例1 （2016年上海卷）已知 $a \in \mathbf{R}$，函数 $f(x) = \log_2\left(\dfrac{1}{x}+a\right)$. （Ⅰ）略；（Ⅱ）略；（Ⅲ）设 $a>0$，若对任意 $t \in \left[\dfrac{1}{2}, 1\right]$，函数 $f(x)$ 在区间 $[t, t+1]$ 上的最大值与最小值的差不超过1，求 a 的取值范围.

解：（Ⅲ）当 $0<x_1<x_2$ 时，$\dfrac{1}{x_1}+a > \dfrac{1}{x_2}+a$，$\log_2\left(\dfrac{1}{x_1}+a\right) > \log_2\left(\dfrac{1}{x_2}+a\right)$，所以 $f(x)$ 在 $(0, +\infty)$ 上单调递减. 函数 $f(x)$ 在区间 $[t, t+1]$ 上的最大值与最小值分别为 $f(t)$，$f(t+1)$. $f(t) - f(t+1) = \log_2\left(\dfrac{1}{t}+a\right) - \log_2\left(\dfrac{1}{t+1}+a\right) \leqslant 1$，即 $at^2 + (a+1)t - 1 \geqslant 0$，对任意 $t \in \left[\dfrac{1}{2}, 1\right]$ 成立. 因为 $a>0$，所以函数 $y = at^2 + (a+1)t - 1$ 在区间 $\left[\dfrac{1}{2}, 1\right]$ 上单调递增，当 $t = \dfrac{1}{2}$ 时，$y_{\min} = \dfrac{3}{4}a - \dfrac{1}{2}$，由 $\dfrac{3}{4}a - \dfrac{1}{2} \geqslant 0$，得 $a \geqslant \dfrac{2}{3}$. 故 a 的取值范围为 $\left[\dfrac{2}{3}, +\infty\right)$.

---

① 指导教师：杨春英 夏宗盛

2 分离参数法

例 2 （2016 年江苏卷）已知函数 $f(x)=a^x+b^x$ （$a>0$，$b>0$，$a\neq 1$，$b\neq 1$）．（Ⅰ）设 $a=2$，$b=\dfrac{1}{2}$．①略；② 若对于任意 $x\in \mathbf{R}$，不等式 $f(2x)\geqslant mf(x)-6$ 恒成立，求实数 m 的最大值．（Ⅱ）略．

解：（Ⅰ）② 由题意得 $2^{2x}+\dfrac{1}{2^{2x}}\geqslant m\left(2^x+\dfrac{1}{2^x}\right)-6$ 恒成立，令 $t=2^x+\dfrac{1}{2^x}$，则由 $2^x>0$，可得 $t\geqslant 2\sqrt{2^x\times\dfrac{1}{2^x}}=2$，此时 $t^2-2\geqslant mt-6$ 恒成立，即 $m\leqslant \dfrac{t^2+4}{t}=t+\dfrac{4}{t}$ 恒成立．当 $t\geqslant 2$ 时，$t+\dfrac{1}{t}\geqslant 2\sqrt{t\cdot\dfrac{4}{t}}=4$，当且仅当 $t=2$ 时，等号成立，因此实数 m 的最大值为 4．

3 放缩法

例 3 （2016 年浙江卷）设函数 $f(x)=x^3+\dfrac{1}{1+x}$，$x\in[0,1]$．证明：（Ⅰ）$f(x)\geqslant 1-x+x^2$；（Ⅱ）$\dfrac{3}{4}<f(x)\leqslant\dfrac{3}{2}$．

证明：（Ⅱ）由 $0\leqslant x\leqslant 1$，得 $x^3\leqslant x$．

故 $f(x)=x^3+\dfrac{1}{1+x}\leqslant x+\dfrac{1}{1+x}-\dfrac{3}{2}+\dfrac{3}{2}=\dfrac{(x-1)(2x+1)}{2(x+1)}+\dfrac{3}{2}\leqslant \dfrac{3}{2}$，

所以 $f(x)\leqslant \dfrac{3}{2}$．

由（Ⅰ）得 $f(x)\geqslant 1-x+x^2=\left(x-\dfrac{1}{2}\right)^2+\dfrac{3}{4}\geqslant \dfrac{3}{4}$，

又因为 $f\left(\dfrac{1}{2}\right)=\dfrac{19}{24}>\dfrac{3}{4}$，

所以 $f(x)>\dfrac{3}{4}$，

综上所述，$\dfrac{3}{4}<f(x)\leqslant \dfrac{3}{2}$．

4 单调性＋分类讨论

例 4 （2016 年四川卷理科 21 题）设函数 $f(x)=ax^2-a-\ln x$，其中 $a\in\mathbf{R}$．

（Ⅰ）略；

（Ⅱ）确定 a 的所有可能取值，使得 $f(x) > \frac{1}{x} - e^{1-x}$ 在区间 $(1, +\infty)$ 内恒成立（$e = 2.718\cdots$ 为自然对数的底数）．

下面将从不同的视角给出第（Ⅱ）问的解析，希望对读者有所帮助．

解：（Ⅱ）令 $g(x) = \frac{1}{x} - \frac{1}{e^{x-1}}$，$s(x) = e^{x-1} - x$，则 $s'(x) = e^{x-1} - 1$，而当 $x > 1$ 时，$s'(x) > 0$，所以 $s(x)$ 在区间 $(1, +\infty)$ 内单调递增．又由 $s(1) = 0$，有 $s(x) > 0$．从而当 $x > 1$ 时，$g(x) > 0$．

当 $a \leqslant 0$，$x > 1$ 时，$f(x) = a(x^2 - 1) - \ln x < 0$．故当 $f(x) > g(x)$ 在区间 $(1, +\infty)$ 内恒成立时，必有 $a > 0$．

当 $0 < a < \frac{1}{2}$ 时，$\frac{1}{\sqrt{2a}} > 1$．由（Ⅰ）有 $f(\frac{1}{\sqrt{2a}}) < f(1) = 0$，而 $g(\frac{1}{\sqrt{2a}}) > 0$．

所以，此时 $f(x) > g(x)$ 在区间 $(1, +\infty)$ 不恒成立．

当 $a \geqslant \frac{1}{2}$ 时，令 $h(x) = f(x) - g(x)(x \geqslant 0)$，当 $x > 1$ 时，$h'(x) = 2ax - \frac{1}{x} + \frac{1}{x^2} - e^{1-x} > x - \frac{1}{x} + \frac{1}{x^2} - \frac{1}{x} = \frac{x^3 - 2x + 1}{x^2} > \frac{x^2 - 2x + 1}{x^2} > 0$．

因此，$h(x)$ 在区间 $(1, +\infty)$ 单调递增．

又因为 $h(1) = 0$，所以当 $x > 1$ 时，$h(x) = f(x) - g(x) > 0$，即 $f(x) > g(x)$ 恒成立．

综上所述，$a \in [\frac{1}{2}, +\infty)$．

5 等价转化

例5 （全国卷Ⅰ理科21题）已知函数 $f(x) = (x-2)e^x + a(x-1)^2$ 有两个零点．（Ⅰ）求 a 的取值范围；（Ⅱ）设 x_1，x_2 是 $f(x)$ 的两个零点，证明：$x_1 + x_2 < 2$．

解：（Ⅱ）不妨设 $x_1 < x_2$，由（Ⅰ）知 $x_1 \in (-\infty, 1)$，$x_2 \in (1, +\infty)$，$2 - x_2 \in (-\infty, 1)$，$f(x)$ 在 $(-\infty, 1)$ 上单调递减，所以 $x_1 + x_2 < 2$ 等价于 $f(x_1) > f(2 - x_2)$，即 $f(2 - x_2) < 0$．由于 $f(2 - x_2) = -x_2 e^{2-x_2} + a(x_2 - 1)^2$，而 $f(x_2) = (x_2 - 2)e^{x_2} + a(x_2 - 1)^2 = 0$，所以 $f(2 - x_2) = -x_2 e^{2-x_2} - (x_2 - 2)e^{x_2}$．设 $g(x) = -xe^{2-x} - (x-2)e^x$，则 $g'(x) = (x-1)(e^{2-x} - e^x)$．所以当 $x > 1$ 时，$g'(x) < 0$，而 $g(1) = 0$，故当 $x > 1$ 时，$g(x) < 0$．从而 g

$(x_2)=f(2-x_2)<0$,故 $x_1+x_2<2$.

6 辅助切线法

例 6 同例 4.

证明:$\frac{1}{2}x^2-\frac{1}{2}-\ln x-\frac{1}{x}+e^{1-x}>0 \Leftrightarrow e^{1-x}>-\frac{1}{2}x^2+\ln x+\frac{1}{x}+\frac{1}{2}$,记 $m(x)=e^{1-x}$,$n(x)=-\frac{1}{2}x^2+\ln x+\frac{1}{x}+\frac{1}{2}$. 由于 $m'(1)=1$,$n'(1)=1$,且 $m(1)=1$,$n(1)=1$,于是 $m(x)=e^{1-x}$ 与 $n(x)=-\frac{1}{2}x^2+\ln x+\frac{1}{x}+\frac{1}{2}$ 在(1,1)具有相同的切线:$y=-x+2$,结合图象:$e^{1-x}>-x+2>-\frac{1}{2}x^2+\ln x+\frac{1}{x}+\frac{1}{2}$,于是 $e^{1-x}>-\frac{1}{2}x^2+\ln x+\frac{1}{x}+\frac{1}{2}$.

参考文献

[1] 刘成龙,余小芬. 2016 年四川高考数学理科 21 题的解析[J]. 中学数学研究,2016(10):36-38.

例谈提高学生解题能力的"四要"

内江师范学院数学与信息科学学院 2013 级　魏丹丽　莫红金

数学学习离不开解题,教会学生解题是中学数学教师的重要任务. 从实际教学来看,老师讲了大量例题,学生也做了很多练习题,但仍然不会解题. 其根源在于多数教师在讲解题目的过程中常常过多地关注一招一式,过分地强调一题多解,以致学生过分地依赖简单模仿,而忽略了解题思路的分析、数学思维的培养,从而失去对解题方法的自我构建、自发感悟,导致学生独立面对问题时无从下手. 因此,提高学生解题能力的关键在于教会学生分析问题、思考问题. 下面以一道试题为例,从"四要"的角度谈谈如何提升学生的解题能力.

试题　在 $\triangle ABC$ 中,$AC=BC$,$\angle ACB=90°$,D,E 是直线 AB 上两点,$\angle DCE=45°$.

(1) 当 $CE \perp AB$ 时,点 D 与点 A 重合,求证:$DE^2 = AD^2 + BE^2$;

(2) 如图 1 所示,当点 D 不与点 A 重合时,求证:$DE^2 = AD^2 + BE^2$;

(3) 当点 D 在 BA 的延长线上时,(2) 中的结论是否仍然成立?画出图形,并说明理由.

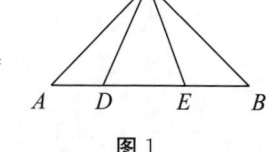

图 1

1　要善于揣测和领悟

数学解题大师波利亚在《怎样解题》中把解题分为四个阶段:"弄清问题、拟定计划、实现计划、回顾与检验". 所以,要想有效解题,首先就要学会读懂题干的字面含义、条件组合后的含义,同时要善于揣测和领悟命题者意图.

对于上述试题的第(1)问,多数学生可以完成. 在几何图形上标明已知

---

① 指导教师:杨春英　刘成龙

条件后,学生采取的策略是过 C 点作 AB 边的高,即 CE,如图 2 所示. 由已知条件 $AC=BC$,$CE\perp AB$,可知 $AE=BE$. 又因为 A,D 重合,即 $AD=0$,可推出结论:$DE^2=AD^2+BE^2$,即得证. 而对于第(2)问的解决,由边长的平方,学生能够很自然地联想到勾股定理,但如果依旧使用第(1)问作高的方法,如图 3 所示,此时解题就陷入了僵局. 当方法行不通时,就需要我们再次回到题目进行审题了,看看是不是忽略了什么已知条件. 在解决第(1)问时,我们只使用了 $AC=BC$ 这个前提条件,而 $\angle ACB=90°$,$\angle DCE=45°$ 都未使用.

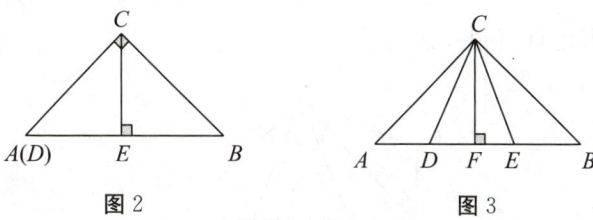

图 2 图 3

2 敢于猜想和尝试

牛顿说过:"没有大胆的猜想,就得不出伟大的发现."猜想是以已有的知识作为基础,依据已有的感知,根据题设和结论对已有资料进行分析、归纳、整理,然后在此基础上提出符合一定规律的推测性想象. 所以,当我们面对问题一筹莫展时,要敢于猜想和尝试,一个思想的火花、一个突如其来的猜想,都会引导我们更快捷地寻找到解题思路.

通过再次审题我们可以发现,解题的方向蕴含在题目所给的条件中,如果学生根据已有的知识,找到条件与所证问题之间的关联,这个问题就不难解决了. 由已知条件可知,$\angle ACB$ 这个直角被分成了 3 部分,并且有一个角为 45°,那么说明剩下的 $\angle 1+\angle 2=45°$,但是此时 $\angle 1$,$\angle 2$ 位于 $\angle DCE$ 的两侧,如图 4 所示.

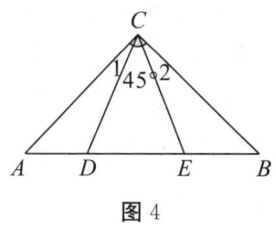

图 4

虽然此时条件里有 45° 这个特殊角,但是我们却无法直接利用它进行解题.这个时候就需要我们大胆地去猜想和尝试了,如果我们想办法将这两个角凑在一起组成一个 $45°$ 的角,是否就可以使用了呢?那么又应该采取什么样的方法呢?

利用旋转将 $\angle 1$ 和 $\angle 2$ 拼在一起,如图 5 所示,问题就迎刃而解了.将 $\triangle CEB$ 绕 C 点旋转 $90°$,当我们将 $\angle 2$ 旋转到 $\angle 3$ 的位置,此时 $\angle 1 + \angle 3 = 45°$,我们的初步设想就已经达到了.同时由于采用的是旋转,所以旋转前后的某些线段的长度和角度都是不变的,我们恰好把要证明的结论里的两条线段从一条直线上转化到了 $\triangle ADE_1$ 中,如果我们恰好能说明 DE_1 和 DE 的长度关系是相等,并且 $\angle E_1AD$ 是直角,那么第(2)问需要证明的等式 $DE^2 = AD^2 + BE^2$,利用勾股定理就很好证明了.

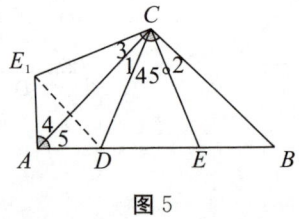

图 5

此时我们的解题思路就清晰了,想要证明最终结论,就是要证明线段 DE_1 和 DE 相等,而证明线段相等,最常用的方法是证明线段所在的两个三角形全等.易证: $\triangle CE_1D \cong \triangle CED$(SAS),并且证明全等时恰好使用了我们一开始通过旋转制造出来的条件: $\angle 1 + \angle 3 = 45°$,把所需的三条线段放在同一个三角形中后,只需说明该三角形是直角三角形,即得证.由已知 $AC = BC$,且 $\angle ACB = 90°$,可知 $\angle 5 = \angle B = 45°$,又因为 $\angle 4$ 是由 $\angle B$ 旋转得到的,所以 $\angle 4 = \angle B = 45°$,所以 $\angle 4 + \angle 5 = 90°$.得到这个结论后,我们再运用勾股定理,看起来毫无头绪的第(2)问就得到了解答.

评注:这里需要指出的是,参考答案虽然也是采取将三条线段转化到同一个三角形中,再利用勾股定理进行证明的思路,但是其做法是直接过 A 点作 $AF \perp AB$,使 $AF = BE$,连接 DF、CF.虽然其所得到的图形与图 5 相同,但对于学生而言,很难想到这样添加辅助线.尽管学生能够根据最后需要证明的结论联想到勾股定理,从而想办法将三条线段放到同一个直角三角形中,但直接想到作垂线对于学生而言还是有难度的,不如从题目出发,利用旋转的解题思路进行解答.另外,利用旋转的办法,也利于学生对第(3)问的解答.

3 精于归纳和总结

当然找到解决问题的思路后,还得学会归纳和总结,只有精于归纳与总结,才能使所学的知识和思想方法规律化、系统化、结构化,运用起来才能得心应手,解题时才能有正确猜想,从而找到正确的解题思路.

上述例题从问题上看都是证明 $DE^2 = AD^2 + BE^2$,只是条件在进行变动,第(3)问:当 D 点在 BA 的延长线上,结论是否成立呢?那么,无论我们的猜测成立与否,都会涉及证明过程. 经过第(2)问的解决,学生应该已经有了基本思路:想办法把三边放到同一个三角形中,如果能说明那个三角形是直角三角形,那么结论成立;如果不能,那么结论不成立. 在大前提条件不变的情况下,我们可以仿照第(2)问的做法将其进行旋转,如图 6 所示. 此时,根据第(2)问的思路,易证当 D 点在 BA 的延长线上,结论 $DE^2 = AD^2 + BE^2$ 依旧成立.

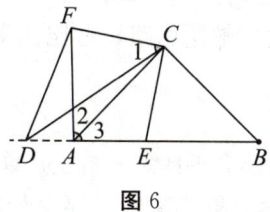

图 6

4 勤于反思和变式

同样,勤于反思和变式也是解题的重要环节之一,它有利于策略的优化,解决试题的变式,概括方法以及提炼思想,同时也有利于培养学生多题一解、一题多变的能力. 如果学生能够养成反思解题思路的习惯,及时对题目进行变式训练,那么,在下次遇到类似的问题(如例 1)时,就可以轻易地从题目所给的已知条件中找到突破点,通过大胆的猜想与尝试,最终寻找到有效的解题思路.

例 已知△ABC 是等腰三角形,$\angle BAC = 90°$,$BC = 2$,D 是线段 BC 上一点,以 AD 为边,在 AD 的右侧作正方形 $ADEF$. 直线 AE 与直线 BC 交于点 G,连接 CF.

(1)猜想线段 CF 与线段 BD 的数量关系和位置关系,并说明理由.

(2)连接 GF,△GFC 是等腰三角形时:

①如图 7 所示,当 $BD < 1$ 时,求 BD 的长.

②如图 8 所示,当 $BD > 1$ 时,BD 的长度是否改变?若改变,请直接写出 BD 的长度.

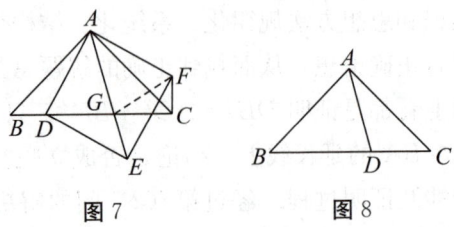

图7　　　　　图8

通过对上述试题解题思路产生的过程进行呈现,远远比告诉学生这道题辅助线应该如何添加更有效,毕竟每一道题辅助线的添加方法不一定相同,但是解题思路产生的过程却是相似的,它始终离不开"四要". 所以,不管是对教师,还是对学生,每一道练习题重要的不是最后的答案,而是数学思维的过程,要想真正提高学生的解题能力,需要教会学生面对问题时如何去思考. 培养学生的"四要",找到有效的解题思路,远比让学生去苦战题海更有效.

参考文献

[1] 王芝平,王敬华. 让解题思路来得更自然一些[J]. 数学通报,2013,52(2):43-46.

[2] 钱云祥,蔡蓉. 让解题思路来得更自然些——基于有效解题的教学策略研究[J]. 中学数学,2014(22):50-52.

[3] 廖小许. 谈数学教学中学生解题思路的培养[J]. 珠江教育论坛,2011(2):34-35.

[4] 刘成龙,余小芬. 参考答案仅供参考[J]. 福建中学数学,2013(2):20-22.

对一道中考错题的分析

内江师范学院数学与信息科学学院 2015 级 郑云升 侯钢云

试题 (2012 年恩施中考数学卷 23 题) 如图 1 所示，AB 是 $\odot O$ 的弦，D 为半径 OA 的中点，过 D 作 $CD \perp OA$，交弦 AB 于点 E，交 $\odot O$ 于点 F，且 $CE = CB$.

(1) 求证：BC 是 $\odot O$ 的切线；

(2) 连接 AF，BF，求 $\angle ABF$ 的角度；

(3) 若 $CD = 15$，$BE = 10$，$\sin A = \dfrac{5}{13}$，求 $\odot O$ 的半径.

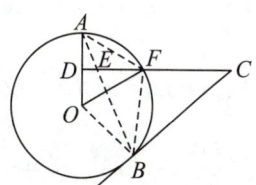

图 1

解：(1) 证明：连接 OB，因为 $OB = OA$，$CE = CB$，所以 $\angle A = \angle OBA$，$\angle CEB = \angle ABC$. 又因为 $CD \perp OA$，所以 $\angle A + \angle AED = \angle A + \angle CEB = 90°$，所以 $\angle OBA + \angle ABC = 90°$，所以 $OB \perp BC$. 即 BC 是 $\odot O$ 的切线.

(2) 连接 OF，AF，BF. 因为 $DA = DO$，$CD \perp OA$，所以 $\triangle OAF$ 是等边三角形，所以 $\angle AOF = 60°$，所以 $\angle ABF = \angle AOF = 30°$.

(3) **思路 1** 如图 2 所示，设 $\odot O$ 的半径为 r，取 BE 的中点为 H，连接 CH，则有 $CH \perp BE$. 易得 $\triangle ADE \backsim \triangle CHE$，则有 $\sin \angle ECH = \sin A = \dfrac{5}{13}$. 又 $BE = 10$，所以 $HE = \dfrac{1}{2} BE = 5$，所以 $CE = 13$. 又 $CD = 15$，所以 $DE = 2$.

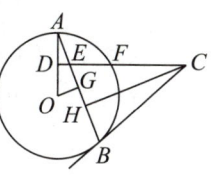

图 2

①于是 $AD = DE \cdot \cot A = \dfrac{24}{5}$，即 $r = 2AD = \dfrac{48}{5}$.

②取 AB 的中点为 G，连接 OG，则有 $OG \perp AB$. 又 $DE = 2$，所以 $AE = $

---

① 指导教师：郝晓辉 巫盛源

$\dfrac{DE}{\sin A}=\dfrac{26}{5}$，所以 $AB=AE+BE=\dfrac{76}{5}$，所以 $AG=\dfrac{1}{2}AB=\dfrac{38}{5}$，即 $r=OA=\dfrac{AG}{\cos A}=\dfrac{347}{30}$.

思路 2 如图 3 所示，延长 CD 交 $\odot O$ 于点 I，则由相交弦定理有 $AE\cdot EB=EF\cdot EI$，连接 OI，OF，则有 $OI=OF$，$DI=DF$. 又 $\dfrac{ED}{AE}=\dfrac{5}{13}$，所以 $AE=\dfrac{13}{5}ED$，$EF=DF-DE=DI-DE$，$EI=DI+DE$，所以 $AE\cdot EB=\dfrac{13}{5}ED\cdot 10=26ED$，$EF\cdot EI=(DI-DE)(DI+DE)=DI^2-DE^2$. 又在 Rt$\triangle DIO$ 中，因为 $OD=\dfrac{1}{2}r=\dfrac{1}{2}OI$，所以 $DI=\dfrac{\sqrt{3}}{2}r$.

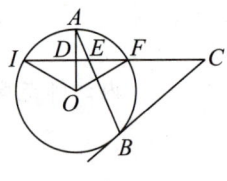

图 2

又 $\dfrac{DE}{AD}=\tan A=\dfrac{5}{12}\Rightarrow DE=\dfrac{5}{24}r$，则有 $26\times\left(\dfrac{5}{24}r\right)=\left(\dfrac{\sqrt{3}}{2}r\right)^2-\left(\dfrac{5}{24}r\right)^2$，可解得：$r=\dfrac{3120}{407}$.

思路 3 令 $DE=5k$，$AE=13k$，则 $AD=12k$. 取 AB 的中点为 J，连接 OJ，如图 4 所示，则在 Rt$\triangle OAJ$ 中，因为 $AO=2AD=24k$，$\sin A=\dfrac{5}{13}$，所以 $AJ=\dfrac{12}{13}\cdot AO=\dfrac{288}{13}k$，所以 $AB=2AJ=\dfrac{576}{13}k$. 又 $AE=13k$，所以 $BE=\dfrac{407}{13}k$. 又 $BE=10$，所以 $k=\dfrac{130}{407}$，所以 $r=24k=\dfrac{3120}{407}$.

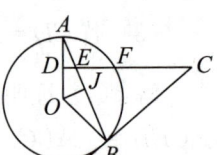

图 4

思路 4 连接 OB，OC，如图 5 所示，则在 Rt$\triangle OCD$ 中，有 $CD^2+OD^2=OC^2$，在 Rt$\triangle OBC$ 中，有 $CB^2+OB^2=OC^2$，则有 $CD^2+OD^2=OB^2+OC^2$. 设 $\odot O$ 的半径为 r，则有 $OD=\dfrac{r}{2}$，$OB=r$，$CB=CE=CD-DE=CD-\dfrac{5}{24}r$. 联立以上各式，可解得：$r=\dfrac{3600}{457}$.

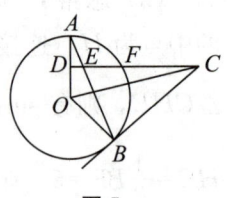

图 5

思路 5 延长 CD 交 $\odot O$ 于点 M，如图 6 所示，设半径为 r，则由割线定理得：$CF\cdot CM=CB^2$，又 $CF=CD-DF$，$CM=CD+DM=CD+DF$，$CB=CE=CD-DE$，$DE=\dfrac{5}{24}r$，$DF=\dfrac{\sqrt{3}}{2}r$，联立以上各式，可解得：$r=\dfrac{3600}{457}$.

以上列出了5种常见的解题方法，但得到多个答案：$\dfrac{48}{5}$，$\dfrac{347}{30}$，$\dfrac{3120}{407}$，$\dfrac{3600}{457}$．通过分析发现，思路1用了$CD=15$，$BE=10$，$\sin A=\dfrac{5}{13}$三个题设条件；思路2、3用了$BE=10$，$\sin A=\dfrac{5}{13}$两个题设条件；思路4、5用了$CD=15$，$\sin A=\dfrac{5}{13}$两个题设条件．于是可以得出结论：第（3）问题设条件有多余且条件互不相融．接下来笔者将固定三个条件中的两个条件，来寻求第三个条件是否正确．

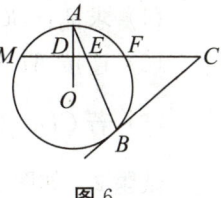

图6

情况一：已知$BE=10$，$\sin A=\dfrac{5}{13}$，则$CD=$_____．

如图7所示，由上述思路2、3可知，$\odot O$的半径为$r=\dfrac{3120}{407}$，所以$AD=\dfrac{1}{2}r=\dfrac{1560}{407}$，又因为$\dfrac{DE}{AD}=\tan A=\dfrac{5}{12}$，所以$DE=AD\cdot\tan A=\dfrac{650}{407}$，又$CE=13$，所以$CD=DE+EC=\dfrac{5941}{407}$．

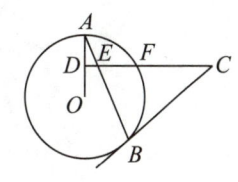

图7

情况二：已知$CD=15$，$\sin A=\dfrac{5}{13}$，则$BE=$_____．

由上述思路2、3可知，$\odot O$的半径为$r=\dfrac{3600}{407}$，取BE的中点为N，连接CN，如图8所示，则$CN\perp BE$，且$\triangle ADE\backsim\triangle CNE$，又$AD=\dfrac{1}{2}r=\dfrac{1800}{457}$，$DE=AD\cdot\tan A=\dfrac{750}{407}$，所以$CE=CD-DE=\dfrac{6105}{407}$，所以$\dfrac{EN}{CE}=\sin A\Rightarrow EN=CE\cdot\sin A$，所以$BE=2EN=2CE\cdot\sin A=\dfrac{61050}{5941}$．

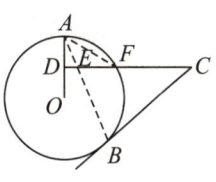

图8

情况三：已知$CD=15$，$BE=10$，则$\sin A=$_____．

在已知$CD=15$，$BE=10$两个条件的情况下，无法求出$\odot O$的半径，所以$\sin A$也无法求出．

基于上述三种情形，可以将原题改为如下：

试题1 如图1所示，AB是$\odot O$的弦，D为半径OA的中点，过D作$CD\perp OA$交弦AB于点E，交$\odot O$于点F，且$CE=CB$．

(1) 求证：BC 是 $\odot O$ 的切线；

(2) 连接 AF，BF，求 $\angle ABF$ 的角度；

(3) 若 $CD=15$，$\sin A=\dfrac{5}{13}$，求 $\odot O$ 的半径.

试题 2　如图 1 所示，AB 是 $\odot O$ 的弦，D 为半径 OA 的中点，过 D 作 $CD \perp OA$ 交弦 AB 于点 E，交 $\odot O$ 于点 F，且 $CE=CB$.

(1) 求证：BC 是 $\odot O$ 的切线；

(2) 连接 AF，BF，求 $\angle ABF$ 的角度；

(3) 若 $BE=10$，$\sin A=\dfrac{5}{13}$，求 $\odot O$ 的半径.

例谈解析法在平面几何解题中的应用[①]

内江师范学院数学与信息科学学院 2015 级　严豪东

解析法是沟通几何问题和代数问题的重要桥梁，利用坐标系将点表示为有序数组，建立起点与有序数组之间的一一对应关系．由此将直线表示为方程，从而将几何问题归结为代数问题．解析法在中考和竞赛中深受命题者的青睐．几何问题借助解析法转化为代数问题时常能化繁为简，请看以下几例．

类型 1　长度之间等量关系

例 1　（2015 年绵阳中考）如下图所示，在边长为 2 的正方形 $ABCD$ 中，G 是 AD 延长线上的一点，且 $DG=AD$，动点 M 从 A 点出发，以每秒 1 个单位的速度沿着 ACG 的路线向 G 点匀速运动（M 不与 A，G 重合），设运动时间为 t 秒，连接 BM 并延长交 AG 于 N．(1) 略；(2) 当点 N 在 AD 边上时，若 $BN \perp NH$，NH 交 $\angle CDG$ 的平分线于 H，求证：$BN=NH$．

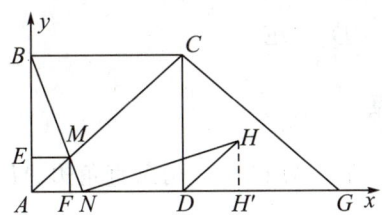

证明：分别以 AB，AG 所在直线为 y 轴、x 轴，A 为坐标原点，建立平面直角坐标系 xAy．且过点 H 做垂线交 x 轴于点 H'，设 M 点运动时间为 t，$0<t<2\sqrt{2}$，则 $|AM|=t$．$A(0,0)$，$B(0,2)$，$C(2,2)$，$D(2,0)$，$G(4,0)$，且由 $|AM|=t$，得 $M(\frac{\sqrt{2}}{2}t, \frac{\sqrt{2}}{2}t)$，则 $NB: y=(t-2\sqrt{2})x+2$，故 $N(\frac{2}{2\sqrt{2}-t}, 0)$，且直线 $NH: y=\frac{1}{2\sqrt{2}-t}(x-\frac{2}{2\sqrt{2}-t})$，$DH: y=x-2$，联

[①] 指导教师：刘成龙　鲁云武

立可得：$H(\frac{2}{2\sqrt{2}-t}+t, \frac{2}{2\sqrt{2}-t})$，则 $|AB|=|NH'|=2$，$|HH'|=|AN|=\frac{2}{2\sqrt{2}-t}$，于是 $BN=NH$．

类型 2 垂直或平行证明

例 2 如下图所示，$\triangle ABC$ 为等腰直角三角形，$\angle C=90°$，点 M，N 分别为边 AC 和 BC 的中点，点 D 在射线 BM 上，且 $BD=2BM$，点 E 在射线 NA 上，且 $NE=2NA$，求证：$BD\perp DE$．

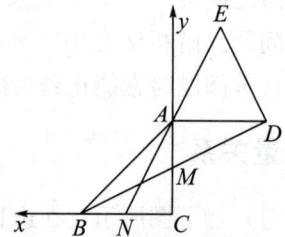

证明：以点 C 为坐标原点，CB，CA 所在直线分别为 x 轴、y 轴，建立平面直角坐标系 xCy，则 $C(0,0)$，假设 $CB=2$，有 $N(-1,0)$，$B(-2,0)$，$M(0,1)$，$A(0,2)$，$E(1,4)$，$D(2,2)$，则 $k_{BD}=2$，$k_{ED}=-\frac{1}{2}$，于是 $k_{BD}\cdot k_{ED}=-1$，可得：$BD\perp DE$．

类型 3 长度求解

例 3 如下图所示，在 $\triangle ABC$ 中，两条直角边 AB，AC 分别为 $AB=x$，$AC=y$，$\angle A=120°$，AD 为 $\angle A$ 的平分线，求证 $AD=\frac{xy}{x+y}$．

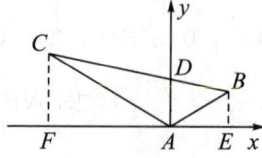

证明：以 A 为坐标原点，AD 所在直线和 AD 的垂线分别为 y 轴、x 轴，建立平面直角坐标系，于是 $B(\frac{\sqrt{3}x}{2}, \frac{x}{2})$，$C(-\frac{\sqrt{3}y}{2}, \frac{y}{2})$，设 BC 的直线方

程为 $y = kx + b$，于是 $\begin{cases} \dfrac{x}{2} = \dfrac{\sqrt{3}}{2}kx + b \\ \dfrac{y}{2} = -\dfrac{\sqrt{3}}{2}ky + b \end{cases}$，消去 k，得 $b = \dfrac{xy}{x+y}$，则 $AD = \dfrac{xy}{x+y}$.

类型 4　面积最值

例 4　(2014 年绵阳) 如下图所示，矩形 $ABCD$ 中，$AB = 4$，$AD = 3$，把矩形沿直线 AC 折叠，使点 B 落在点 E 处，AE 交 CD 于点 F，连接 DE. 且已证 $\triangle DCE \cong \triangle EDA$，$DF = \dfrac{7}{8}$.

若 P 为线段 EC 上一动点，过点 P 作 $\triangle AEC$ 的内接矩形，使其定点 Q 落在线段 AE 上，定点 M，N 落在线段 AC 上，当线段 PE 的长为何值时，矩形 $PQMN$ 的面积最大？并求出其最大值.

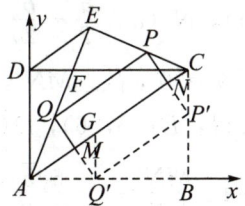

解：在直线 BC 上找点 P 的对称点 P'，AB 上找点 Q 的对称点 Q'. 以点 A 为坐标原点，AB，AD 分别为 x 轴、y 轴，建立平面直角坐标系 xAy. $A(0, 0)$，$B(4, 0)$，$D(0, 3)$，$C(4, 3)$，且设点 $P'(4, y')$ $(0 < y' < 3)$. 又 $PP' \perp AC$，$Q'P' \parallel AC$，$k_{AC} = \dfrac{3}{4}$，则有直线 PP'：$y = -\dfrac{4}{3}(x-4) + y'$，直线 AC：$y = \dfrac{3}{4}x$，直线 $Q'P'$：$y = \dfrac{3}{4}(x-4) + y'$，可解得：$Q'\left(-\dfrac{4}{3}(y'-3), 0\right)$，$S_{PQMN} = S_{\triangle ABC} - S_{\triangle AQ'G} - S_{\triangle Q'BP'} = -\dfrac{4}{3}(y'-3)^2 + 3$. 要使矩形 $PQMN$ 的面积最大，则当 $y' = \dfrac{3}{2}$，即 $PE = \dfrac{3}{2}$ 时，最大面积为 $S_{PQMN} = 3$.

类型 5　比例问题

例 5　(2010 年济宁中考) 如下图所示，四边形 $ABCD$ 为正方形，P 为

边 BC 延长线上的一点，E 为 DP 的中点，DP 的垂直平分线交边 DC 于 M，交边 AB 的延长线于 N.

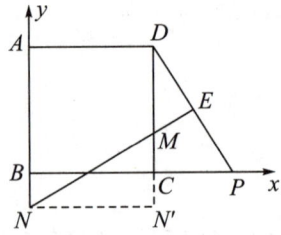

(1) 求证：$DP = MN$；

(2) 若 $AB = 12$，$CP = 6$，求 EM 与 EN 的比值.

解：(1) 以点 B 为坐标原点，BP，BA 所在直线分别为 x 轴、y 轴，建立平面直角坐标系 xBy，且 $BC = a$，$CP = b$，故 $P(a+b, 0)$，$D(a, a)$，$E(\frac{2a+b}{2}, \frac{a}{2})$，$k_{DP} = -\frac{a}{b}$，则直线 NE：$y = \frac{b}{a}x - \frac{2ab+b^2}{2a} + \frac{a}{2}$，且 $M(a, \frac{a}{2} - \frac{b^2}{2a})$，$N(0, \frac{a}{2} - \frac{b^2}{2a} - b)$，$N'(a, \frac{a}{2} - \frac{b^2}{2a} - b)$，$|MN'| = |CP| = b$，$NN' = DC$，$\angle DCP = \angle MN'N = 90°$，故 $\triangle MNN' \cong \triangle DCP$，则 $DP = MN$.

(2) 由 $a = 12$，$b = 6$，可得：$E(15, 6)$，$D(12, 12)$，$P(18, 0)$，$N(0, -\frac{3}{2})$，$M(12, \frac{9}{2})$，则 $\frac{EM}{EN} = 1 - \frac{MN}{EN} = 1 - \frac{6\sqrt{5}}{\frac{15\sqrt{5}}{2}} = \frac{1}{5}$.

类型 6 范围问题

例 6 （2010 年中山中考）如下图所示，已知 P 是线段 AB 上的任意一点（不含端点 A，B），分别以 AP，BP 为斜边在 AB 的同侧作等腰 $Rt\triangle APD$ 和 $Rt\triangle BPE$，连接 AE 交 PD 于点 M，连接 BD 交 PE 于点 N.

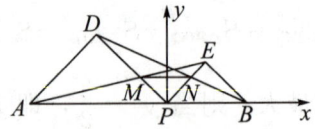

(1) 求证：①$MN \parallel AB$；②$\frac{1}{MN} = \frac{1}{AP} + \frac{1}{BP}$.

(2) 若 $AB = 4$，当点 P 在 AB 上运动时，求 MN 的取值范围.

解：①以 P 为原点，PB 所在直线为 x 轴，过 P 点作垂直于 PB 的直线

为 y 轴，建立直角坐标系 xPy，其中 $AP+BP$ 为一定值．且令 $AP=-2a$，$BP=2b$，$P(0, 0)$，$A(-2a, 0)$，$B(2b, 0)$，$D(-a, a)$，$E(b, b)$，且直线 DP：$y=-x$，直线 PE：$y=x$，直线 AE：$y=-x+\dfrac{2ab}{2a+b}$，直线 BD：$y=\dfrac{-ax}{a-2b}+\dfrac{ab}{a-2b}$，联立解得：$x_M=\dfrac{-ab}{a+b}$，$y_M=\dfrac{ab}{a+b}$，$x_N=\dfrac{ab}{a+b}$，$y_n=\dfrac{ab}{a+b}$，则 $MN \parallel AB$．

②因 $\left|\dfrac{1}{MN}\right|=\dfrac{1}{\frac{2ab}{a+b}}=\dfrac{a+b}{2ab}$，$\left|\dfrac{1}{AP}+\dfrac{1}{BP}\right|=\dfrac{1}{2a}+\dfrac{1}{2b}=\dfrac{a+b}{2ab}$，故得 $\dfrac{1}{MN}=\dfrac{1}{AP}+\dfrac{1}{BP}$．

(2) 当 $AB=4$ 时，即 $b=2-a$，故 $|MN|=\dfrac{2(2a-a^2)}{2}$，当 $a=1$ 时，得 $|MN|_{\max}=1$．

则可得 $0<|MN|\leqslant 1$．

关于初中和小学数学教学中衔接问题的探讨[①]

内江师范学院数学与信息科学学院 2015 级　杨竣铃　徐达强

1　问题的提出

"小学学习成绩优秀，是班上的尖子生，进入初中后学习成绩下滑严重，变成了班上的后进生"，这似乎是长期以来困扰老师及家长的一个问题，归根结底还是小学升初中这一阶段如何处理的问题．初一的学生刚从小学升到初中，面对新环境、新面孔、新学科，自然存在着各种不适应．从数学这一学科来看，主要原因有三：首先，教材内容上，小学数学有较大程度的压缩，而初中数学却有所增加；其次，教学方法上，小学老师强调引导性学习，而由于教学内容的限制，中学老师就只能选取示范式学习；最后，涉及学生学习习惯及方法的转变．具体如何解决这三个问题，我们进行了以下讨论．

2　中小学现状分析及教法处理

传统的中小学教学模式大多都是老师一个人在讲台上讲，学生在下面听．如果把上课比作一场表演，那么老师就是这场表演的主角．这种教学模式一直存在，老师可以最大限度地将所掌握的知识系统全面地教授给学生．然而，老师在采用这种教学方法时往往会忽略这样一个问题：学生在老师讲解的过程中，注意力是否全程集中？思考问题是否积极主动？如果这样的问题长期存在而不解决，课堂效率又怎么提高？

新课标强调：数学课应该是活动课，且是师生之间、生生之间相互交流、沟通、理解、启发和补充的活动．在这个活动中，教师与学生需要分享彼此的思考和见解，交流情感和观念．以此丰富教学内容，求得新知，并进一步达到共识、共享、共进．当然，现在大多数小学已经响应新课改要求，加强了对"互动性课堂"的构建．从本质上来讲，"互动性课堂"与传统课堂的差别主要

[①] 指导教师：夏宗盛　黄雪格

在于课堂角色从传统的以教师为主转变为以学生为主. 老师在新课堂的教学中充当"配角",只有在学生有疑惑的时候再进行引导,大部分时间都是交给学生的,让学生自己思考、相互讨论,让他们参与课堂,体会学会学习这一过程,从而充分培养学生独立思考的能力.

当然,这种教学模式对中学教学是比较适合的,为了让学生在小学到初中的教学中自然地过渡,就必须加大新课改的力度,普及新课改,从真正意义上把课堂还给学生. 然而,课改的实行不能太突兀地要求直接从传统的教学中完全过渡,那样只是将小学升初中阶段的问题整个挪到小学去处理罢了,并没有从根本上解决问题,所以就必须强调:课改是一个"过程",而不是一个"号令",并不是说"改"就是要直接地、彻头彻尾地整体改革.

就小学课改的效果来看,现在大多数小学数学教学的常规结构似乎已经固化成:"首先由具体情境引入课题;其次进行课题分析并抛出一个问题,引导学生讨论交流往课题上靠;再次进行习题分析交流;最后回归教材,巩固知识". 同时,在一节大家公认为典范的课程里,"游戏互动环节"更是必不可少. 当然,笔者并不是想说这样的教学结构不好,这样的教学结构对于内容相对简单、教学内容要求并不多的小学教学来讲肯定是适合的. 然而对于小学教育应该如何为升学做好铺垫的问题,这种教学结构就不那么适用了.

如何做好课改,为小升初的过渡做好铺垫呢? 在原有结构基础上,首先,"以具体情境引入"方法的思维坡度较小,确实能让学生更容易进入状态,在课改前期是可取的;其次,紧扣教材并联系生活,确实是一节课堂必不可少的环节之一,在任何时期都应该重视. 最重要的是,应该在每节课堂适当的地方渗透一些拓展性问题,慢慢培养学生更加广泛、细致地思考问题,拓展思维,培养其发散思维,为之后的过渡做好铺垫和预备工作. 从长远发展来看,为了让学生能够更加轻松地过渡到中学,适应中学的教学方式,更能理解中学的教学内容,小学教师应在日常教学中渗透一些中学的教学教法,有意识地培养学生的思维模式.

3 中小学教材差异的处理

作为一名初中教师,要处理好中小学教材的差异也是非常具有挑战性的. 在教材衔接上,新课标的变化使小学数学内容有较大程度的压缩,而初中教学内容却有所增加,而且有些内容之间没有衔接,使得学生从小学到初中要跨越很高的台阶,增加了学习的难度. 另外,初中对数学学习要求较高,例如小学数学要求简单非负有理数的认识,并进行四则运算,而初中对数的范围就扩大到了实数集合,运算也增加了乘方、开方. 同时,初中数学代数式中相对抽象的字母表示意义、字母表示公式、定律、数量、关系等是数学学习的一个难点和重点. 在教学过程中,一方面渗透换元、函数等数学思想,另一方面又介绍配方法、消元法等数学方法,这些对于刚进入初中的学生来说很抽象,理解起来很困难,所以在这一部分就应该做好教材内容的衔接.

小学的教学过程大都采用互动性教学,教师教学节奏比较慢,授课内容较直观,学生思考的深度不会太深. 而到了中学,教学内容增加,因此教学进度不得不加快,再加上难度增加,学生学起来困难了许多,所以,不得不讨论小学向中学过渡阶段如何做好教师教法的问题.

刚从小学进入初中的学生,习惯了小学的形象化学习,大部分知识都是通过很典型的实际例子进行学习的,所以中学教师在授课过程中应该时刻注意引入形象化的例子进行教学. 例如,在合并同类项的教学中,有一位老师是这样讲的:手拿着苹果边演示边问:"1个苹果+2个苹果=_____苹果,如果苹果就是 a,那么 $1a+2a=$ _____ a." 这里运用苹果这样具体而形象的一个实物,帮助学生理解合并同类项的方法,并以此作为切入点进行更进一步的深入探究,进而完成整个合并同类项板块的教学. 这种教学方式既照顾了学生习以为常的形象直观的互动性教学课堂模式,又过渡到了中学比较抽象的教学模式,在中小学教学模式之间成功地搭起了桥梁.

4 中小学学生学习方法差异的处理

为了实现中小学的良好过渡,应指导学生做好学习方法的衔接. 小学学生习惯简单的模仿、记忆,而中学教学深度和难度都有所增加,因此应要求学生学会对问题进行迁移思考,懂得抽象问题该如何解答. 前期教学过程中,教师要"抓典题"进行示范性教学,然后逐渐培养学生用新的眼光看待问题、从新的角度思考问题的能力.

5 总结

针对小学学生升入初中的过渡教学,从长远来看,小学教师应该对中学教学教法进行适当的铺垫,培养学生进行深度思考的思维模式. 中学教师应提前了解小学教学教法特点,就内容、教学方法、培养学生学习方法三个方面进行衔接,尽可能让学生自然地过渡到中学学习中来. 总之,只有中小学教师通力合作,才能取得升学过渡这场攻坚战的最终胜利.

参考文献

[1] 韩云波. 关于初中数学与小学数学衔接的探讨 [J]. 中国校外教育, 2016 (14): 107.

[2] 李晓雯, 李连忠. 关于做好中小学数学衔接工作的一点思考 [J]. 泰山乡镇企业职工大学学报, 2011, 18 (3): 30.

[3] 袁琳. 浅谈从小学数学到初中数学教学衔接的几点体会 [J]. 景德镇高专学报, 2002, 17 (2): 63.

[4] 袁巧玲. 浅谈小学初中数学知识的衔接 [J]. 新课程研究, 2010 (5): 98-99.

[5] 陈玉芝. 中小学数学衔接的几点看法 [J]. 中国校外教育, 2011 (23): 109.